Michael Korda

Von Mann zu Mann

Michael Korda

Von Mann zu Mann

Ich hatte Prostatakrebs

Aus dem Amerikanischen von
Reiner Pfleiderer und Friederike Börner

Limes

Die Originalausgabe erschien 1996 unter dem Titel
Man To Man. Surviving Prostate Cancer
bei Random House, Inc., New York.

Die Deutsche Bibliothek – CIP-Einheitsaufnahme
Korda, Michael: Von Mann zu Mann :
ich hatte Prostatakrebs / Michael Korda.
Aus dem Amerikan. von Reiner Pfleiderer
und Friederike Börner. – München : Limes, 1997
Einheitssacht.: Man to man
ISBN 3-8090-3006-6

1 2 3 4 5 00 99 98 97

Satz: Dr. Ulrich Mihr GmbH, Tübingen
Druck und Bindung: Wiener Verlag, Himberg

ISBN 3-8090-3006-6

Für Margaret, ohne die …

Danksagung

Für alle etwaigen Fehler in diesem Buch bin ich selbst verantwortlich, dennoch möchte ich Dr. Avodah Offit und Dr. Lenard Jacobson für die sorgfältige Lektüre und Korrektur des Manuskriptes danken.

Ich bin so vielen Menschen zu Dank verpflichtet, daß ich sie nicht alle aufführen kann. Einigen möchte ich jedoch besonders danken: Dennis O'Hara, dem Leiter der Prostatakrebs-Selbsthilfegruppe in Poughkeepsie, Rebecca Head für ihre langjährige tatkräftige Unterstützung, Chuck Adams, der sich während meiner Erholungsphase meine Arbeit aufgebürdet hat; Richard und Roxanne Bacon, Dot Burnett und Emory Smith, die viel zu meiner Genesung beigetragen haben, Cher für ihre treue, unermüdliche Unterstützung aus der Ferne, Larry McMurtry, der trotz eigener Probleme immer für mich da war; Rod Barker und Peter Forbath für ihre grenzenlose Freundschaft sowie Carol Bowie für das unermüdliche Abtippen des Manuskriptes.

Inhalt

Der lautlose Killer

1

Jedes Jahr erfahren in den Vereinigten Staaten über 200 000 Männer, daß sie Prostatakrebs haben. Fast 50 000 von ihnen sterben, viele unnötigerweise.

Prostatakrebs ist das männliche Gegenstück zum Brustkrebs – die Zahlen sind fast identisch –, und dennoch wird ihm wesentlich weniger Beachtung geschenkt. Weibliche Fotomodelle werden in Designer-T-Shirts mit einer Zielscheibe auf der Brust abgelichtet, um auf die Gefahren des Brustkrebses hinzuweisen, aber für Männer gibt es keine entsprechenden Kampagnen. Und zugunsten der Prostatakrebs-Forschung werden nur wenige Gala-Diners oder Benefizvorstellungen im Theater gegeben. Der Prostatakrebs bleibt, fast wie die Prostata selbst, unsichtbar.

Die Parallelen zum Brustkrebs gehen über die bloße Statistik hinaus. So wie sich die Frauen am meisten vor Brustkrebs fürchten – was bis vor einiger Zeit nicht ausgesprochen wurde –, so fürchten sich die Männer am meisten vor Prostatakrebs. Er bedroht nicht nur ihr Leben, wie jeder Krebs, er ruft auch Ängste hervor, die ihre Männlichkeit im Innersten berühren: Die Behandlung von Prostatakrebs bringt, gleich in welcher Form, fast unausweichlich die weithin bekannten Gefahren von Harninkontinenz und Impotenz mit sich, die das Selbstbild und den Stolz eines jeden Mannes erschüttern, seine Lebensfreude beeinträchtigen und die – das liegt in der Natur der Sache – dazu beitragen, daß Männer nicht über dieses Thema sprechen.

Gerade dieses Schweigen macht den Prostatakrebs zu einer tödlichen, lautlosen Geißel. Frauen sprechen miteinander über ihren Körper; Männer tun dies nicht, schon gar nicht, wenn ihre Fähigkeit zum Geschlechtsverkehr gefährdet ist.

Die Folge ist, daß Männer sich allzuoft isoliert fühlen, sobald sie die schlechte Nachricht erhalten, und außerstande sind, ihre schlimmsten Befürchtungen mit jemandem zu teilen. Zu der ganz natürlichen Angst vor Tod, Inkontinenz und Potenzverlust kommt also eine entsetzliche Einsamkeit hinzu. Anders als Frauen, die in Notlagen zusammenhalten, ziehen sich Männer oft in sich selbst zurück und schweigen, gerade bei dieser Krankheit. Viele betrachten Prostatakrebs als eine *persönliche* Schlacht, und gerade deshalb wird sie allzuoft verloren.

Dieses Buch ist ein Versuch, diese Mauer des Schweigens und der Isolation zu durchbrechen und mit einer Offenheit, die ich persönlich in allen Büchern zu diesem Thema vermißt habe, über Prostatakrebs zu schreiben, vor allem über die Möglichkeit, ihn zu *überleben*. Ich schildere meine Erfahrungen wahrheitsgemäß, um ihnen etwas von ihrem Schrekken zu nehmen. Dieses Buch will Hoffnung machen – das wichtigste Wort darin ist *Überleben* – und gleichzeitig realistisch bleiben.

Natürlich erzähle ich die Geschichte eines einzelnen. Aber ich habe mit so vielen anderen Prostatakrebs-Überlebenden und Ärzten, Krankenschwestern und Therapeuten gesprochen, daß sie auch von vielen anderen Menschen handelt. Zweifellos ist jeder Krebs so einmalig wie die Person, deren Leben er bedroht, doch teilen alle, die Prostatakrebs gehabt haben, bestimmte Ängste, Erfahrungen und Zweifel: Sie bilden eine Art von Gemeinschaft mit eigenen Legenden, Helden und Schurken, mit einer eigenen Sprache und eigenen Schlüsselfragen (»Wie hoch war Ihr PSA-Wert*?« »Konnten sie ihn ganz entfernen?« »Wann haben Sie Ihre Kontinenz wiedererlangt?« »Hatten Sie schon eine Erektion?«).

Jeder kann Mitglied in dieser Gemeinschaft werden, unabhängig von Rasse, Weltanschauung, Religion oder sexueller Neigung (allerdings ist das Geschlecht hier von Bedeutung – es handelt sich um den vielleicht letzten reinen Männerklub, und das wird er mit Sicherheit bleiben): Es genügt, daß der Arzt Ihnen nach Ihrer nächsten jährlichen Vorsorgeuntersuchung mitteilt, daß Ihr PSA-Wert verdächtig hoch ist, oder daß er bei der – hoffentlich jährlich durchgeführten – digitalen rektalen Palpation eine Unregelmäßigkeit an Ihrer Prostata feststellt. Dann muß nur noch die anschließende Biopsie (dazu später mehr) positiv ausfallen, und schon sind Sie, ohne gefragt zu werden, dabei. Willkommen im Klub!

Ich trat dem Klub ganz unvermutet im Herbst 1994 bei – an einem Donnerstag im Oktober, gegen halb drei Uhr nachmittags.

Einige Tage zuvor hatte mich mein Internist nach der jährlichen Vorsorgeuntersuchung angerufen und mir mitgeteilt, daß mein PSA-Wert von 15 im letzten Jahr auf 22 gestiegen war.

Ich war nicht übermäßig beunruhigt, und auch er schien es nicht zu sein. Eine im Vorjahr durchgeführte Biopsie hatte keinen Hinweis auf Krebs erbracht, deshalb sah ich keinen Grund zur Besorgnis.

Manche Männer, so war mir damals versichert worden, vor allem Männer mit einer vergrößerten Prostata wie ich, können durchaus erhöhte PSA-Werte haben, auch ohne an

* PSA steht für prostataspezifisches Antigen und bezeichnet hier den Bluttest, mit dem gewöhnlich bestimmt wird, wie hoch das Risiko von Prostatakrebs bei einem Patienten ist.

Krebs erkrankt zu sein. Dennoch war eine weitere Biopsie angebracht. Mein Urologe war nicht da, also ließ ich mir am Zentrum für Prostatakrebs-Früherkennung des Memorial Sloan-Kettering Hospitals in New York, das auf Krebs spezialisiert ist, einen Termin geben. Ich unterzog mich der Untersuchung, obwohl sie mir äußerst unangenehm war. Ich war stolz auf mich, weil ich vernünftige Vorsichtmaßregeln traf, verspürte jedoch überhaupt keine Angst.

Vor dem Mittagessen rief ich Kathy, eine freundliche junge Krankenschwester vom Zentrum für Prostatakrebs-Früherkennung, an, um nach dem Biopsiebefund zu fragen. Ich erreichte sie jedoch nicht und hinterließ ihr deshalb eine Nachricht. Ich kam vom Mittagessen wieder, zog meinen Mantel aus und setzte mich gerade hin, um sie wieder anzurufen, da klingelte das Telefon. Es war Kathy.

In Gedanken war ich schon bei der Arbeit, die vor mir auf dem Schreibtisch lag – ich mußte Telefonate führen, Leute treffen, das Übliche in der Verlagsbranche. »Hallo«, sagte ich. »Tut mir leid, daß wir uns heute morgen verpaßt haben.«

»Ist schon in Ordnung«, erwiderte sie. »Ich habe Ihren Befund.«

»Großartig«, sagte ich. Sie hat eine sympathische Stimme, dachte ich. Optimistisch, typisch amerikanisch, forsch, sogar ein bißchen sexy, aber auf eine erfrischende und natürliche Art. Solche Stimmen erinnern mich immer an Cheerleaders, »homecoming Queens« und den Mittleren Westen.

Es entstand eine Pause, so daß ich schon dachte, sie sei unterbrochen worden. Dann, nach kurzem Zögern, sagte sie nur ein Wort, »leider«, und ich ahnte schon, was kommen würde.

Leider. Während sie weitersprach, hallte das Wort in meinem Kopf wider. Leider sei der Biopsiebefund positiv. Leider müsse man so schnell wie möglich eine Computertomographie, eine Magnetresonanztomographie, eine Knochenszintigraphie und eine Röntgenuntersuchung veranlassen, um festzustellen, ob der Krebs sich ausgebreitet habe. Je früher, desto besser, wie Kathy mir klarmachte. Dr. Russo werde sich nächste Woche mit mir *und* meiner Frau, wie sie betonte, zusammensetzen, um die Ergebnisse dieser Untersuchungen durchzugehen und über die Behandlung zu sprechen. Sie las mir eine Reihe von Namen und Telefonnummern vor. Schließlich fragte sie, ob ich noch weitere Fragen hätte.

Ich hatte keine, abgesehen von dem albernen Bedürfnis, Kathy zu fragen, ob sie tatsächlich aus dem Mittleren Westen stammte. Ich schrieb alles wie betäubt mit, als gehe es mich überhaupt nichts an. »Ich habe Krebs«, sagte ich leise vor mich hin, doch ich war mir nicht sicher, ob ich es wirklich glaubte. Und schon jetzt ahnte ich, wieviel schwerer es sein würde, es laut auszusprechen.

Kathy und ich verabschiedeten uns. Wie oft am Tag mußte sie eine solche Nachricht übermitteln? Und wie schaffte sie es, dabei so freundlich zu bleiben? Eine Weile saß ich nur da und starrte auf das Blatt Papier vor mir, auf das ich die Namen und Telefonnummern von Ärzten gekritzelt hatte. Nie hätte ich gedacht, daß ich einmal ihre Hilfe benötigen würde, und nun hing offensichtlich mein Leben davon ab.

Von jetzt an wird nichts mehr so sein wie bisher, dachte ich.

Ich nahm den Hörer ab und rief meine Frau Margaret in unserem Haus auf dem Land an. »Mein Befund liegt vor«, sagte ich, wobei ich mir alle Mühe gab, gleichgültig zu klingen.

»Und?«

Ich zögerte, dann wagte ich den entscheidenden Schritt: »Es ist positiv.«

»Was heißt das?« Ich hörte die Angst in ihrer Stimme, sie traf mich wie ein elektrischer Schlag. Menschen, die schon lange genug miteinander verheiratet sind, merken der Stimme des anderen an, was er empfindet, ja sogar seinem Schweigen.

»Ich habe Krebs.« Da, jetzt hatte ich ihn zum ersten Mal

ausgesprochen, diesen Satz, der mir im Gespräch mit Freunden und Ärzten, mit technischen Assistenten und Krankenschwestern bald so leicht über die Lippen gehen sollte. *»Ich habe Krebs.«* Schon in Kürze sollte ich ihn ohne jede Befangenheit aussprechen, als handele es sich um eine ganz gewöhnliche Feststellung. Jetzt aber löste er ein unheilvolles, bedrückendes Schweigen aus, das anscheinend keiner von uns brechen wollte.

Bis vor wenigen Minuten, so überlegte ich, hatte ich mich für einen leidlich gesunden Mann gehalten – mit einem gewissen Stolz, wie ich hinzufügen muß, denn ich hatte sechs Jahre zuvor mit dem Rauchen aufgehört, aß und trank maßvoll und ging jeden Tag entweder joggen, in der Sporthalle trainieren oder schwimmen. Und nun hatte ich Krebs. In meinen Augen gab es keine schlimmere Krankheit. Es erschien mir ungerecht. Ich erinnerte mich an John F. Kennedy, der gern darauf hingewiesen hatte, daß das Leben nicht gerecht sei, doch das half mir jetzt wenig. Und ihm hatte es schließlich auch nichts genützt.

»Wie fühlst du dich?« Margarets Stimme zitterte leicht, als sei sie den Tränen nahe. Ich wäre jetzt lieber zu Hause gewesen als hier in der Stadt, 150 Kilometer von ihr entfernt. Ich hätte sie gern in den Armen gehalten, als ich es ihr sagte – und mich von ihr umarmen lassen –, aber sie hatte ja gewußt, daß ich auf den Befund wartete.

»Es geht mir gut«, antwortete ich vorsichtig. »Nicht anders als vor der Nachricht. Aber das wird sich wohl ändern.«

Das stimmte nicht – ich *fühlte* mich anders. Ich spürte, daß ich eine unsichtbare Grenze überschritten hatte und daß für mich ein neuer Lebensabschnitt begann. So mochte ein Reisender empfinden, wenn er eine Grenze überquert und in ein anderes Land kommt, mit einer fremden Sprache, neuen Bräuchen, anderen Regeln, Zeichen, die für ihn keinen Sinn ergeben, und Polizisten in ungewohnten Uniformen, die paarweise auf Bahnsteigen auf und ab gehen. Ich betrat das Land der Schwerkranken – oder hatte es schon betreten –

und würde zweifellos bald seine Bräuche, Regeln und Sprache lernen müssen. Noch vor ein paar Minuten hätte ich angesichts jeder Katastrophe sagen können »Na, wenigstens bin ich gesund« oder »Wenigstens habe ich keinen Krebs.« Jetzt war ich nicht mehr gesund, und ich *hatte* Krebs. Meine schlimmsten Befürchtungen hatten sich bewahrheitet. Ich brauchte nie wieder Angst davor haben, Krebs zu bekommen. Ich hatte ihn bereits. Das erklärte ich auch Margaret.

Sie dachte darüber nach und kam wohl zu dem Schluß, daß ich in Anbetracht der Lage zu gelassen sei. »Besser, du kommst gleich nach Hause«, sagte sie.

Doch ich konnte nicht. Sie war am Dienstag mit unserem Auto zurück aufs Land gefahren – wir wohnen knapp 150 Kilometer nördlich von New York im Dutchess County. Deshalb mußte ich auf den Mietwagen warten, der mich jeden Tag um fünf abholte. Ich erklärte ihr das, als ob es verglichen mit der Hiobsbotschaft noch von Bedeutung sei.

»Wie schlimm wird es?« fragte Margaret mit einer Besorgnis, die ich gar nicht an ihr kannte.

»Viele Männer überleben Prostatakrebs«, antwortete ich und gab mir Mühe, zuversichtlich zu klingen. »Er wächst langsam. Man kann viel gegen ihn unternehmen.«

Ich wollte sie damit aufmuntern. In Wahrheit hatte ich eine Höllenangst vor der Krankheit, solange ich nicht viel über sie wußte. Die einzigen beiden Männer aus meinem näheren Bekanntenkreis, die Prostatakrebs gehabt hatten, waren daran gestorben. Sie hatten während ihres langen Siechtums so schrecklich gelitten, daß selbst ihre nächsten Angehörigen nur noch für ihren Tod beteten. Der eine war Cornelius Ryan, der Autor von *Der längste Tag*. Er starb nicht nur einen qualvollen Tod, er schrieb über seinen Kampf gegen die Krankheit auch ein erschütterndes Buch, das ich redigierte und herausgab. Es ging mir jahrelang nicht mehr aus dem Kopf. Der andere war der große ungarische Physiker Leo Szilard. Auch mit ihm arbeitete ich an seinem letzten Buch, *Die Stimme der Delphine*. Ich besuchte ihn fast täglich im Memorial Hospital, während er, mit aufgedunsenem blassem Gesicht und von starken Schmerzen gepeinigt, darum kämpfte, es noch vor seinem Tod zu vollenden. So kam es, daß ausgerechnet Prostatakrebs zu den Dingen gehörte, vor denen ich am meisten Angst hatte. Keine Krankheit kannte ich besser, keine fürchtete ich mehr.

Und als hätte es nicht genügt, diese beiden Fälle von Prostatakrebs mitzuerleben, waren kürzlich auch noch zwei Bekannte an der Krankheit gestorben – Steve Ross, der leitende Geschäftsführer von Time-Warner, und Anatole Broyard, der Literaturkritiker der *New York Times*. Bei beiden war die Krankheit ganz und gar nicht langsam fortgeschritten, und die Ärzte hatten wenig ausrichten können.

»Es ist schon merkwürdig«, sagte ich. »Ich hätte es eigentlich *wissen* müssen. Als Russo und Fleishner, die Ärzte vom Zentrum für Prostatakrebs-Früherkennung, die Ultraschallbilder meiner Prostata betrachteten, tauschten sie Blicke aus, als wollten sie sagen: ›Oh, sehen Sie auch, was ich sehe?‹ Und als ich Dr. Russo erklärte, daß mir die Biopsie letztes Jahr höchst zuwider gewesen sei, legte er mir die Hand auf die Schulter, erinnerst du dich noch? Und dann sagte er zu mir: ›Wenn Sie mein Bruder wären, würde ich darauf dringen, daß Sie die Sache jetzt gleich machen lassen.‹«

In diesem Augenblick, das wurde mir jetzt klar, hätte ich eigentlich zu Tode erschrecken müssen. Russo hatte mit so eindringlicher Stimme gesprochen, daß ich verblüfft war. Immerhin war ich für ihn ein Fremder. Trotzdem legte er mir die Hand auf die Schulter und redete mit mir, als sei ich tatsächlich sein Bruder, das Gesicht ganz nahe an meinem, die dunklen Augen voller Mitgefühl. Er hatte damals überhaupt nicht dem Bild des kühlen, distanzierten Chirurgen entsprochen.

»Ich hatte bei dieser Sache von Anfang an ein mulmiges Gefühl«, sagte Margaret.

Ich war überrascht, denn mir war es nicht so gegangen.

Nicht, daß ich ein unverbesserlicher Optimist wäre – im Gegenteil, ich rechne gewöhnlich mit dem Schlimmsten –, aber irgendwie war es mir gelungen, mich innerlich dagegen zu wappnen, daß ich irgendeine schwere Krankheit oder gar Krebs bekommen könnte. Ich war wider jede Vernunft davon überzeugt, daß *mir* so etwas nicht passieren konnte. Erst Kathys im Ton zwar freundliche, in der Sache aber unmißverständliche Mitteilung hatte meinen Schutzmechanismus durchbrochen. Margarets Vorahnung hatte sich erfüllt, wie immer.

»Mach dir keine Sorgen«, sagte ich so überzeugend wie möglich, wohlwissend, daß ich nur den Mutigen markierte. »Alles wird gut.«

Wir legten auf. Ich blickte aus dem Fenster in einen strahlenden Herbstnachmittag. Ich hatte Margaret keine Sekunde davon überzeugen können, daß alles wieder in Ordnung kommen würde.

Und mich selbst auch nicht.

Ich bin Verlagslektor und Schriftsteller. Immer, wenn ich mit einem Problem konfrontiert werde, möchte ich zuerst etwas darüber lesen. Und so ging ich in eine große Buchhandlung im Rockefeller Center und sah mich niedergeschlagen in der Abteilung Gesundheit und Medizin um. Ich hegte einen irrationalen Groll gegen Leute, die nach Unterhaltungslektüre suchten, und empfand gleichzeitig ein leichtes, wenn auch unangebrachtes Schamgefühl, wie jemand, der in einem Videoladen heimlich nach Hardcore-Pornos Ausschau hält.

Auf den ersten Blick war die Auswahl nicht groß – es gab Dutzende von Büchern über Brustkrebs, aber nur sehr wenige über Prostatakrebs. Und die standen ganz unten im Regal, so daß ich mich hinknien und knapp über dem Boden den Kopf zur Seite neigen mußte, um durch den Leseteil meiner Brille die Titel auf den Buchrücken entziffern zu können.

Ich fand nur zwei Bücher: einen unbeschwerten Erlebnisbericht mit dem Titel *My Prostate and Me* von William Martin, der mir, gesund und vermutlich geheilt, vom Umschlag entgegenlächelte, und den eher entmutigenden Band des Mediziners Stephen N. Rous, *The Prostate Book.* Außerdem entschied ich mich für ein dickes Taschenbuch mit dem Titel *Choices: Realistic Alternatives in Cancer Treatment*, das hauptsächlich in Form von Fragen und Antworten aufgebaut war. Ich blätterte es durch, als ich an der Kasse in der Schlange wartete, und mein Blick fiel auf eine fettgedruckte Frage am Ende des Buches: »*Wie kann man dem Patienten das Sterben erleichtern?*«

Hinter der Kasse stand eine hübsche junge Frau, die mich vielleicht kokett angelächelt hätte, wenn ich ihr drei schlüpfrige Romane gereicht hätte – es war mitten am Nachmittag, und im Laden herrschte kein großer Andrang –, doch sie warf nur einen Blick auf die Bücher, die ich kaufen wollte, und schon war ihr Gesicht wie versteinert. Sie tippte die Preise in die Kasse ein und schaffte es, ohne jeden Blickkontakt meine Kreditkarte entgegenzunehmen. Dann gab sie mir die Bücher zurück. Ich sagte noch »danke«, doch sie hatte sich bereits dem nächsten Kunden zugewandt, als sei ich überhaupt nicht vorhanden. Meine Bücherwahl brandmarkte mich als jemanden, der schlechte Neuigkeiten überbrachte, einerlei ob sie mich selbst oder andere betrafen. Wir alle wissen, was die Menschen für Unglücksboten empfinden.

Ich ging zurück ins Büro und brachte den Rest des Nachmittags damit zu, die Neuigkeit unter den wenigen Freunden und guten Kollegen zu verbreiten, die meines Erachtens unbedingt Bescheid wissen sollten. Einer meiner engsten Freunde, ein leitender Manager, riet mir dringend davon ab, am Arbeitsplatz von meiner Krankheit zu erzählen – doch da war es bereits zu spät. »Du wirst sehen«, meinte er. »Sie werden dich kaltstellen. Sag nachher nicht, ich hätte dich nicht gewarnt.«

Dieser Gedanke war mir noch gar nicht gekommen, doch als er einmal in meinem Kopf herumschwirrte, wurde ich ihn nicht mehr los, und ich wurde noch niedergeschlagener.

Später sollte ich erkennen, daß dies für viele Männer tatsächlich ein ernsthaftes Problem darstellt. Krebs kann, zusätzlich zu seinen anderen Schrecken, das Ende einer Karriere bedeuten. Einerseits kann man seinen Arbeitgebern auf Dauer nicht verheimlichen, daß man krank ist, andererseits könnten sie zu der Auffassung gelangen, daß ein Mitarbeiter mit Prostatakrebs ein zu großes Risiko darstellt.

Wie bei vielen Dilemmas, in die ein Mann mit Prostatakrebs gerät, läßt sich auch hier nur schwer ein Ausweg finden. Ich für mein Teil beschloß, jedem, der mir zuhörte, die Wahrheit zu sagen. Man braucht schließlich soviel Hilfe wie möglich. Das Mitgefühl und die Unterstützung anderer bedeuten viel, und beides bekommt man nur, wenn man den Krebs nicht verheimlicht – was ohnehin nur eine Zeitlang gelingen kann.

Als ich die Neuigkeit vielleicht einem halben Dutzend Menschen mitgeteilt hatte, war ich erschöpft, von ihren Gefühlen und meinen eigenen. Sowie ich im Auto saß, hätte ich am liebsten geschlafen, doch ich beschloß, meine Lektüre nicht aufzuschieben.

Falls ich mich je einer Illusion über die Tragweite des Befunds hingegeben hatte, so raubte sie mir Dr. Rous sofort. Rous, ein ausgezeichneter Urologe, nahm in seinem Buch kein Blatt vor den Mund – die Worte *Inkontinenz, Impotenz* und *Tod* waren in Text und Register scheinbar allgegenwärtig. Noch deprimierender waren die detaillierten und in bemerkenswert hoher Qualität abgedruckten Fotos. Ich studierte die Aufnahme eines Skeletts, die »einen deutlich positiven knochenszintigraphischen Befund ... aufgrund einer weiten Streuung des Prostatakrebses« zeigte. Mit rapide sinkendem Mut blätterte ich zu den Bildern von Biopsienadeln, künstlichen Harnröhrensphinktern und Penisprothesen. Langsam dämmerte mir, was das Wort *gestreut* in Formulierungen wie »über die Prostatakapsel hinaus gestreut« oder »in die Knochen gestreut« zu bedeuten hatte. Ebenso wurde mir die Wichtigkeit der Untersuchungen klar, denen ich mich auf Kathys Anraten möglichst bald unterziehen sollte.

Bis dahin hatte ich mich nie ernsthaft mit dem Thema Tod auseinandergesetzt, doch Dr. Rous führte es mir mit kühler, klinischer Untertreibung vor Augen. Ich blickte aus dem Fenster nach draußen und betrachtete das Herbstlaub, das in seiner ganzen Farbenpracht leuchtete. Der Gedanke schoß mir durch den Kopf, daß ich es im nächsten Jahr vielleicht nicht mehr würde sehen können. Mit bitterer Genugtuung dachte ich daran, daß Margaret und ich kürzlich erst, nach monatelangen Beratungen mit unserem Anwalt und unserem Vermögensberater, unsere neuen Testamente unterschrieben hatten.

Ich fragte mich, ob es nur ein bloßer Zufall gewesen war, daß wir sie unterschrieben hatten. Bei diesen nicht enden wollenden Gesprächen war der Krebs bereits in mir gewesen und heimlich gewachsen. Hatte ich unbewußt gespürt, daß er da war? Hatte ich Margaret, die sich nur sehr ungern mit juristischen und finanziellen Fragen beschäftigte, deshalb so gedrängt, in die Stadt zu kommen und an den Treffen teilzunehmen?

Ich überlegte, ob es *irgendwelche* Anzeichen für Krebs gegeben hatte, die ich nicht beachtet oder verdrängt hatte. Doch spontan fiel mir nichts Bedeutsames ein, außer vielleicht einer gewissen Müdigkeit im letzten Jahr. Ich hatte das Gefühl gehabt, daß ich schneller ermüdete als früher und längere Erholungsphasen brauchte.

Später mußte ich erkennen, daß dies vielleicht die tükkischste Seite von Prostatakrebs ist: In den meisten Fällen gibt es keine Frühsymptome – keine Schmerzen, kein Unwohlsein, rein gar nichts, was den Betroffenen alarmieren könnte, auch nicht den vorsichtigsten Hypochonder. Prostatakrebs schleicht sich unbemerkt an seine Opfer heran und befällt Männer wie mich, die scheinbar hundertprozentig fit und gesund sind. Wenn Urologen einem Patienten mitteilen, daß er Prostatakrebs hat, bekommen sie sehr häufig zu hören: »Aber ich habe mich nie in meinem Leben besser gefühlt.« Und leider stimmt es meistens.

Ich blätterte zum Ende von Dr. Rous' Buch – ich wollte es später noch einmal genauer lesen – und beschloß, mich im Augenblick nicht über weitere Komplikationen bei der Prostatachirurgie zu informieren. Schließlich wußte ich ja noch nicht einmal, ob ein chirurgischer Eingriff erforderlich sein würde. Vielleicht ist er gar nicht nötig, sagte ich mir optimistisch: Dr. Rous' Buch enthielt auch Kapitel über Strahlen- und Hormontherapie und »Abwarten und Beobachten«, was bedeutete, daß man nichts unternahm und nur regelmäßig die PSA-Werte kontrollierte. Das alles sagte mit schon eher zu. Dann dämmerte mir, daß ein chirurgischer Eingriff beileibe nicht die schlimmste Möglichkeit war. Was, wenn es für einen Eingriff schon zu spät war? Ich griff zu William Martins Buch, *My Prostate and Me*.

Die Zitate von Jerry Lewis und Senator Robert Dole, die auf der Rückseite des Schutzumschlags abgedruckt waren, hellten meine Stimmung schnell auf. Anders als Dr. Rous, dessen Wissen über die Prostata ebenso umfassend wie deprimierend war, schilderte Martin, ein Soziologieprofessor von der Rice University im texanischen Houston, dem Leser nur seine eigenen Erfahrungen als Patient. Bei ihm war wegen Prostatakrebs eine radikale Prostatektomie vorgenommen worden. Seine Haltung und seine Botschaft waren ausgesprochen optimistisch und beruhigend. Er war, ebenso wie ich, schockiert und entsetzt gewesen, als er von seiner Krankheit erfuhr. Doch seine Operation war erfolgreich verlaufen. Er mochte und verehrte seinen Chirurgen und war schnell und schmerzfrei genesen.

Professor Martins Ausführungen bereiteten mir Vergnügen: Zum einen berichtete er, daß er bald seine Kontinenz wiedererlangt hatte – schon zwei oder drei Tage nach der Entfernung seines Foley-Katheters (hierzu später leider mehr). Zum anderen gestand er mit unbeholfener Schüchternheit, daß er seine Frau schon neun Tage nach der Entfernung der Prostata mit einer Erektion hatte überraschen können (er legte ihre Hand auf das Organ und hielt mit rührender Genauigkeit den Zeitpunkt des Ereignisses fest: »6.41 Uhr am 24. November 1993«). Knapp sechs Wochen nach der Operation nahmen sie ihr Sexualleben wieder auf (es »knospte«, um mit seinen Worten zu sprechen).

Seinem Aufenthalt im Krankenhaus widmete Professor Martin nicht viel Raum. Und da er nur beklagte, daß die Schwestern nicht schnell genug kamen, wenn er sie rief – eine so weitverbreitete Beschwerde, daß sie schon wieder bedeutungslos ist –, scheint es nicht so schlimm gewesen zu sein. Am Ende des Buches bezeichnete er seine Erfahrungen mit Prostatakrebs als einen seiner »intensivsten Lebensabschnitte«.

Ich bezweifelte, daß ich ebenso empfinden würde. Dennoch fühlte ich mich wesentlich besser, als ich sein Buch in der Dämmerung weglegte und die Augen schloß. Ein chirurgischer Eingriff machte mir ebensoviel Angst wie der Tod selbst – vielleicht sogar noch mehr, denn der Tod war für mich etwas Abstraktes, während ich mir eine Operation nur allzugut vorstellen konnte, mit einer Schärfe und Genauigkeit, die zweifellos von zahllosen Filmen und Fernsehserien herrührte: die Reihen kalter, glänzender Instrumente, die grellen Lichter, die Blutspritzer auf dem blassen Blau oder Grün der Chirurgenkittel – Spritzer von meinem Blut ... Irgendwo in seinem Buch betonte Dr. Rous, daß eine radikale Prostatektomie eine ernste Sache, ein *großer* Eingriff sei.

Wenn ein Chirurg dich warnt, daß ein Eingriff *»groß«* ist, dann nimm dich in acht, sagte ich mir.

Es war schon spät, als ich zu Hause ankam. Ich schleppte meine Einkaufstaschen voller Manuskripte, die drückende Last eines jeden Verlagslektors, ins Haus. Margaret umarmte mich, und ich machte uns einen Drink.

Schon im Büro war es mir absurd erschienen, daß ich

Krebs haben sollte. Und zu Hause war dieses Gefühl noch stärker. Ich fühlte mich nicht anders als sonst, und auch die kleinen Rituale (wer hat sie nicht?) bei meiner Rückkehr nach einer arbeitsreichen Woche hatten sich nicht verändert. Ich hatte wie jede Woche am frühen Morgen bei Zabar's, dem berühmten Feinkostladen am Broadway, eingekauft, und wie immer machten wir im Spaß viel Wirbel darum, was wo in den Kühlschrank oder die Gefriertruhe gehörte. Wir machten alles ganz automatisch und klammerten uns an das Gewohnte, als gehe es um unser Leben.

»Zum Wohl«, sagte ich. Wir stießen mit den Gläsern an, aber ihr heller Klang munterte keinen von uns auf.

»Ich habe etwas über Prostatakrebs gelesen«, erklärte ich Margaret.

»Hältst du das für klug? Warum wartest du nicht die Untersuchungen und das Gespräch mit dem Arzt ab? Wenn du Bücher darüber liest, wirst du doch nur deprimiert. Oder bekommst Angst.«

»Nein, nein, ganz im Gegenteil.« Das stimmte. Informationen beruhigen mich, ich weiß gern Bescheid. »Wie auch immer«, fuhr ich fort. »Jedenfalls versuche ich nicht, über Nacht Arzt zu werden. Aber wenn ich nichts über Prostatakrebs weiß, wie soll ich dann Fragen stellen?«

»Ich dachte, daß es nur eine wichtige Frage gibt: ›Werde ich wieder gesund?‹« Margaret hatte ihren Drink noch nicht angerührt. »Ich kann es einfach nicht fassen, daß wir uns über so etwas unterhalten«, sagte sie. »Gestern haben wir noch darüber gesprochen, daß wir über Thanksgiving und Weihnachten nach Santa Fe fahren, und heute reden wir über Krebs.«

»In meiner Aktentasche ist noch eine Liste mit Terminen und Flügen«, sagte ich. Gewöhnlich verbringen wir im Winter ein paar Wochen in Santa Fe. Ich bin sehr gerne dort, die Stadt ist mir zu einer zweiten Heimat geworden. Doch auf einmal schien sie mir weit weg, unerreichbar, irgendwie unwirklich wie die Rückseite des Mondes. Was wir uns für den nächsten Winter auch vornahmen, Santa Fe würde in unseren Plänen wohl nicht mehr vorkommen. Würde ich es je wiedersehen? Die Frage war zwar makaber, aber doch nicht ganz unrealistisch. »Irgendwie bezweifle ich, daß wir in nächster Zeit dorthin fahren werden.«

Margaret hatte dunkle Ränder unter den Augen. Sie weinte nicht, aber es schien mir, als habe sie den ganzen Nachmittag geweint. Es wäre bestimmt rücksichtsvoller von mir gewesen, mit der Neuigkeit zu warten, bis ich zu Hause war, aber dazu war es jetzt zu spät. »Das wird unser Leben bestimmen, nicht wahr?« fragte sie traurig.

Sie hatte recht, natürlich. Ich konnte mir schon vorstellen, wie der Krebs unser Leben bestimmen würde. Ich hatte es bei vielen Bekannten erlebt. Für eine gewisse Zeit – manchmal für lange, manchmal nur für die kurze Spanne, die ihnen noch vergönnt war – blieb der Krebs das einzige, woran sie noch denken konnten. Der Kampf gegen ihn nahm ihre ganze Kraft in Anspruch. Außer diesem Überlebenskampf gab es nichts mehr für sie – bis der Krebs gesiegt hatte oder in die Remission zurückgedrängt worden war, was nicht mehr ist als eine Art prekärer Waffenstillstand.

Ich notierte in meinem Hinterkopf, daß uns das nicht passieren durfte, denn damit würden wir dem Krebs gewissermaßen kampflos den Sieg überlassen. Gleichzeitig wußte ich, daß ich diesem Vorsatz nicht würde treu bleiben können. »Vielleicht eine Zeitlang«, antwortete ich vorsichtig. »Wir müssen es versuchen.«

Margaret sah mich skeptisch an – zu Recht, wie sich erweisen sollte. »Was tun wir jetzt?« fragte sie.

»Wir warten. Wir warten die Untersuchungen nächste Woche ab. Dann warten wir, bis Dr. Russo die Ergebnisse ausgewertet hat. Dann wird er uns seine Meinung mitteilen. Kathy sagt, er wird sich ausgiebig Zeit für uns nehmen, damit wir ihm unsere Fragen stellen können.« Da Dr. Russo den Eindruck eines Mannes machte, für den jede Sekunde zählte (man braucht nur eine, um das zu erkennen), hatte mir diese

Äußerung Kathys mehr als alles andere, was sie mir sagte, den Ernst meiner Lage verdeutlicht.

»Erzähl mir von den Untersuchungen.«

Ich widerstand der Versuchung, mein frisch erworbenes Wissen vor ihr auszubreiten, und beschränkte mich auf die wichtigsten Punkte, die ich bei der Lektüre der beiden Bücher gelernt hatte: Fiel der Befund positiv aus, hatte der Krebs also in die Knochen oder andere Organe gestreut, stand uns eine schreckliche Zukunft bevor, die die Hiobsbotschaft von heute in den Schatten stellen würde.

»Du meinst, zu der schlechten Nachricht von heute könnten noch schlechtere hinzukommen?«

»Viel schlechtere.«

Wir schwiegen einen Augenblick.

»Du bist so gelassen«, sagte Margaret.

»Das sieht nur so aus. Wahrscheinlich habe ich einfach nur zu große Angst, um sie zu zeigen. Es fällt mir im Moment gar nicht schwer, ruhig zu bleiben. Wahrscheinlich reagiert der Körper auf eine schlechte Nachricht mit einem Adrenalinstoß, so wie bei einem Unfall oder einer Schießerei. Außerdem weiß ich ja das Schlimmste noch gar nicht. Und selbst dann ist es nicht die Gewißheit, Krebs zu *haben*, die mir angst macht, sondern das, was noch kommen wird – die Operation oder die Strahlentherapie, die Chemotherapie oder was auch immer. All das, von dem ich gehofft hatte, daß es mir erspart bleiben würde. Vor den Schmerzen fürchte ich mich. Und natürlich vor dem Tod.«

»Du wirst nicht sterben.«

»Es kommt aber vor.«

»Aber nicht in deinem Fall.«

Margaret sprach so überzeugt, daß ich ihr beinahe glaubte. Wenn sie beschlossen hatte, mich nicht sterben zu lassen, wie konnte ich da mit ihr streiten? Schließlich setzte sie in aller Regel ihren Willen durch, wie die meisten schönen Frauen.

»Willst du nicht ein Beruhigungsmittel nehmen?« fragte sie.

»Das würde nichts ändern. Außerdem bin ich nicht unruhig.«

»Komm, dann trinken wir jetzt unsere Gläser aus, essen zu Abend, schauen *NYPD Blue* an und gehen zu Bett«, schlug sie vor, und das machten wir auch. Im Zweifelsfall sollte man immer das tun, was man sonst auch tut. So haben wir alle unsere Krisen gemeistert, und es gibt weitaus schlechtere Methoden.

An diesem Abend schliefen wir Arm in Arm ein und fühlten uns einander so nah wie nie zuvor.

Mitten in der Nacht – der Mond schien herein, und Margaret lag neben mir – versuchte ich mir vorzustellen, daß da etwas in mir war, das sich alle Mühe gab, mich zu töten. Es fiel mir schwer. Ich schloß die Augen und versuchte, wieder zu schlafen. Es war mir, als sei ein Fremder bei uns im Bett. Der Fremde war natürlich der Krebs.

Das war der erste Tag meiner Krankheit, jedenfalls der erste, an dem ich von ihr wußte.

2

Wie lange ich ihn schon hatte, *ohne* es zu wissen, kann man nur vermuten. Prostatakrebs ist dafür bekannt, daß er langsam wächst, doch kann er sich auch mit der Geschwindigkeit eines Präriefeuers ausbreiten – und genauso zerstörerisch wirken. Bei mir wurde er zusätzlich durch jahrelange »Prostataprobleme« verschleiert.

Viele Männer nehmen keinerlei Notiz von ihrer Prostata, ja sie wissen nicht einmal genau, wo sie liegt. Erst wenn Krebs bei ihnen diagnostiziert wird, fordert sie ihre ganze Aufmerksamkeit. Ich hingegen kannte meine Prostata schon recht gut, auch wenn ich sie nicht besonders mochte.

Ein paar Jahre vor meinem sechzigsten Geburtstag hatte meine Prostata begonnen, sich bemerkbar zu machen, zunächst nur schwach, dann immer unangenehmer und hartnäckiger.

Anfangs nahm ich es nicht ernst – schließlich ist die Prostata eines der wenigen Organe, die sich für Scherze eignen, zumindest auf dem Niveau von Alleinunterhaltern, und die Folgen einer Prostatavergrößerung sind Gegenstand vieler derber Witze und Sketche: Die Schwierigkeiten beim Wasserlassen gehören zu den bekannteren Erniedrigungen älter werdender Männer. Und doch hat jeder einen Verwandten, der nachts mehrmals aufstehen muß, der nicht pinkeln kann, wann er will, oder den Harndrang nicht unterdrücken kann, wenn es gerade am unpassendsten ist (bei einer Autofahrt etwa), oder der offenbar nicht in der Lage ist, den letzten Tropfen loszuwerden, bevor er den Reißverschluß zumacht, so daß ein peinlicher dunkler Fleck auf der Hose zurückbleibt. Charles de Gaulle verglich das Alter in seinen Memoiren mit einem »Schiffbruch«. Doch bevor das Schiff untergeht, ist gewöhnlich noch ausreichend Zeit für viele kleine Demütigungen, die häufig mit der Prostata zusammenhängen.

Meist sind es ältere Männer, die eine vergrößerte Prostata haben, doch beileibe nicht nur sie. Auch viele Männer in den Vierzigern, und noch mehr in den Fünfzigern, leiden an den Symptomen, die Ärzte als »benigne Prostatahyperplasie« (BPH) bezeichnen. Ein sicheres Anzeichen für BPH ist gegeben, wenn Männer auf der Autobahn mit einem Mal verstärkt auf Hinweisschilder für Bedürfnisanstalten achten oder beim Betreten eines öffentlichen Gebäudes als erstes nach der Toilette Ausschau halten.

In meinem Fall tauchte das Problem anfangs ebenso unvorhersehbar auf, wie es wieder verschwand. Lange Zeit hatte ich keine Beschwerden. Und dann, aus heiterem Himmel, ertappte ich mich dabei, wie ich meine Wege durch Manhattan so wählte, daß ich an den Toiletten von Hotels oder Kaufhäusern vorbeikam. Ich fand heraus, wo in der Saks Fifth Avenue, in der U-Bahn-Station des Rockefeller-Centers, im Waldorf-Astoria und in der Donnell-Bibliothek an der 53. Straße eine Männertoilette versteckt war – die meisten öffentlichen Bedürfnisanstalten sind nämlich nicht leicht zu finden und schlecht ausgeschildert, zweifellos, damit sie nicht von jedem x-beliebigen Passanten benutzt werden. Überdies stellte ich fest, daß man in einigen Läden die Personaltoilette benutzen darf, wenn man dort nur genug Geld liegen läßt.

Da ich häufig zwischen der Stadt und unserem Haus in Dutchess County pendelte, wußte ich bald genau, in welchen Tankstellen und Motels am Sawmill, Hutchinson oder Taconic Parkway es Männertoiletten gab und wie sauber sie waren. Es wurde geradezu ein Tick von mir, mir im Kino einen Platz am Gang zu sichern, so daß ich, ohne andere zu stören, aufstehen und aufs Klo gehen konnte.

Die Beschwerden kamen, blieben eine Zeitlang und verschwanden dann wieder so unerklärlich, wie sie gekommen waren. Zunächst führte ich sie auf eine Blasenentzündung zurück. Mein Arzt empfahl mir, Urised zu nehmen, ein Mittel, das auf die Blase beruhigend wirkt. Schon bald wurde ich regelrecht Urised-abhängig, vor allem, nachdem ich entdeckt hatte, daß man weitere Packungen ohne neues Rezept bekam. Und tatsächlich hatte ich den Eindruck, daß ich etwas seltener und weniger dringend urinieren mußte, allerdings verfärbte sich mein Harn hellrot.

So ging das ein paar Jahre. Ich nahm das Problem nicht sehr ernst. Die Beschwerden traten nur von Zeit zu Zeit auf, mit langen Pausen dazwischen, und wenn sie sich zurückmeldeten, halfen mir die Medikamente. Ich sah keinen Grund, mir Sorgen zu machen. Gleichwohl hatte ich allmählich, ohne es selbst zu merken, mein Leben in kleinen Schritten verändert, indem ich beispielsweise meine Fahrten so plante, daß ich an mir bekannten Toiletten vorbeikam.

Dann, bei meiner jährlichen Untersuchung, bei der auch eine – mir immer schrecklich unangenehme – rektale Palpation durchgeführt wurde, eröffnete mir mein Internist, daß meine Prostata sich »etwas teigig« anfühle.

Teigig? Ein sonderbares Wort, um ein Organ zu beschreiben. Ich fragte ihn, was das bedeutete. Er zuckte die Achseln. Sie sei ein bißchen vergrößert und weich. Möglicherweise hätte ich eine Entzündung, eine sogenannte Prostatitis. Es bestehe kein Grund zur Beunruhigung, aber es könne sicherlich nicht schaden, zu einem Urologen zu gehen. Die Vorstellung behagte mir gar nicht. Nach dem, was ich über die Urologie wußte, sagte mir ein solches Erlebnis schwerlich zu. Genügte es nicht, wenn ich ein Antibiotikum nahm? Gewiß, sagte er, und schrieb mir ein Rezept. Dennoch riet er mir, einen Facharzt aufzusuchen. Nur vorsichtshalber.

Ich verdrängte die Sache so gut, daß ich sie schließlich wirklich vergaß. Die Beschwerden verschwanden wieder für eine gewisse Zeit, vielleicht wegen des Antibiotikums, vielleicht auch ohne besonderen Grund.

Einige Monate später hatte ich, ohne jede Vorwarnung, ein alptraumartiges Erlebnis: Es war Winter, und ich fuhr spät abends, als alle Tankstellen bereits zuhatten und ihre Toiletten abgeschlossen waren, in die Stadt zurück. Alle zehn bis fünfzehn Minuten mußte ich verbotenerweise auf dem Randstreifen anhalten, weil ich plötzlich, wie aus dem Nichts, einen unwiderstehlichen Harndrang verspürte. Also kletterte ich jedes Mal mit meinen Halbschuhen über die vereisten Schneewehen und pinkelte im Schutz des Waldes. Kaum hatte ich den West Side Highway erreicht, mußte ich erneut an die Seite fahren und auf der Stelle urinieren – ich konnte nicht eine Sekunde warten –, und das auf einem Stellplatz für Polizei- und Notarztfahrzeuge südlich der 125. Straße! Der Verkehr strömte rechts und links vorbei, und ich war überzeugt, daß alle mich dabei beobachteten, was ich hinter meiner Autotür tat, obwohl ich es zu verbergen versuchte. Würde die Polizei vorbeikommen? fragte ich mich. War es nicht verboten, in der Öffentlichkeit zu urinieren? Natürlich machten das Obdachlose und Betrunkene in New York ständig und kamen ungestraft davon. Aber von mir wurde sicher etwas anderes erwartet, entsprechend strenger würde man mich behandeln.

Ich empfand eine wirre Mischung aus Scham, Schuld und Angst, weil ich mich nicht beherrschen konnte, und gleichzeitig eine unbeschreibliche physische Erleichterung, als ich so vor aller Welt meine Blase leerte. Eine knappe Viertelstunde später bog ich in meine Garage ein, und schon wieder ging es los. Ich mußte die Einkaufstaschen mit meinen Manuskripten im Auto liegenlassen, stürzte wie ein Verrückter zum Aufzug und betete, daß er frei war. Auf der Fahrt in den dreiundfünfzigsten Stock trat ich unter Qualen von einem Fuß auf den anderen und hoffte verzweifelt, nicht in die Hose zu machen – oder auf den Boden des Aufzugs. Mit der freien Hand öffnete ich bereits den Reißverschluß meiner Hose, als ich die Wohnungstüre aufschloß – und schaffte es gerade noch rechtzeitig. Es war kaum zu glauben, daß der menschliche Körper soviel Flüssigkeit faßte und daß es so schmerzhaft sein konnte, sie zurückzuhalten.

Die Sache duldete jetzt keinen Aufschub mehr. Am Morgen ließ ich mir bei dem Urologen, den mein Arzt mir empfohlen hatte, einen Termin geben, und schon am nächsten Tag saß ich in seinem Wartezimmer, zusammen mit einer stattlichen Anzahl von Männern mittleren Alters, die wie leitende Angestellte aussahen. Die meisten von ihnen wirkten leicht verschämt, als weise ihre bloße Anwesenheit auf ein Problem hin, das sie verheimlichen wollten. Wir alle spähten nach der Toilette, und die meisten benutzten sie auch mindestens einmal, bevor sie aufgerufen wurden.

Schließlich wurde ich in das noble, holzgetäfelte Sprechzimmer geführt. Der Urologe, ein streng dreinschauender Endfünfziger im Tweedanzug, lauschte meinem Leidensbericht ohne jede Regung, als habe er ihn schon tausendmal gehört – was sicherlich auch der Fall war. »Dann wollen wir uns die Sache mal anschauen«, sagte er und führte mich in ein angrenzendes Untersuchungszimmer. Ich mußte mich vorbeugen – eine Stellung, die mir schon bald vertraut sein sollte –, und der Arzt tastete rasch meine Prostata ab.

»Sie ist vergrößert, das stimmt«, sagte er.

»Teigig, nicht wahr?«

Er runzelte die Stirn, offenbar verärgert über die Ungenauigkeit des Wortes *teigig*. Ich öffnete schon den Mund, um ihm zu sagen, daß der Ausdruck nicht von mir, sondern von meinem Internisten stammte, besann mich dann aber anders. »Die Prostata ist *vergrößert«*, betonte er noch einmal. »Bei Männern in Ihrem Alter ist das nicht ungewöhnlich. Machen Sie sich da mal keine Sorgen.«

»Ich verstehe. Und was kann man dagegen tun? Ich nehme zur Zeit ein Antibiotikum.«

Er zuckte die Achseln. »Es könnte durchaus eine Infektion sein«, sagte er, ohne dieser Möglichkeit aber weiter nachzugehen. »Lassen Sie meiner Sprechstundenhilfe eine Urinprobe da. Nehmen Sie das Antibiotikum weiter. Trinken Sie viel Flüssigkeit, Preiselbeersaft ist besonders gut. Ejakulationen helfen. So werden Sie das Prostatasekret los. Ich rate Ihnen zu häufigem Geschlechtsverkehr. Je häufiger, desto besser. Wenn nötig, masturbieren sie. Rufen Sie mich in zwei Wochen an.«

Ich lachte. »Mein Gott, wenn das alles ist ...« Ich zog meine Hose wieder an. Dann aber fragte ich mich, ob ich ihm wirklich hatte vermitteln können, wie heftig meine Beschwerden waren – bei Arztbesuchen hüte ich mich nämlich davor, allzu schwarz zu malen, denn ich habe mir einen Rest Gleichmut und Zurückhaltung bewahrt, die zweifellos auf meine englische Erziehung und den Wunsch zurückgehen, nicht für einen Weichling oder Quengler gehalten zu werden. »Ich bin mir nicht sicher, ob deutlich geworden ist, wie lästig dieses häufige Pinkeln ist, Herr Doktor«, sagte ich. »Wenn ich erst einmal in dem Teufelskreis drin bin, hört es nicht mehr auf. Kaum habe ich uriniert, muß ich schon wieder ...« Die Hand bereits auf der Türklinke, nickte der Arzt ungeduldig – entweder erzählte ich ihm da nichts Neues, was sehr wahrscheinlich war, oder mein Fall war für ihn abgehakt, weil er seine Diagnose bereits gestellt hatte. Hatte ich womöglich übertrieben? Vielleicht hielt er mich für einen

Hypochonder, der mit lächerlichen Beschwerden seine kostbare Zeit verschwendete, während Patienten mit ernsteren Problemen auf ihn warteten. Ich versuchte es auf die lustige Tour. »Ich habe langsam das Gefühl, ich könnte einen New Yorker Toilettenführer schreiben.«

Er lächelte nicht. »In einem gewissen Alter sind veränderte Gewohnheiten beim Urinieren normal«, sagte er beim Hinausgehen. »Auf Wiedersehen.«

Ich kam mir albern vor, als hätte ich tatsächlich seine Zeit vergeudet. Wenn ich von Preiselbeersaft und Sex geheilt werden konnte, dann war mein Problem sicherlich nicht so ernst. So schnell wie möglich unterzog ich mich einer entsprechenden Kur, nahm weiter das Antibiotikum und Urised, und schon nach wenigen Tagen konnte ich wieder wie früher urinieren. Ich fuhr ohne Zwischenfall nach Hause, schlief die Nacht durch, ohne aufstehen zu müssen, und brauchte nicht mehr wie irgendein schuldbewußter Perverser in Manhattan und in den Counties Westchester und Putnam auf Männertoiletten herumzulungern.

Der Urologe ließ es zwar an menschlicher Wärme fehlen und konnte mit Kranken nicht besonders gut umgehen, aber ich war ihm trotzdem dankbar – auch wenn ich nicht darauf erpicht war, ihn wiederzusehen.

Doch mit der Zeit machte sich meine vergrößerte Prostata immer häufiger bemerkbar. War zu Beginn der häufige Harndrang das unangenehmste Symptom gewesen, so stellte ich nun plötzlich fest, daß ich nicht mehr urinieren konnte, wann ich wollte, oder nur unter großen Schwierigkeiten, da der Urin nur noch in Form eines Tröpfelns kam. Hinzu kam, daß meine Prostata empfindlich wurde. Ich war seit vielen Jahren ein begeisterter Reiter, aber bald brauchte ich ein Reitkissen aus Schaffell, dann ein Schaumstoffkissen, um meinen Schritt zu polstern. Schließlich wurde deutlich, daß das Reiten meine Prostatabeschwerden trotz aller Maßnahmen verschlimmerte, und ich ritt kürzere Strecken, vermied zu traben oder zu springen, ritt immer seltener und schließlich gar nicht mehr.

Es wurde immer schlimmer. Ich besorgte mir einen »Gummiring«, den ich ins Kino und Restaurant mitnahm oder auf den Fahrersitz meines Autos legte. Mit allen Mitteln redete ich mir ein, daß ich gesund sei, doch allmählich, Schritt um Schritt, führte ich das Leben eines Kranken. Ich machte nicht mehr das, was ich wollte, sondern was meine Prostata zuließ.

Zum ersten Mal beeinträchtigten meine Prostataprobleme in geringem Maße – in sehr geringem Maße, verglichen mit dem, was noch kommen sollte – meine »Lebensqualität« (ein Ausdruck, der unter Ärzten sehr in Mode ist). Und das gefiel mir überhaupt nicht. Was ich früher mühelos hatte tun können, ging auf einmal nicht mehr, und wenn es auch nicht unbedingt wichtige Dinge waren, so befiel mich doch eine böse Vorahnung. Inzwischen wurde auch mein Sexualleben in Mitleidenschaft gezogen, und das, obwohl der Urologe mir verordnet hatte, möglichst häufig Geschlechtsverkehr zu haben.

Die Prostata steht in enger Verbindung mit den männlichen Geschlechtsorganen und spielt im Sexualleben des Mannes eine keineswegs bescheidene Rolle. Solange sie eine normale Größe hat, gesund ist und ihren eintönigen Dienst verrichtet, spürt man sie nicht. Doch sobald sie anschwillt, krank wird oder nicht mehr richtig arbeitet, macht sie sich bemerkbar.

Bei den meisten Männern mit einer BPH scheint das Interesse an der Sexualität zu erlahmen. Sie haben das beklemmende Gefühl, daß irgend etwas nicht mehr so ist, wie es sein sollte, als ob die Funktionsstörung der Prostata den übrigen Körper in Mitleidenschaft ziehe. Vermutlich liegt das nur daran, daß jede Störung, Infektion oder Schwellung eines Organs sich irgendwie auch auf die anderen, mit ihm verbundenen Organe auswirkt. Gleichwohl gehen mit Prostatabeschwerden fast immer auch sexuelle Probleme einher, teils, weil die Betroffenen verunsichert sind, teils, weil sie bei Schwierigkeiten in diesem Bereich des Körpers dazu neigen, sich ausschließlich auf die Probleme beim Urinieren zu konzentrieren, und andere vernachlässigen. Ein Mann, der ständig auf die Toilette muß – oder, vielleicht noch schlimmer, nicht pinkeln kann – ist kaum in der richtigen Stimmung für die Liebe und folglich auch nicht sehr darauf erpicht, Begehrlichkeit zu wecken.

Gleichzeitig darf er von seiner Partnerin nicht viel Verständnis erwarten, denn Frauen haben in dieser Beziehung ihre eigenen Probleme, vor allem Frauen, die schon Kinder geboren haben. Jedenfalls haben sie für all die altmodischen Männermythen nichts übrig, die in Gaststuben, Internaten, Umkleideräumen und beim Militär zelebriert werden und bei denen es darum geht, literweise Bier zu trinken, ohne aufs Klo zu gehen, oder möglichst lange mit einem kräftigen Strahl zu pinkeln.

Im postfeministischen Zeitalter können Frauen zwar den Ausdruck »Wettpinkeln« verwenden, aber nur Männer können tatsächlich an einem teilnehmen oder sich zumindest daran erinnern, wie sie es als Jungen getan haben. Jungen wetteifern darum, wer am weitesten pinkeln oder auch ejakulieren kann. Viele Männermythen kreisen gerade um jene Fähigkeiten, die durch eine vergrößerte Prostata bedroht werden, und dies ist auch der Grund, warum die meisten Betroffenen ihre Beschwerden als besonders deprimierend empfinden. Ihr Zustand ist zwar nicht so dramatisch, daß er Mitleid erregen würde, aber in gewisser Weise verlieren sie doch viele männliche Attribute, die eine besondere Wertschätzung genießen. So ist es kaum verwunderlich, daß viele Männer ihren Zustand vor ihren Frauen und ihren Ärzten verbergen – und am meisten vielleicht vor sich selbst.

Auch ich bemühte mich nach Kräften, mein Problem zu ignorieren oder zu verheimlichen, und verstand es bald meisterlich, ein dringendes Telefonat vorzuschützen, wenn ich mitten in einer Besprechung aufstand, um auf die Toilette zu eilen. Mir war klar, daß ich um einen erneuten Besuch beim Urologen nicht herumkam, doch ich verschob ihn von einem Tag auf den anderen. Am Ende war es ein Mißgeschick meines Freundes Arthur, das mich veranlaßte, zu meinem Urologen zurückzukehren.

Arthur war etwa in meinem Alter und litt, wie sich herausstellte, ebenfalls heimlich an einer BPH. Er verfügte über ebenso umfassende Kenntnisse von den Männertoiletten zwischen der East Side und Connecticut wie ich von den WCs zwischen Manhattan und den Parkways im Norden des Bundesstaates New York.

Natürlich hatte ich nicht gewußt, daß Arthur ein Leidensgenosse war. Wie für Männer typisch, hatte keiner dem anderen seinen Zustand offenbart. Arthur hatte freilich das Pech, daß er eines Tages ein rezeptfreies Grippemittel einnahm, ohne das Kleingedruckte auf dem Beipackzettel zu lesen, wo Männer mit Prostataproblemen vor der Einnahme gewarnt wurden. Wenig später wurde er mit einem totalen Harnstau auf schnellstem Weg ins Krankenhaus gebracht. Ganz Gentleman, sprach er nicht viel über die Operation und ihre Folgen, doch in einem unbedachten Moment vertraute er mir an, daß er jetzt nach hinten in die Blase ejakuliere, was ich mir nur schwer vorstellen und er mir unmöglich beschreiben konnte (der Mediziner spricht von »retrograder Ejakulation«).

Den Fall des armen Arthur als Warnung vor Augen, kehrte ich schließlich zu meinem Urologen zurück. Er nahm abermals eine rektale Palpation vor (ich haßte allmählich das schnalzende forsche Geräusch, das beim Anziehen des Gummihandschuhs entstand), und wieder gingen wir, nachdem ich mich gesäubert und meine Hose angezogen hatte, zurück in sein von Bücherregalen gesäumtes Sprechzimmer.

Meine Prostata, so sagte er, sei noch etwas größer als beim letzten Mal. Ich müsse mir deshalb keine Sorgen machen, aber die Symptome, über die ich geklagt hätte, seien sicherlich darauf zurückzuführen.

Es entstand eine lange Pause. »Was kann man dagegen tun?« fragte ich. Eine Möglichkeit sei ein chirurgischer Eingriff, antwortete er und legte die Fingerspitzen aneinander. Ich müsse mir die Prostata wie einen Apfel vorstellen, erklärte er und formte mit den Händen einen Apfel. Er verglich die Harnröhre mit dem Kern des Apfels: Wenn die Prostata sich vergrößert, wird die Harnröhre zusammengedrückt und der Harnfluß gedrosselt. Deshalb muß die Blase schwerer arbeiten, um den Urin durch den verengten Kanal zu pressen, und dies führt zu einer Verdickung der Blasenwand, die, wie jeder Muskel, bei stärkerer Beanspruchung kräftiger wird. Die Folge sind weitere Probleme.

Ein chirurgischer Eingriff, fuhr er fort, sei die beste Lösung, gewissermaßen der »Königsweg«, an dem sich alle anderen Therapien messen lassen müßten.

»Was für eine Operation ist das?« fragte ich. Er wurde freundlicher, sowie wir über Chirurgie sprachen. Die Urologie ist ein chirurgischer Fachbereich. Urologen sind deshalb durch und durch Chirurgen, Männer der Tat, die fest an ihre Fähigkeiten und die ihnen zur Verfügung stehende Technik glauben. Die Aussicht, die Probleme eines Patienten mit dem Skalpell zu lösen, sagt ihnen wesentlich mehr zu, als nur dazusitzen und mit dem Kranken zu sprechen. Es gebe verschiedene Methoden, erklärte er, sich für sein Thema erwärmend. Alle zielten darauf ab, ausreichend Gewebe zu entfernen, um die Harnröhre von dem Druck zu entlasten und einen starken, gleichmäßigen Harnfluß zu ermöglichen. Meine Lebensqualität, so versicherte er, werde sich sofort verbessern. Am verbreitetsten sei eine transurethrale Resektion der Prostata (gewöhnlich als TUR-P bezeichnet), bei der man ein Instrument namens Resektoskop in die Harnröhre einführe und dann überschüssiges Prostatagewebe entferne. Der Urologe machte eine Bewegung, als entkerne er einen Apfel. Andere Methoden seien invasiver, erklärte er, doch nach seiner Erfahrung gehe es der großen Mehrzahl der Patienten mit meinen Beschwerden nach einer TUR-P sehr gut.

Ich ließ mir das durch den Kopf gehen und dachte dabei an Arthurs Ratschläge. Ich wollte es zwar nicht sagen, aber ich hätte fast alles getan, um dem Urologen keine Gelegenheit zu geben, ein Resektoskop in meinen Penis zu schieben und draufloszuschneiden. Ich erkundigte mich nach den Nachwirkungen. »Wie sieht es beispielsweise mit retrograder Ejakulation aus?«

Er runzelte die Stirn und fragte, wo ich diesen Begriff aufgeschnappt hätte. Ich schilderte ihm kurz Arthurs Fall. Er schüttelte den Kopf und versicherte mir, daß retrograde Ejakulation für die meisten Männer kein Problem sei. Das Empfinden bleibe fast dasselbe, und manche zögen es sogar vor.

Ich fragte nach anderen möglichen Nachwirkungen. Er dachte nach. Nein, eigentlich gebe es keine, antwortete er. Bei manchen Männern komme es zu einer – er machte eine Pause – »erektilen Dysfunktion«. Bei anderen zu zeitweiliger Inkontinenz.

Junge, Junge, dachte ich. Impotenz und Inkontinenz! Wir saßen schweigend da, während er mit den Fingern auf seinem Terminkalender trommelte. Ich fragte, ob es neben den chirurgischen auch andere Behandlungsmethoden gebe.

Er seufzte und teilte mir eher unwillig mit, daß es eine Anzahl neuer und noch relativ wenig erprobter Medikamente gebe – sein Herz schlug offensichtlich für eine chirurgische Lösung meines Problems. Hytrin führe angeblich zu einer »Entspannung« der Prostata und mindere den Druck auf die Harnröhre. Bei manchen Patienten wirke es gut. Proscar, das sich mehr oder weniger noch im Versuchsstadium befinde, lasse auf längere Sicht das Prostatagewebe schrumpfen. Natürlich hätten beide Medikamente Nebenwirkungen. Von Hytrin fühlten sich manche Männer schlapp, müde oder mitunter sogar etwas benommen, und einige Patienten klagten, daß Proscar – er hüstelte diskret – »ihre Libido« zügele oder ausschalte.

Das klang nicht sehr vielversprechend, doch unter den gegebenen Umständen war mir jedes Medikament sympathischer als ein chirurgischer Eingriff. Ich verließ die Praxis mit Musterpackungen beider Medikamente, nachdem wir vereinbart hatten, daß ich es zunächst einmal mit Hytrin versuchen sollte. Falls es damit Schwierigkeiten gab, sollte ich mit Proscar weitermachen. Der Urologe sah enttäuscht aus.

Ich bekam nie Gelegenheit zu testen, wie »entspannend« Hytrin auf die Prostata wirkt – es wirkte auf *mich* so entspannend, daß ich jedesmal das Bewußtsein verlor, wenn ich abrupt aufstand. Ich berichtete darüber meinem Urologen, und er erwiderte, daß dies mit Sicherheit eines der Probleme bei Hytrin sei. Ich fragte mich, warum er mich nicht ausdrücklich davor gewarnt hatte – und zwar bevor die Knie unter mir nachgaben und ich kopfüber hinfiel –, und stieg auf Proscar um.

Zu meinem großen Erstaunen wirkte Proscar. Freilich nicht sofort – es dauerte mindestens zwei Monate, bis ich eine Besserung feststellte –, aber mit der Zeit wurden alle meine Symptome schwächer und schließlich verschwanden sie ganz, als sei ich erfolgreich nach Lourdes gepilgert. Ich mußte nicht mehr nach Toiletten Ausschau halten oder nachts zwei- bis dreimal aufstehen. Andererseits waren die Warnungen auf der Proscar-Packung mehr als gerechtfertigt (seit meinen Erfahrungen mit Hytrin und Arthurs Malheur mit dem Grippemittel las ich bei allen Medikamenten das Kleingedruckte): Ich verlor jegliche Libido, genauso wie vom Arzt als mögliche Nebenwirkung angedeutet. Nicht, daß ich keinen Geschlechtsverkehr hätte haben können, ich hatte einfach keine Lust dazu – nichts, egal wie aufreizend, erregte mich.

Ich kam mir merkwürdig vor – fast wie ein Mönch – und wußte nicht so recht, was ich davon halten sollte. Ich nahm Proscar mehrere Monate lang, dann hielt ich das chemische Zölibat nicht mehr aus. Ohne meinem Arzt Bescheid zu sagen, setzte ich das Mittel ab, und – siehe da! – ein Wunder geschah. Nicht nur, daß meine Libido zurückkehrte, auch meine Prostata blieb geschrumpft! Wider Erwarten war ich geheilt, denn angeblich wirkt Proscar nur so lange, wie der Patient es einnimmt.

Ich klopfte auf Holz, doch nach einigen Monaten ließ es sich nicht mehr leugnen: Meine Symptome waren verschwunden. Ich konnte mühelos pinkeln, verspürte keinen Druck und hatte alles unter Kontrolle. Proscar wurde diese Wirkung zwar nicht zugeschrieben, aber es hatte sie. Ich nahm mir vor, den Namen des Herstellers in Erfahrung zu bringen und mir ein paar Aktien zu kaufen.

Schließlich ließ ich mir für meine längst überfällige jährliche Untersuchung einen Termin geben, und sei es nur, um meinem schwer geprüften Internisten die gute Nachricht persönlich zu überbringen.

3

»Es ist wie ein Wunder!« sagte ich, nackt auf dem Untersuchungstisch sitzend.

Mein Internist nickte, während er den Gummihandschuh auszog. »Wirklich sehr ungewöhnlich«, sagte er vorsichtig. »Eigentlich wirkt das Medikament überhaupt nicht so. Aber natürlich spielt bei solchen Dingen immer auch Autosuggestion eine gewisse Rolle...«

Ich war nicht darauf gefaßt, daß mir der Internist die Freude verderben würde. Ich fühlte mich blendend, zum ersten Mal seit Jahren, und das hatte ich Proscar zu verdanken. Er nahm mir eine Blutprobe ab. »Wir werden den üblichen Befund bekommen«, sagte er. »Ich nehme nicht an, daß es irgendwelche Probleme gibt, aber man kann nie vorsichtig genug sein... Immerhin sind Sie in einem Alter, in dem der PSA-Wert wichtig wird.«

Ich runzelte die Stirn und fragte, was das sei. Mit dem PSA-Test, so erklärte er, werde die Wahrscheinlichkeit von

Prostatakrebs bestimmt. Er ließ eine gewisse Skepsis durchblicken – ein hoher Wert, erläuterte er, beweise nicht unbedingt, daß Tumoren vorhanden seien, und ein niedriger garantiere nicht, daß keine da seien. Der Test sei nicht unfehlbar. Deshalb hätten sich die britischen und französischen Ärzteverbände gegen eine Anwendung des PSA-Tests auf breiter Basis ausgesprochen. Und sogar in den Vereinigten Staaten werde er als Screening-Test kontrovers diskutiert, obwohl man ihm als Sicherheitsmaßnahme einen gewissen Wert beimesse.

Das kam mir etwas seltsam vor. Welchen Zweck hatte ein Test, mit dem sich etwas nachweisen ließ oder auch nicht? Ich fragte, warum der Test bei mir nicht schon früher durchgeführt worden sei.

Er seufzte. Er *sei* durchgeführt worden, denn er gehöre zu den vielen Parametern bei der jährlichen Blutuntersuchung. Wenn er es nicht erwähnt habe – und er sei sich sicher, daß er es erwähnt habe –, dann nur deshalb, weil die Ergebnisse innerhalb der Norm gelegen hätten.

Zumindest innerhalb dessen, was die Norm gewesen sei, verbesserte er sich. Das Problem sei, fuhr er fort, daß »sie« die kritische Grenze des PSA-Werts immer weiter herabsetzten. Er sagte nicht, wen er mit »sie« meinte, doch es war offensichtlich, daß er sich über diese Leute ärgerte. »Früher galt alles unter 10 als sicher. Mittlerweile liegt die Schwelle bei 4 oder 5! Und wer weiß, wo sie in ein oder zwei Jahren liegen wird.« Seine Miene verriet den Zorn des praktischen Arztes gegen realitätsfremde Theoretiker, die mit immer komplizierteren Tests aufwarteten – die waren mit »sie« wohl gemeint.

Da er sich nach der Palpation (wieder das gefürchtete Geräusch des schnalzenden Gummihandschuhs!) zufrieden über den Zustand meiner Prostata geäußert hatte, maß ich dem Test, in den er ja selbst offenbar wenig Vertrauen setzte, keine große Bedeutung bei und fragte auch nicht nach dem PSA-Wert vom letzten Mal. Er hatte das Organ mit dem Finger abgetastet und nichts gefunden. Wenn ihm das genügte, so genügte es mir allemal.

Ich verließ die Praxis mit jenem Gefühl der Zufriedenheit – und Redlichkeit –, das man immer empfindet, wenn man etwas Vernünftiges getan hat. Ich hatte meinen jährlichen Gesundheitstest hinter mich gebracht, anstatt ihn weiter hinauszuschieben, und ich hatte mit fliegenden Fahnen bestanden – vorbehaltlich der Ergebnisse einer Blutuntersuchung, über die sich mein Internist in keinster Weise besorgt geäußert hatte.

Als ich auf dem Weg ins Büro durch die Madison Avenue ging, fühlte ich, wie mich eine gesunde Wärme durchströmte, trotz des eisigen Windes, der alle anderen veranlaßte, ihre Schals enger zu wickeln und ihre Mantelkragen hochzuschlagen. Ich spürte die Kraft in jedem meiner Schritte. Ich beglückwünschte mich zu meinem Glück – und dazu, daß ich immer auf meine Gesundheit geachtet hatte: Ich verzichtete auf kalorienreiche Nachspeisen, mied fettes Essen, trank koffeinfreien Kaffee und aß Margarine statt Butter (das war, bevor »sie« herausfanden, daß Margarine Krebs verursacht und Butter gesünder ist). Ich trank Alkohol nur in Maßen und hatte fast fünf Jahre zuvor mit dem Pfeiferauchen aufgehört.

Im nächsten Jahr stand mein sechzigster Geburtstag an, doch alle – sogar mein Arzt und auch meine Frau – versicherten mir immer, ich sähe jünger aus.

Ich betrachtete mich in den Schaufenstern und fand, daß sie recht hatten. Abgesehen von meiner Prostata war ich in blendender Form, und jetzt bereitete mir nicht einmal sie mehr Probleme.

Ich gratulierte mir dazu. Ich war ein glücklicher Mann.

Mein Glück dauerte ganze vierundzwanzig Stunden, bis zum nächsten Morgen. Ich trank gerade – was könnte gesünder sein? – meinen koffeinfreien Cappuccino mit Magermilch und aß dazu ein Müsli, da klingelte das Telefon auf meinem Schreibtisch. Mein Internist war dran.

Wäre ich etwas aufmerksamer gewesen, so hätte ich vielleicht eine gewisse Härte in seiner Stimme bemerkt, aber ich schwebte immer noch auf Wolken der Gesundheit. »Es ist alles in Ordnung«, sagte er und hielt kurz inne. »Nur das Ergebnis Ihres PSA-Tests gefällt mir nicht.«

Ich rief mir ins Gedächtnis, was der PSA-Test war, und verspürte einen leichten Schauer. Ich fragte, wie hoch er sei.

»15«, antwortete er.

Ich erinnerte mich, daß früher 10 als Schwelle zu dem Bereich gegolten hatte, in dem Krebs vorliegen konnte. Dann hatten »sie« bestimmt, daß nur Werte unter 4 oder 5 sicher seien. Sogar nach den *alten* Maßstäben lag ich im Risikobereich, und nach den neuen war mein PSA-Wert dreimal so hoch, wie er eigentlich sein sollte.

»Wie schlecht ist diese Nachricht?« fragte ich.

Er hüstelte. »Es hat nicht unbedingt etwas zu bedeuten, ganz ehrlich«, antwortete er. »Regen Sie sich deshalb bitte nicht auf. Zumindest noch nicht. Ihre Prostata hat sich für mich wirklich normal angefühlt. Manche Männer mit vergrößerter Prostata haben sehr hohe Werte – wesentlich höher als Ihrer –, ohne daß irgend etwas auf Krebs hindeutet. Jede Art von Prostatainfektion kann den Wert in die Höhe schnellen lassen. Er kann auch ohne Grund ansteigen.«

»Verstehe.« Ich wußte nicht recht, ob ich erleichtert oder beunruhigt sein sollte.

»Aber Sie sollten unbedingt noch einmal zum Urologen gehen. Er wird ein paar Untersuchungen vornehmen, nur zur Sicherheit.«

Das machte mich hellhörig. »Was für Untersuchungen?« fragte ich. »Sind sie sehr schmerzhaft?« Ich hätte mich ohrfeigen können, weil ich mich wie eine Memme aufführte. Vor einer Routine-Koloskopie verhalte ich mich wie andere vor dem Erschießungskommando, und normalerweise bekomme ich, damit ich das ganze überhaupt durchstehe, soviel Valium, daß ich danach so schlapp wie eine Stoffpuppe nach Hause gebracht werden muß. Ich dachte an das humorlose Gesicht des Urologen und wußte, daß mir die Untersuchungen, die seine Disziplin für mich bereit hielt, noch weniger zusagen würden.

»Schmerzhaft? Nein, nein, da machen Sie sich mal keine Sorgen. Er wird eine Ultraschalluntersuchung der Prostata vornehmen. Das ist überhaupt nicht schlimm. Wenn er etwas Verdächtiges entdeckt, wird er vermutlich eine Biopsie durchführen. Auch das ist keine große Sache.«

»Wenn bei der Ultraschalluntersuchung alles in Ordnung ist, wird er also *keine* Biopsie durchführen. Habe ich Sie da richtig verstanden?« fragte ich und klammerte mich an diese schwache Hoffnung. Ich kannte mich nicht so gut aus, aber ich nahm doch an, daß eine Gewebsentnahme schon allein wegen der Lage der Prostata genauso unangenehm war wie eine Koloskopie.

»Mmm«, antwortete er.

Der Urologe runzelte angesichts meiner panischen Angst vor der Biopsie nur die Stirn.

Wie mein Internist hielt er die Biopsie für keine große Sache. Am Vorabend und dann nochmals am Morgen hatte ich mir, wie von der Arzthelferin angewiesen, einen Einlauf gemacht, was nicht dazu angetan war, meine Stimmung zu heben.

Kaum hatte ich mich ausgezogen und der Urologe die übliche Palpation beendet (schnapp! wieder der Gummihandschuh), als er auch schon mit der Ultraschalluntersuchung begann, die ich mit einer banger Neugier verfolgte. Die Ultraschallsonde sah wie das Ende eines altmodischen Bettpfostens aus, und sie war so groß, daß sie mich an die riesigen Godemichés erinnerte, die in Büchern wie der *Geschichte der O* oder den Werken des Marquis de Sade vorkommen. Als die Sonde in meinen Hintern eingeführt worden war, konnte ich meine Prostata auf einer Art Radarschirm sehen – eine Ansammlung dunkler und heller Flecken, die der Arzt schweigend und stirnrunzelnd begutachtete. Der Vorgang war zwar unangenehm, aber tatsächlich nicht schmerzhaft – ich lobte mich für meine Tapferkeit vor dem Feind.

»Wie sieht es aus?« fragte ich ihn.

Er schaute auf den Schirm. »Bisher habe ich nichts Beunruhigendes entdeckt«, antwortete er, »aber die Biopsien werden uns sicher Klarheit verschaffen.«

Mich überfiel ein Schauder, der weit heftiger war, als man es bei einem Mann erwarten würde, der halbnackt auf einem kalten Untersuchungstisch liegt, nur mit Papier zugedeckt und eine Ultraschallsonde im Arsch. »Ich dachte, Sie machen die Biopsie nur, wenn es bei der Sonographie Probleme gibt.«

Aus dem Augenwinkel heraus sah ich, wie die Arzthelferin sich an einem Gerät zu schaffen machte. Es war über einen halben Meter lang, und am Ende einer langen, beweglichen Sonde saß ein heimtückisch aussehendes, unter Federdruck stehendes Schneidewerkzeug. Unsinnigerweise hatte ich das Gefühl, hintergangen worden zu sein.

Der Urologe wandte sich widerstrebend vom Bildschirm ab. »Ich weiß nicht, wie Sie darauf kommen«, sagte er. »Die Biopsie ist nur eine Ergänzung zur Sonographie. Die beiden Verfahren gehören zusammen. Um es mit den Worten eines Laien auszudrücken: Wir verwenden die Sonographie, um die Nadel zu führen. Es ist alles ganz einfach.«

Laie – ein beleidigenderes Wort konnte ein Arzt nicht verwenden. Ich schluckte meinen Ärger hinunter. »Ist das Verfahren, äh, schmerzhaft?« fragte ich, sehr wohl wissend, daß ich mich wieder wie ein Laie benahm – schlimmer noch, wie ein ängstlicher Laie. Aber irgendwie hatte ich das Gefühl, mich auf das, was mir in einigen Augenblicken unausweichlich bevorstand, besser einstellen zu können, wenn ich wußte, daß es wehtat. Ein oder zwei Sekunden lang spielte ich sogar mit dem Gedanken, die Ultraschallsonde herauszuziehen, aufzustehen und hinauszumarschieren, doch ich blieb standhaft.

Er kicherte. »Schmerzhaft?« fragte er. »Für mich nicht.«

Er führte die Sonde ein. »Sie werden jedesmal ein Klicken hören, wenn ich das Instrument auslöse«, erklärte er. »Sie werden ein Ziehen spüren, dann ein kurzes Zwicken – nichts, worüber Sie sich aufregen müßten.«

Ich hörte das Klicken und spürte ein kurzes Stechen. Ich schämte mich für meine Feigheit.

»Sehen Sie«, sagte er freundlich. »Ich habe Ihnen doch gesagt, daß es nicht schlimm ist. Es wäre noch einfacher, wenn Sie sich entspannen würden.«

Ich nickte. Entspannen? Wie sollte ich mich entspannen, während ich hilflos und halbnackt auf der Seite lag und ein Arzt tief in meine Prostata eindrang und kleine Gewebsstückchen abknipste, so wie ein Gärtner Blumen schneidet? Ich zwang mich, an etwas anderes zu denken, und erinnerte mich daran, daß eine Zahnwurzelbehandlung oder eine Verrenkung des Schultergelenkes weitaus schmerzhafter waren. Ich zählte das Klicken mit und atmete beim letzten erleichtert auf. Ich kam zu dem Schluß, daß nicht die Schmerzen das Schlimme waren, sondern die Stellung – und das Gefühl der Hilflosigkeit.

Ich fragte mich, warum ich kein Valium oder irgendein Betäubungsmittel bekommen hatte. Später (leider zu spät) erfuhr ich, daß manche Ärzte ihren Patienten vor der Biopsie *tatsächlich* etwas zur Beruhigung geben. Ich kann Ihnen also nur raten, danach zu fragen – oder sogar darauf zu *bestehen* –, falls Sie jemals in diese Situation kommen sollten.

Als alles vorbei war, säuberte ich mich, zog mich an und bekam noch ein Rezept für Antibiotika. Wie immer hatte ich das Gefühl, viel Wirbel um nichts gemacht zu haben – eine Ansicht, die der Arzt, wie ich argwöhnte, teilte. Gleichwohl verließ ich die Praxis mit einem Gefühl der Zufriedenheit, denn ich hatte jedermanns Rat befolgt, mich wie ein erwachsener Mensch benommen und das getan, was Vernunft und Vorsicht geboten erscheinen ließen. Ich hatte überhaupt keine Angst, sondern war nur erleichtert, daß ich die Sache hinter mir hatte.

Knapp zwei Tage später bekam ich die gute Nachricht: Die Analyse der Gewebsproben hatte keinen Hinweis auf Krebs erbracht.

4

Nach einer Woche bekam ich jedoch eine Infektion, die von der Biopsie herrührte und mich zwei oder drei Monate lang plagte. Kein der Menschheit bekanntes Antibiotikum schien mir zu helfen. Der Sommer ging vorüber, und ich fühlte mich immer noch elend und unwohl, ja in gewisser Hinsicht sogar viel schlechter als in der Zeit meiner Prostatabeschwerden. Ich bekam Schmerzen, wenn ich lange und sogar kurze Strecken fahren mußte, und führte deshalb wieder ein Schaumstoffkissen mit. Ich kaufte medizinische Schaffelle zum Sitzen, jeweil eines für zu Hause, fürs Büro und fürs Auto. Das Sitzen bereitete mir Probleme, wenn ich nicht wie die Prinzessin auf der Erbse gepolstert war.

Mein Urologe gab nur ungern zu, daß seine Biopsie diese langwierige Infektion verursacht hatte, aber auch er fand keine andere Erklärung. Dann, nachdem ich vom Sommer überhaupt nichts gehabt hatte, weil ich mich aufgrund der anhaltenden Beschwerden und der Nebenwirkungen der zahllosen Antibiotika nicht vom Fleck rühren konnte, trat endlich eine Besserung ein. Beim ersten Schnee ging es mir wieder gut.

In dieser Zeit hatten mir Freunde und auch Menschen, die ich überhaupt nicht kannte, eine Fülle von Mitteln gegen Prostatabeschwerden empfohlen. Ich trank morgens, mittags und abends Preiselbeersaft, Unmengen von Evian, die ausgereicht hätten, um das Schlachtschiff *Missouri* zu Wasser zu lassen, und natürlich übelriechende Kräutertees. Dem Rat von Margarets Masseur folgend, nahm ich täglich ein mehrgängiges Menü aus Kapseln ein: Zink, Kalium, Selen, Antioxydantien und Aloe Vera. Ich aß löffelweise gefriergetrocknete organische Bienenpollen. Als zeitweiliger Bewohner von Santa Fe besorgte ich mir auf Anraten von Margarets Maniküre bei den dortigen *botanicas* aus Kräutern und Wurzeln zusammengebraute Tränke. Schließlich wurde ich noch mit einer Liste chinesischer Heilmittel beglückt, die nicht einmal im Good Earth, Santa Fes riesigem Naturkost-Supermarkt, zu finden waren. Sie hatten Namen wie »Tiger Drops«, und ihre Dosierungsanweisungen waren recht verwirrend.

Ich war nicht zum Hypochonder geworden – es ging mir gut, und ich machte mir keine Sorgen –, aber ich wollte verhindern, daß meine Beschwerden wiederkehrten. Und was konnten schon ein paar übelschmeckende Tropfen Zwergpalmen-Extrakt oder etwas Bienenpollen auf meinem Müsli anrichten? Nichts, sagte ich mir, und wahrscheinlich zu Recht – obwohl ich in Wahrheit alles unternommen oder geschluckt hätte, nur um mir ein Wiedersehen mit dem Urologen zu ersparen. Es ging mir besser, und ich wollte unbedingt dafür sorgen, daß es dabei blieb.

Das Problem war nur, daß ich trotz gesunder Ernährung, trotz Preiselbeersaft und homöopathischer chinesischer Medizin immer müder wurde.

Ich erfand tausend Entschuldigungen für meine Müdigkeit, und noch mehr, um sie vor mir selbst zu verbergen oder zu rechtfertigen. Schließlich erfüllte ich mein Arbeitspensum und hielt mich an einen strengen Fitneßplan. Warum also sollte ich nicht von Zeit zu Zeit müde sein? Doch es war nicht die angenehme Art von Müdigkeit, die man nach einem anstrengenden Tag oder einem anregenden Abend, nach einem ausgedehnten Lauf oder einem harten Konditionstraining verspürt, wenn einem die Gelenke wohlig wehtun, wenn man sich nach einem heißen Bad und einem Drink sehnt und garantiert acht Stunden durchschlafen wird. Ich hatte eher das Gefühl, mitten am Tag ganz plötzlich, in unvorhersehbaren Augenblicken, gegen eine Backsteinmauer zu prallen. Ich machte nach dem Mittagessen auf der Couch im Büro ein Nickerchen – was sonst gar nicht meine Art war. Normalerweise schritt ich beim Gehen kräftig aus, und nun bemerkte ich gelegentlich, daß ich nur noch mühsam einen Fuß vor den anderen setzen konnte – oder manchmal nicht einmal das.

Einmal machte ich in der 49. Straße auf halbem Weg zu einem Arbeitsessen schlapp. Ich konnte einfach nicht mehr weitergehen und bezweifelte ernsthaft, daß ich es zum Büro zurückschaffen würde, obwohl es kaum 100 Meter entfernt war. In meinem Leben zeigten sich merkwürdige Veränderungen. Früher war ich immer wesentlich länger wachgeblieben als meine Frau Margaret und hatte schon im Morgengrauen wieder gelesen oder geschrieben. Nun ging ich lange vor ihr ins Bett und suchte oft nach einem Vorwand, um länger schlafen zu können.

Ich redete mir ein, daß das nichts zu bedeuten habe. Ich kam zu dem Schluß, daß ich eine Veränderung brauchte. Ich mußte mehr Sport treiben (oder weniger). Ich erhöhte meine tägliche Vitamin-C-Dosis, bis mein Urin so gelb wie Butterblumen leuchtete, und schluckte zusätzlich Vitamin E, B und A, so daß die Küchentheke allmählich einer Apotheke glich. Nichts davon half auch nur im geringsten – wenn die Müdigkeit über mich kam, wurden mir die Füße schwer wie Blei.

Der Winter ging vorüber, der Frühling kam. Die Prostata verursachte mir keine Beschwerden, doch nun hinderte mich die Müdigkeit zunehmend daran, das zu tun, was ich wollte. Im Sommer konnte ich nicht mehr leugnen, daß etwas faul war.

Ich klagte meinem Internisten mein Leid, aber er konnte nichts finden. Er empfahl mir, Urlaub zu machen. Ich müsse lernen, mich zu entspannen. Aber ich konnte mich nicht entspannen, und ich war zu müde, um auch nur an Urlaub zu denken, geschweige denn, tatsächlich irgendwohin zu reisen. In regelmäßigen Abständen konsultierte ich meinen Internisten, und gemeinsam versuchten wir, den Grund für meine Müdigkeit zu finden. Doch es kam nichts dabei heraus. Ich war hundertprozentig fit und gleichzeitig total erledigt.

Im Oktober stand ein aufregendes Ereignis an, das mir half, meine wachsende Müdigkeit vorübergehend zu überwinden. Wir feierten meinen sechzigsten Geburtstag mit einer bezaubernden Party im Tavern on the Green. Margaret richtete sie aus und machte sie zu einem unvergeßlichen Erlebnis: Das Penthouse-Girl Amy Lynn sprang aus einer echten Torte mit Zuckerguß und allem Drum und Dran, Zigeuner zogen Geige spielend von Tisch zu Tisch, es gab ein exquisites Festessen, und als besondere Überraschung wurde ein kurzer Film über mein Leben gezeigt. Annähernd zweihundert Gäste – darunter Freunde, die ich seit gut zwanzig Jahren nicht mehr gesehen hatte – tranken, tanzten und hielten Reden. Margaret war nie schöner gewesen, und berauscht von dem Gefühl tiefer Zuneigung und dem Fest, gewann ich meine Energie zurück.

Doch das Geburtstagshoch hielt nicht lange an, und allmählich kehrten die Phasen der Müdigkeit zurück. Die Wintermonate schlichen dahin, Frühjahr und Sommer kamen, und auch wenn es mir nie wirklich *schlecht* ging, so fühlte ich mich auch nie richtig *wohl*. Ich bekam das Problem nicht zu fassen, ja ich konnte es nicht einmal meinem Arzt richtig beschreiben, der mir inzwischen nur noch vorschlug, einige Zeit Urlaub zu machen – »Gehen Sie in einen Club Med«, riet er mir. »Verbringen Sie eine Woche auf einer Insel in der Karibik, setzen Sie sich an den Strand, spannen Sie mal aus.«

Allmählich hatte ich das Gefühl, mit dem Angestellten eines Reisebüros und nicht mit einem Arzt zu reden. Ich wollte ein Rezept oder wenigstens eine Diagnose, und keine Reisetips. Und selbst wenn ich seinen Rat hätte befolgen *wollen*, ich hätte nicht die Energie zum Planen, Kofferpacken und Verreisen aufgebracht. Freunde und gute Bekannte fanden, daß ich müde und abgespannt aussah. Außerdem fiel ihnen auf, daß ich häufig gereizt war und zu Zornausbrüchen neigte, wie man sie normalerweise nur bekommt, wenn man übermüdet ist, und manchmal beklagten sie sich deshalb sogar. Bitten, einen kurzen Artikel für eine Zeitschrift oder eine Zeitung zu schreiben, oder Einladungen zu einem Fernsehauftritt oder auch nur zu einer Party – Dinge, die mich normalerweise interessiert hätten – schlug ich aus, weil mir alles zuviel war.

Außerdem war mir nicht ganz wohl bei dem Gedanken, daß ich seit meinem letzten PSA-Test über ein Jahr hatte verstreichen lassen. Ich mußte mir einen neuen Termin geben lassen, doch ich verschob die Sache von Woche zu Woche, nicht etwa aus Angst, sondern weil ich nichts tun wollte, was zu einem weiteren Besuch beim Urologen führen konnte.

Was meine Prostata anging, so wollte ich keine schlafenden Hunde wecken.

Der Herbst kam. Wir beschlossen, an Thanksgiving und Weihnachten nach Santa Fe zu fahren. Ich bereitete mich darauf vor, einen Artikel für den *New Yorker* zu schreiben, und machte mir Notizen für ein neues Buch. Schließlich biß ich in den sauren Apfel und ließ mir einen Termin für eine Kontrolluntersuchung bei meinem Internisten geben. Seit der letzten, bei der mein PSA-Wert bei 15 gelegen hatte, waren achtzehn Monate vergangen.

Ich war nicht beunruhigt. Die Biopsie hatte gezeigt, daß ich keinen Krebs hatte, trotz des erhöhten PSA-Wertes, den sowohl der Urologe als auch mein Internist auf die Prostatavergrößerung zurückführten. Seit damals hatte mir meine Prostata dank Proscar oder aus purem Zufall keine Probleme mehr bereitet.

Als mein Arzt jedoch am Tag nach der Untersuchung anrief, wußte ich gleich, daß etwas nicht stimmte. »Er ist auf 22 gestiegen«, sagte er in unüberhörbar besorgtem Ton. Nach seiner Stimme zu urteilen, war er nicht mehr der Ansicht, daß der PSA-Wert unzuverlässig sei und die Zahlen nicht unbedingt etwas zu bedeuten hatten. Er riet mir nicht mehr zu einem Trip in die Karibik.

»Das ist ein gewaltiger Sprung, nicht wahr?« fragte ich. Ich rechnete schnell im Kopf nach. Der Wert war in eineinhalb Jahren um 50 Prozent gestiegen und lag um das Sechsfache über dem, der momentan als »sicher« galt.

»In der Tat.«

»Heißt das, ich muß wieder eine Biopsie machen lassen?«

»Ich fürchte, ja.«

»Die letzte war schrecklich. Und ich bin davon krank geworden.«

»Das kommt vor. Aber Sie müssen untersucht werden.«

»Kann ich damit warten, bis wir aus Santa Fe zurück sind? Es hat doch keinen Sinn, so weit zu fahren, wenn ich mich so beschissen fühle wie nach der letzten Biopsie.«

»Wann wollten Sie fahren?«

»Kurz vor Thanksgiving.«

Es entstand eine lange Pause. »Mir wäre es lieber, Sie würden nicht so lange warten«, antwortete er.

»Oh.« Das hörte ich gar nicht gern.

»Je früher, desto besser«, sagte er bestimmt. »Aus gutem Grund.«

Widerwillig rief ich meinen Urologen an, um mir einen Termin geben zu lassen, erfuhr aber, daß er in Ferien war – ich stellte ihn mir in der Karibik vor, die für die Ärzteschaft anscheinend zu einer Art Lourdes geworden war. Ich notierte mir den Namen des Urologen, der ihn vertrat, doch dann kam mir der Gedanke, eine befreundete Ärztin anzurufen und um Rat zu fragen.

Sie redete nicht lange um den heißen Brei herum und riet mir, so schnell wie möglich ins Zentrum für Prostatakrebs-Früherkennung am Memorial Sloan-Kettering zu gehen. Eine Stunde später rief sie zurück und teilte mir mit, daß ich am folgenden Dienstag einen Termin bei Dr. Peter Russo hätte.

Sie hatte mich gewarnt, daß man normalerweise sechs bis

acht Wochen warten mußte, bis man einen Termin bekam, und so war ich nicht wenig beeindruckt. Offensichtlich hatte sie gute Beziehungen. Hätte ich meinen Grips angestrengt, so wäre ich vielleicht darauf gekommen, daß ein Anstieg des PSA-Wertes von 15 auf 22 aus onkologischer Sicht einem Feueralarm gleichkam.

Glücklicherweise kam mir dieser Gedanke nicht.

So kam es, daß ich einige Tage später, an einem Dienstag morgen, im ruhigen, schicken und fast luxuriösen Wartezimmer des Zentrums für Prostatakrebs-Früherkennung saß. Da Margaret wußte, welche Angst ich vor der Biopsie hatte, hatte sie mich diesmal begleitet, um so lange wie möglich meine Hand zu halten.

Glücklicherweise ist das Zentrum für Prostatakrebs-Früherkennung nicht direkt im Memorial Sloan-Kettering Hospital, sondern ein paar Blocks weiter untergebracht. Krankenhäuser sind furchteinflößend, finde ich, und dies gilt in besonderem Maße für eine Klinik, in der ausschließlich Krebs behandelt wird. Doch offensichtlich hatten die Planer des Zentrums Wert darauf gelegt, daß es niemandem Furcht einflößte, und sie hatten gute Arbeit geleistet.

Das Zentrum für Prostatakrebs-Früherkennung befindet sich in einem kleinen, modernen Gebäude mit vielen großen Fenstern. Von außen erinnert es an das Büro eines Schickimicki-Architekten oder Designers auf der Upper East Side, und innen nehmen beruhigende Farbkombinationen aus Grau und gebrochenem Weiß, moderne Möbel und blühende Pflanzen dem Besucher die Befangenheit. Selbst die Wartezimmerlektüre war auf dem neusten Stand, während man sonst den Eindruck hat, daß in Krankenhäusern nur zwei Jahre alte Hefte von *Prevention* und *Reader's Digest* ausliegen dürfen.

Dr. Russo war, wie Margaret und ich feststellten, als wir in ein Untersuchungszimmer geführt wurden, ein gutaussehender und ernsthafter junger Mann. Sein Kollege Dr. Fleishner war groß, trug eine Brille und lächelte uns leutselig an (ich hielt ihn für Russos Assistenten). Die beiden bildeten ein ungleiches Gespann, doch es bestand kein Zweifel, daß Russo das Sagen hatte. Sie machten ein ernstes Gesicht, als ich ihnen meinen PSA-Wert nannte. Hier im Memorial Sloan-Kettering zweifelte man offensichtlich nicht im geringsten an der Aussagekraft des PSA-Wertes.

Erst später erfuhr ich, daß Russo ein ausgezeichneter Urologe ist und zu Recht als Starchirurg gilt. Zum Glück wußte ich das in dem Moment noch nicht. Daß in der Urologie die meisten Prostatabiopsien von Chirurgen durchgeführt werden, hat für mich etwas Beunruhigendes. Vielleicht spielt es keine Rolle, daß Chirurgen ihr Geld mit dem Skalpell verdienen – obwohl ich später herausfand, daß sich viele Patienten zu einer Operation gedrängt fühlen, die nicht nötig wäre und weniger in ihrem als im Interesse des Arztes liegt – doch es macht sicher etwas aus, daß Chirurgen von Haus aus eher zum Schneiden neigen.

Es ist nicht verwunderlich, daß Chirurgen den operativen Eingriff für die beste Lösung eines Problems halten, und das wiederum beeinflußt ihre Haltung zu alternativen Behandlungsmethoden, seien es konventionelle wie die Hormon- und die Strahlentherapie oder experimentelle wie die Kryochirurgie (bei der die betroffenen Teile der Prostata vereist und dann abgetragen werden).

Zugegeben, eine Operation mag häufig die beste Lösung bei Prostatakrebs sein, sofern der Patient nicht zu alt und der Krebs noch nicht zu weit fortgeschritten ist. Ebenso muß man einräumen, daß die besten Urologen in aller Regel bereit sind, über alternative Behandlungsmethoden zu sprechen, wenn auch mit einer gewissen Geringschätzung. Dennoch erinnert das Ganze an ein Spiel, bei dem der Schiedsrichter selbst mitspielt.

Glücklicherweise schützte mich meine Arglosigkeit vor all diesen Bedenken. Ich dachte überhaupt nicht an eine Operation, ich fürchtete mich nur vor dem kurzen Schmerz (den

Urologen als »unangenehm« bezeichnen) bei der Biopsie, die ich im übrigen nur für eine weitere Formsache hielt. Ich erwähnte, daß ich vor der Biopsie Angst hatte, weil ich achtzehn Monate zuvor damit schlechte Erfahrungen gemacht hatte. Darauf wandte sich Dr. Russo von den Ultraschallbildern meiner Prostata ab, legte mir den Arm um die Schulter und sagte mit strenger, leidenschaftlicher Stimme: »Wenn Sie mein Bruder wären, würde ich Ihnen dringend zu einer Biopsie raten.«

Ich ging mit Dr. Fleishner in den Raum nebenan. Er führte die Prozedur schnell und effizient durch, und es tat viel weniger weh als bei meinem Urologen. Außerdem entnahm er wesentlich mehr Gewebsproben, ungefähr zehn anstatt sechs. Ich fragte ihn nach dem Grund.

»Nur um ganz sicher zu gehen«, antwortete er freundlich und erklärte mir, daß die Ärzte am Memorial Sloan-Kettering stolz auf ihre Gründlichkeit waren und bei einer Biopsie viel tiefer in die Prostata eindrangen als die meisten Urologen. »Wenn Tumoren vorhanden sind«, sagte er, »dann finden wir sie auch. Wenn wir Ihnen eine gute Gesundheit bescheinigen, dann ist sie auch wirklich gut.«

Was für ein Glück, dachte ich mir. Ausgerechnet ich gerate an Leute, die mehr Proben entnehmen als mein Urologe. Doch Dr. Fleishner war so nett, daß es mir letztlich nichts ausmachte.

»Sie bekommen den Biopsiebefund am Donnerstag«, versprach mir Dr. Fleishner beim üblichen Schnalzen der Gummihandschuhe. »Kathy wird Sie anrufen.«

Ich zog mich an und ging zu Margaret ins Wartezimmer. Ich war heilfroh, daß ich das Schlimmste überstanden hatte, und dankbar, daß es nicht so schlimm gewesen war, wie ich befürchtet hatte.

Das war's dann mal wieder für ein Jahr, sagte ich mir erleichtert.

An den kommenden Donnerstag verschwendete ich keinen Gedanken.

5

Doch natürlich wurde der Donnerstag zu einem Wendepunkt in meinem Leben: Es war der Tag, an dem ich erfuhr, daß ich Krebs hatte.

Im Nachhinein muß ich sagen, daß ich – oder jemand anders – den vielen Warnzeichen mehr Beachtung hätte schenken sollen: meiner Müdigkeit, meinen Problemen beim Urinieren oder einfach meinem tiefsitzenden Gefühl, daß *irgend etwas* nicht in Ordnung war.

Ich hatte mich stets über wohlmeinende Freunde lustig gemacht, die sich erst vor kurzem zu gesunder Ernährung, Yoga oder einer anderen Modeerscheinung hatten bekehren lassen und mich unentwegt warnten: »Du solltest mehr auf deinen Körper hören.«

Mich hatte eher interessiert, wie ich meinen Körper dazu bringen konnte, auf *mich* zu hören, ein durchaus verständliches Anliegen für einen Mann in den Sechzigern, dem alle möglichen Tätigkeiten, die er früher nach Belieben ausüben konnte, Schwierigkeiten bereiten. Nun aber begriff ich, daß mein Körper tatsächlich versucht hatte, meine Aufmerksamkeit zu erregen und mich zu warnen, daß eine schreckliche Gefahr drohte, und daß ich mich hartnäckig geweigert hatte, auf ihn zu hören.

Diese bittere Wahrheit gilt für die meisten Krebserkrankungen: Der Krebs wuchert in der Regel schon lange vor seiner Entdeckung im Körper, und erschreckt vom Nahen des Killers, funkt der Körper verzweifelt SOS, erhält aber keine Antwort. Die meisten Menschen haben so große Angst vor der Möglichkeit, an Krebs zu erkranken, daß sie den Warnzeichen keinerlei Beachtung schenken. Deshalb ignorieren die meisten Männer Veränderungen bei ihren Uriniergewohnheiten, Unwohlsein und eine Vielzahl anderer Symptome und tauchen erst dann im Sprechzimmer eines Urologen auf, wenn sie Blut in ihrem Urin entdeckt haben oder von lähmenden Rückenschmerzen gequält werden. Zu diesem

Zeitpunkt hat der Krebs schon allzuoft in den Knochen metastasiert, und eine erfolgreiche Behandlung ist höchst unwahrscheinlich.

Langsam dämmerte mir folgendes: Wäre ich achtzehn Monate früher wegen meiner Biopsie ins Zentrum für Prostatakrebs-Früherkennung des Memorial Sloan-Kettering gegangen, hätte man den Krebs möglicherweise schon damals entdeckt. Russo und Fleishner hatten mir indirekt, so wie Ärzte eben über Kollegen sprechen, zu verstehen gegeben, daß bei einem Sechzigjährigen, dessen PSA-Wert innerhalb von achtzehn Monaten von 15 auf 22 steigt, davon auszugehen ist, daß er Prostatakrebs hat. Ihre Aufgabe war es nun, ihn zu finden – aus keinem anderen Grund hatten sie so viele »tiefe« Biopsien durchgeführt. Diese Ärzte, die auf Prostatakrebs spezialisiert waren, hatten keinerlei Zweifel an der Aussagekraft des PSA-Tests. Er war für sie der Heilige Gral. Sie hatten mich nicht untersucht, um festzustellen, ob ich Krebs hatte. Sie wußten, daß ich Krebs hatte, und sie waren entschlossen, so lange nach ihm zu suchen, bis sie ihn gefunden hätten.

Ich mußte feststellen, daß die inzwischen sogar auf der Titelseite der *New York Times* geführte Diskussion darüber, welche Bedeutung dem PSA-Wert beigemessen werden sollte, beileibe kein abstrakter oder theoretischer Streit ist. Im Gegenteil, für viele Männer geht es dabei um Leben und Tod. Die meisten Prostatakrebserkrankungen verlaufen asymptomatisch (das heißt, es werden keine Symptome hervorgerufen), und der PSA-Wert gibt recht zuverlässig darüber Auskunft, ob in der Prostata ein Krebs vorhanden ist – und bis zu einem gewissen Grad sogar darüber, wie weit er sich ausgebreitet haben könnte. In Anbetracht dieser Tatsache müßte man eigentlich annehmen, daß Ärzte und Politiker für diesen Test die Werbetrommel rühren, um unter Männern über vierzig ein Bewußtsein dafür zu schaffen, wie wichtig er ist, so wie es bei der Mammographie der Fall war. Frauen können heute kaum eine Zeitschrift oder Zeitung aufschlagen oder fernsehen, ohne daß sie daran erinnert werden, regelmäßig eine Mammographie machen zu lassen. Und wäre es nicht sinnvoll, wenn angesehene Männer des öffentlichen Lebens und männliche Stars ihren Geschlechtsgenossen eindringlich nahelegten, regelmäßig ihren PSA-Wert ermitteln zu lassen?

Das Gegenteil ist der Fall: Der PSA-Test wird als Screening-Verfahren explizit abgelehnt. Die Ärzte argumentieren, daß die »meisten« Männer über fünfzig oder sechzig in ihrer Prostata Krebszellen haben, aber wahrscheinlich an etwas anderem sterben werden. Die Tumoren sind häufig sehr klein, die Krankheit schreitet gewöhnlich langsam voran, und eine Behandlung ist nicht erforderlich – warum also sollte man dem Patienten vor etwas Angst machen, das seine Lebenserwartung nicht bedroht? Im Durchschnitt dauert es zehn bis zwanzig Jahre, manchmal sogar noch länger, bis ein Prostatakrebs so metastasiert, daß der Patient daran stirbt. Deshalb haben viele Männer über fünfundsechzig *mit* Prostatakrebs ungefähr dieselbe Lebenserwartung, die sie auch *ohne* Prostatakrebs hätten.

Würde man also bei jedem Mann ab einem gewissen Alter den PSA-Wert kontrollieren, so wie man Frauen auf Brustkrebs untersucht, würden Zehntausende, vielleicht sogar *Hunderttausende* eine Behandlung verlangen, obwohl ihr Zustand in der Mehrzahl der Fälle nur »Abwarten und Beobachten« erforderte. Männer würden die Krankenhäuser überschwemmen und sich wegen winziger, langsam wachsender Tumoren behandeln lassen, die eigentlich gar keine Behandlung erforderten, geschweige denn einen teuren chirurgischen Eingriff. Die Kosten stiegen ins Astronomische.

Dieser Kostenfaktor hat die Ärzteschaft in Frankreich und Großbritannien veranlaßt, sich gegen eine Durchführung des PSA-Tests auf breiter Basis auszusprechen, und er hat auch Gesundheitspolitikern und Vertretern der Krankenkassen in Amerika Kopfzerbrechen bereitet. Hier liegt einer der vielen

Gründe, warum Prostatakrebs im Vergleich zu Brustkrebs in der Öffentlichkeit weit weniger Beachtung findet und warum viel weniger Geld in seine Erforschung fließt. Ein weiterer Grund ist die Persönlichkeitsstruktur von Männern: Frauen halten zusammen, wenn ihre gesundheitlichen Belange auf dem Spiel stehen. Männer sehen sich nicht als *Gruppe,* nicht einmal, wenn es um typische Männerkrankheiten wie Herzinfarkt oder Prostatakrebs geht.

Tatsächlich haben viele Männer mikroskopisch kleine Tumoren, die niemals ihr Leben bedrohen werden, und es stimmt auch, daß Prostatakrebs in der Regel langsam wächst, vor allem bei älteren Männern. Er kann aber auch ungewöhnlich schnell wachsen, und wenn er sich erst einmal über die Prostata hinaus ausgebreitet hat, ist er nur noch mit radikalen Maßnahmen zu stoppen, die mit hoher Wahrscheinlichkeit die »Lebensqualität« des Patienten beeinträchtigen.

Die Gefahren von Prostatakrebs herunterzuspielen ist, so scheint mir, eine merkwürdige und paradoxe Art, mit der Krankheit umzugehen – man stelle sich nur vor, welche Empörung es auslösen würde, wenn Ärzte auf einmal die Gefahren von Brustkrebs bagatellisierten oder nach Gründen suchten, warum es zu teuer sei, eine große Anzahl von Frauen deswegen vorsorglich zu untersuchen.

Die Haltung der Onkologen zum Prostatakrebs ist im allgemeinen weniger zweideutig. Für sie ist Krebs gleich Krebs – und per definitionem gefährlich und lebensbedrohlich. Sie vertreten die Ansicht, daß eine bösartige Geschwulst, sofern möglich, entfernt werden sollte, außer bei Männern über siebzig und in einigen anderen Ausnahmefällen. Im Gegensatz zu vielen anderen Krebsarten *können* die Tumoren bei Prostatakrebs entfernt werden (radikale Prostatektomie), bevor sie wachsen und streuen – vorausgesetzt, sie werden früh genug entdeckt.

Ich wußte noch nicht, daß ich Krebs hatte, als ich Dr. Russo und Dr. Fleishner vom Memorial Sloan-Kettering kennenlernte. Und doch wurde mir in den wenigen Minuten, die ich mit ihnen zusammen war, klar, daß *sie* Krebs ernst nahmen. Nicht daß sie mir Angst machen wollten – ihre Besorgnis war selbstverständlich. Krebs ist ein Killer, Punktum – das hätte gut das Motto des Zentrums für Prostatakrebs-Früherkennung sein können. Hier sprach niemand davon, wie langsam Prostatakrebs voranschreitet oder daß praktisch jeder Amerikaner über vierzig mikroskopische Krebszellen in seiner Prostata hat. Bei Krebs wurde sofort Alarm geschlagen.

Ich hörte das sogar Kathys freundlicher Stimme an, als sie mir an jenem Donnerstagnachmittag im Jahre 1994 telefonisch die schlechte Nachricht durchgab. Sie gab mir deutlich zu verstehen: Falls Sie sich für die nächste Zeit etwas vorgenommen haben, vergessen Sie es. Und falls Sie noch irgendwelche Zweifel haben (was nicht der Fall war): Der Krebs hat für Sie jetzt absoluten Vorrang, und die Tests, vor allem die Magnetresonanztomographie und die Knochenszintigraphie, werden zeigen, ob er Ihnen schon ans Leben geht. Wenn Prostatakrebs erst einmal über die Kapsel der Prostata selbst hinausgewachsen ist, metastasiert er in das Lymphsystem und die Knochen, dann ist er nicht mehr heilbar. Was Sie wann tun, richtet sich ab sofort also nach dem Terminplan der Ärzte, nicht mehr nach Ihrem.

Bis zum Spätnachmittag hatte ich alle Termine für die nächste Woche, die mir bis zu Kathys Anruf lebenswichtig erschienen waren, aus meinem Kalender gestrichen. Ein Treffen mit einem Bestsellerautor und seinem Agenten mußte einem Termin bei einem Radiologen weichen, eine Besprechung über das Herbstprogramm 1995 einer Computertomographie (würde ich im Herbst 1995 noch am Leben sein?). Die Namen und Adressen von Ärzten füllten meinen Kalender, und bald machte ich die Erfahrung, daß sie noch beschäftigter und schwerer erreichbar waren als ich.

Ich hatte Angst, doch merkwürdigerweise weniger vor

den Untersuchungsergebnissen als vor den Untersuchungen selbst, die bedrohlich vor mir lagen wie irgendein schrecklicher Hindernislauf. In der folgenden Woche bemühte ich mich, nicht an sie zu denken, mit mäßigem Erfolg. Ich las die Bücher, die ich mir gekauft hatte, und erfuhr bei der Lektüre, daß die Aussichten schlecht standen, wenn der Krebs bereits auf die Knochen übergegriffen hatte. Das alles kam mir noch unwirklich vor. Ich konnte mich mit der einschneidenden Veränderung in meinem Leben – gestern noch ein gesunder Mann, heute Krebspatient – einfach nicht abfinden. Vermutlich lag das daran, daß ich, wie viele Männer mit Prostatakrebs, überhaupt keine Symptome hatte. Ich fühlte mich wohl, ging jeden Tag joggen oder schwimmen, aß und trank wie immer, und meine Prostata machte sich in keinster Weise unangenehm bemerkbar, obwohl sie jetzt mein Leben bedrohte. Was unbewußt in mir vorging, mag daran deutlich werden, daß ich mit einem Mal gesteigerten Wert darauf legte, daß Margaret die Nummer meines Tresorfachs kannte.

Fast zwanzig Jahre zuvor war ich täglich ins Memorial Sloan-Kettering gegangen, um Cornelius Ryan oder Leo Szilard zu besuchen. Die Erinnerung daran ging mir noch nach. Ich sah noch deutlich die Gesichter dieser beiden Männer vor mir, die ich so gut gekannt hatte: Sie waren von den Hormonen aufgedunsen und am Ende bis zur Unkenntlichkeit entstellt. Sie schwitzten vor Schmerzen und klammerten sich an ihr Leben, auch dann noch, als sie es, wie ich damals mit der Arroganz der Jugend dachte, schon längst hätten fahrenlassen sollen. Jetzt fragte ich mich, was ich selbst in dieser Lage empfinden würde. Würde ich bis zum bitteren Ende am Leben festhalten oder aufgeben?

Es war eine bittere Ironie des Schicksals: Ich war genau an dem Punkt angelangt, vor dem ich mich immer gefürchtet hatte, und ich hatte genau die Krankheit, die mir immer Angst gemacht hatte.

6

Letzten Endes war der Besuch im Memorial Sloan-Kettering für mich überhaupt nicht schlimm. Gleich zu Beginn fragte eine Schwester nach dem Grund meines Kommens, und ich antwortete: »Ich habe Krebs.« Ich begriff, daß ich hierher gehörte, in eine Krebsklinik, denn sie blickte mich weder überrascht noch erschrocken an. Warum sollte ich auch sonst hier sein? Jeder Patient hier hatte Krebs. Es mag verwunderlich klingen, aber ich fühlte mich wie zu Hause. Margaret hielt meine Hand, als wir durch den Haupteingang traten, und dann machte ich mich daran, die zahllosen Formulare auszufüllen, eine Prozedur, die jeder medizinischen Behandlung vorausgeht. Früher hatte ich die Kästchen immer übergehen können, in denen nach Krankheiten gefragt wurde. Jetzt kreuzte ich dick und mit einem gewissen Stolz »Krebs« an.*

Sehr schnell gewöhnte ich mich daran, daß das Wort *Krebs* mit einem Lächeln ausgesprochen wurde. Das Personal des Memorial Sloan-Kettering war ausnahmslos freundlich und gutgelaunt, was zum Teil zweifellos eine Selbstschutzmaßnahme war, denn ein Lächeln ist mit Sicherheit der beste Weg, einen Acht- bis Zwölfstundentag durchzustehen, an dem man mit Menschen in Berührung kommt, die unter allen möglichen Schmerzen und Ängsten leiden. Alle, mit denen ich zu tun hatte, waren höflich, fürsorglich und freundlich, und das trug wahrscheinlich erheblich dazu bei, daß ich ruhig blieb, obwohl diese Umgebung normalerweise die gegenteilige Wirkung auf mich gehabt hätte.

Die Amerikaner sind mit ihrem Gesundheitswesen angeblich zutiefst unzufrieden, doch ich muß sagen, daß fast alle Angestellten ausgesprochen freundlich zu mir waren, wie überbelastet und unterbezahlt sie auch sein mochten. Jeden-

* Für diejenigen, die noch rauchen, bekommt die in einer Krebsklinik unaufhörlich gestellte Frage »Haben Sie jemals geraucht?« eine neue Brisanz. An alle Leser dieses Buches, die noch rauchen: HÖREN SIE DAMIT AUF!

falls bin ich in Ausstellungsräumen von Mercedes-Benz nicht so höflich und zuvorkommend behandelt worden.

Natürlich sind die Untersuchungen kein Vergnügen, aber das liegt nicht so sehr an den Schmerzen, da fast keine der Diagnosemethoden schmerzhaft ist – unangenehm ist nur, daß einem fast bei jeder Untersuchung Blut abgenommen wird, und daran sollte sich ein Krebspatient rasch gewöhnen. Nein, schlimmer sind die riesigen, furchterregenden, bedrohlichen Apparaturen, an denen überall Schilder hängen, die vor Radioaktivität warnen.

Doch auch das ist noch nicht so schlimm. Man kann sich durchaus für die futuristisch anmutende Technik der Knochenszintigraphien, der Magnetresonanz- und Computertomographien begeistern, und trotz allem steht man zumindest für einen Augenblick im Mittelpunkt. Schwerer zu ertragen ist die Anwesenheit der anderen Krebspatienten, die ich in meiner Einfalt als die »wirklich« Kranken betrachtete – im Gegensatz zu mir. Gespensterhafte Gestalten, die geduldig – oder vielleicht auch nicht geduldig? – auf Bahren und in Rollstühlen warten, als würden sie von unsichtbarer Hand auf den Fluren festgehalten. In ihren tristen, zerknitterten Krankenkitteln, mit ihren Schläuchen und Infusionsständern und ihren blassen Gesichtern führten sie mir vor Augen, was mich erwartete, wenn ich bei den anstehenden Tests durchfiel. Ich würde zu ihnen gehören, vielleicht sogar zu denen, auf deren Schädel mit roter Farbe Zielfelder für die Bestrahlung gemalt waren und die deshalb für andere wie Skinheads mit exotischen Tätowierungen aussahen. Der Gedanke behagte mir gar nicht, und ich war noch dankbarer für jedes Lächeln.

Rückblickend muß ich sagen, daß dieser Tag im Memorial Sloan-Kettering wohl der längste in meinem Leben war – und mit Sicherheit der wichtigste. Der Morgen war noch nicht so schlimm: endlose Blutentnahmen, ein Abstecher in die Abteilung für Nuklearmedizin, wo mir ein radioaktives

Isotop gespritzt wurde, eine Computertomographie, Knochen-Röntgenaufnahmen und eine Magnetresonanztomographie, bei der ich das Gefühl hatte, in einem engen Miniatur-U-Boot ins Meer versenkt zu werden, während gleichzeitig jemand von außen mit einem Gummihammer gegen den Rumpf schlug. Ich bekam einige ziemlich unangenehme Infusionen und Injektionen, aber alles war auszuhalten. Auf einer Skala von Unannehmlichkeiten würde es jedenfalls noch weit unter einem durchschnittlichen Zahnarztbesuch rangieren. Aber die Angst war natürlich ungleich größer als beim Zahnarzt, schon allein deshalb, weil ich jedem freundlichen Lächeln anmerkte, daß es um eine ernste Sache ging, die durchaus noch ernster werden konnte.

Eine kleine Gruppe von Ärzten begutachtete die dreidimensionalen farbigen Röntgenaufnahmen meines Skeletts. Sie steckten die Köpfe zusammen und tuschelten wie die Mitglieder einer päpstlichen Konklave. Dann gingen sie mit den Aufnahmen fort, um sich an höherer Stelle Rat zu holen. Sie teilten mir ihre wie auch immer gearteten Ansichten nicht mit, aber sie machten auf mich keinen zufriedenen Eindruck.

Die technische Assistentin hatte mir schon mit gewissem Stolz die Aufnahmen meines Skeletts gezeigt, und ich hatte Mühe, auch nur ein makabres Interesse dafür zu entwickeln. War das wirklich ich, diese groteske, grinsende Fratze? Nicht, daß mich die Technik oder die Kenntnisse der Assistentin nicht beeindruckt hätten, aber ich wollte mich einfach nicht als Skelett sehen. Gleichwohl entdeckte ich einige gelbe Aufhellungen an meinen Knochen, nur schwach an den linken Rippen, aber stärker am linken Schlüsselbein. Ich fragte, was das sei. »Nichts, worüber Sie sich Sorgen machen müßten«, antwortete sie schnell, doch mir war nicht entgangen, daß sie die Flecken mit einem wasserfesten Filzstift in leuchtendem Rot umkringelt und daß die Konklave über sie diskutiert hatte.

Ich behielt meine Sorgen für mich, als ich später mit Margaret in einem Restaurant in der Nähe saß und sie zu Mittag aß (ich durfte nichts essen). Es schien mir nicht angebracht, sie jetzt schon damit zu behelligen. War der Morgen schon langsam vergangen, so schleppte sich der Nachmittag ausgesprochen bleiern dahin. Wir hatten das Gefühl, stundenlang in einem Gang zu sitzen, nur um dann in einen anderen geschickt zu werden, wo wir abermals warten mußten. Immer wieder nahmen mir Menschen Blut ab, die anscheinend nichts von den früheren Tests wußten. Als ehemaliger Angehöriger der britischen Streitkräfte fühlte ich mich an den militärischen Drill erinnert. Doch daß wir ständig zur Eile angehalten wurden und dann doch wieder warten mußten, war nicht der entscheidende Punkt. Entscheidender war, daß uns allmählich der Verdacht kam, daß irgend etwas nicht stimmte und daß uns niemand informierte, wo das Problem lag.

Ursprünglich hatte man uns gesagt, daß wir gegen zwei Uhr nachmittags fertig sein würden. Doch es wurde vier, dann fünf, und die Gänge leerten sich. Wir blieben allein zurück, zusammen mit ein paar verlorenen Seelen, die so aussahen, als hätten sie sich verlaufen, oder einfach nicht wußten, wohin sie gehen sollten. Wir hatten in einer riesigen Halle zwei Stühle in Beschlag genommen, und die anderen kamen mir wie Obdachlose vor, die hofften, hier übernachten zu können. Die Dame an der Information, die mittlerweile nur allzu gut wußte, wer wir waren, beendete ihren Dienst und wurde von einer anderen abgelöst, die uns noch nicht kannte. Ich fragte mich, ob Margaret und ich an der richtigen Stelle warteten. Doch die Frau an der Information versicherte mir, daß wir hier richtig seien, und so überlegte ich mir, ob die Nachricht möglicherweise so schlimm war, daß niemand sie überbringen wollte.

Immer wieder ging ich zu der geduldigen Frau an der Information, doch sie konnte niemanden erreichen, der über mich Bescheid wußte. Ab sechs Uhr rief ich mit meinem Handy Leute außerhalb des Krankenhauses an und bat sie, hier anzurufen und herauszufinden, was los war, da man uns selbst hier drinnen aufs Abstellgleis geschoben habe. Ich ging nach unten in die Cafeteria, mußte aber feststellen, daß sie ebenfalls schon geschlossen war. Das ganze Krankenhaus schien sich zu leeren, und die langen Gänge und riesigen, düsteren Warteräume wirkten wie ausgestorben. (Schließlich gehört das Memorial nicht zu den Krankenhäusern, in denen das Geld für schöne Innenausstattung vergeudet wird; alle Mittel fließen in die Krankenversorgung und Forschung.)

Endlich erhielt die Frau an der Information eine Nachricht von einem Arzt, den wir beide nicht kannten. Wir wurden in die Röntgenabteilung zurückgeschickt. Wieder mußten wir uns beeilen und dann endlos lange warten. Schließlich erschien ein freundlicher junger Mann, der uns erklärte, daß die Röntgenaufnahmen wiederholt werden müßten. Ich zog mich aus, hängte meine Kleider zum x-ten Mal an diesem Tag in einen verschließbaren Spind und folgte ihm, während er beruhigend auf mich einredete. »Sind sie beim letzten Mal nichts geworden?« fragte ich.

Er lachte, als er die Vorbereitungen traf, um noch eine Spritze in meinen Arm zu stechen. Er war ein junger Latino und wirkte auf mich eher wie eine clevere Sportskanone als ein erfahrener technischer Assistent; aber er war so geschickt mit der Nadel, daß ich den Einstich kaum spürte. Die dunklen Augen über dem strahlenden Lächeln blickten routiniert und ruhig, und ich hatte den Eindruck, daß dieser Bursche genau wußte, was er tat. Und wahrscheinlich wußte er auch, warum, nur wollte er es mir nicht sagen. »Doch, natürlich sind sie was geworden«, antwortete er. »Sie wollen nur mehr Details sehen, das ist alles. Machen Sie sich keine Sorgen. Sie wollen nur, daß diesmal der Beste die Aufnahmen macht. Und der bin ich.«

Er sagte nicht, wer »sie« waren, doch vermutlich meinte er die Ärzte. Ebensowenig sagte er, warum »sie« mehr Einzelheiten sehen wollten. Er war nicht dazu verpflichtet. Trotz seiner launigen Sprüche, einer Mischung aus Plauderei und Talk-Show-Geplänkel, verließ mich der Mut. Wenn »sie« mehr Einzelheiten sehen wollten, dann sicherlich, weil »sie« etwas entdeckt hatten, das ihnen nicht gefiel. Aus irgendeinem Grund war ich den ganzen Tag der festen Überzeugung gewesen, ich würde noch einmal glimpflich davonkommen. Gewiß, ich hatte Krebs, damit hatte ich mich inzwischen abgefunden, aber daß er gestreut haben könnte, damit konnte ich mich in keinster Weise anfreunden. Hatte ich vorher nicht genau gewußt, was »gestreut« bedeutete, so wußte ich es jetzt, nach einem Tag in der nuklearmedizinischen Abteilung des Memorial Sloan-Kettering. »Gestreut« bedeutete, daß man draußen auf dem Gang in einem Rollstuhl mit verchromter Stange samt Tropf saß und wartete, bis jemand kam, der einen zur nächsten Behandlung brachte oder ins Zimmer zurückschob, damit man sich dort von der letzten Behandlung erholen konnte. Ich kannte Dr. Rous' Buch mittlerweile beinahe auswendig und wußte deshalb, für welche verhängnisvolle Entwicklung dieses Wort stand: von der Hormontherapie zur Bestrahlung, von der Bestrahlung zur Chemotherapie, von der Chemotherapie zu Strontium-Injektionen, dem letzten Ausweg, einer »Palliativtherapie« gegen Knochenschmerzen für 2000 oder 3000 Dollar die Spritze. Angesichts der bevorstehenden Ereignisse nahm ich meinen ganzen Mut zusammen und fand eine gewisse Ruhe, indem ich mit dem Schlimmsten rechnete.

Um sieben waren Margaret und ich wieder in einer höhlenartigen Halle, wo wir uns, erschöpft von der Anspannung und der Warterei, in Kunstledersessel fallen ließen. Von Zeit zu Zeit ging ich zum Informationsschalter, um die Frau dort an mich zu erinnern, doch sie konnte uns nur sagen, daß wir warten sollten. Also warteten wir. Mehrere Familien mit kleinen Kindern hatten sich in dunklen Ecken der Halle breitgemacht. Immer wieder wurden Patienten langsam an uns vorbeigeschoben. Es war wirklich kein freundlicher Ort.

Schließlich tauchte der junge Onkologe auf, der für meinen Fall zuständig war. Sein breites Lächeln wertete ich als gutes Zeichen. Er wirkte unberührbar rein in seinem frischen weißen Kittel und schien, wie die meisten Ärzte, in einem Tempo zu gehen, in dem normale Leute rennen, was den Eindruck übermenschlicher Geschäftigkeit vermittelte. Ich fragte mich, woher die Ärzte all die Energie nahmen, und kam auch in den folgenden Monaten nicht dahinter. Lag es an ihrer berüchtigten Ausbildung, den überaus harten, pausenlosen Anforderungen in Praktikum und Assistenzzeit? Oder war der Arzt, solange er in einer Praxis oder, besser noch, einem Krankenhaus war, einfach die Person, die immer im Mittelpunkt stand? Wie auch immer, während Margaret und ich am Ende des Tages schlapp, müde und durchgeschwitzt waren, schien der Arzt, dessen Tag sicher Stunden vor unserem begonnen hatte und der Gott weiß wie viele Entscheidungen über Leben und Tod getroffen hatte, quicklebendig und bereit, noch einige Stunden weiterzuarbeiten. Tatsächlich gab er uns zu verstehen, daß er in Eile sei, weil noch ein anderer Fall auf ihn warte. Er konnte also noch nicht an einen Drink und ein Abendessen denken.

Er setzte sich auf die Armlehne von Margarets Sessel und entschuldigte sich dafür, daß wir so lange hatten warten müssen. Wegen meines Knochenszintigramms habe es Meinungsverschiedenheiten gegeben, sagte er. Er habe sogar den Chef der Radiologie um seine Meinung gebeten, denn die Aufnahmen wiesen ein paar beunruhigende helle Flekken auf. Er fragte, ob ich mir jemals die Rippen oder das Schlüsselbein gebrochen hätte. Seine Miene war schwer zu deuten, denn er schenkte mir das höfliche Lächeln eines Mannes, der auf einem schmalen Grat wanderte und mit seinen Worten den Patienten weder ängstigen noch falsche Hoffnungen bei ihm wecken durfte.

Ich erinnerte mich an die hellen Flecken auf meinen Röntgenaufnahmen, die die technische Assistentin rot umkringelt hatte, und begriff augenblicklich, warum der Tag sich so in die Länge gezogen hatte. »Ich habe mir vor etwa zwanzig

Jahren das Schlüsselbein gebrochen«, sagte ich. Tatsächlich war ich eines frühen Morgens von Margarets altem Vollblut Tabasco im Central Park abgeworfen worden. Noch Wochen später mußte ich auf dem Rücken liegen, wenn wir miteinander schliefen. Tabasco lebte noch lange und glücklich weiter, aber ich ritt ihn nie wieder. Er war ein großer brauner Wallach, stattlich und sehr schnell, mitunter aber auch bokkig. Von Männern wollte er sich nicht reiten lassen, aber in den Händen einer schönen Frau war er zahm wie ein Kätzchen. Ich konnte ihn verstehen und trug es ihm nicht nach, daß ich mir seinetwegen die Schulter gebrochen hatte.

Der Arzt nickte. »Und die Rippen?«

»Ich wurde noch ein zweites Mal von einem Pferd abgeworfen, vor drei oder vier Jahren. Ich dachte nicht, daß sie gebrochen seien, aber sie taten ganz schön weh.« Tatsächlich hatte ich damals im ersten Moment geglaubt, ich hätte mir das Genick gebrochen und müßte den Rest meines Lebens im Rollstuhl sitzen, deshalb hatte ich den Rippen nur wenig Beachtung geschenkt.

»Vielleicht sollten Sie besser die Finger von Pferden lassen.«

»Ich habe noch ein Hobby, Motorräder. Da ist Reiten noch sicherer.«

Er lächelte. »Wenn das so ist, dann ist alles in Ordnung. Brüche sehen auf den Aufnahmen genauso wie Knochenkrebs aus. Deshalb waren wir beunruhigt ...«

Er atmete auf, und wir drei saßen einen Augenblick schweigend da. Zweifellos war er erleichtert, daß er mir nicht erklären mußte, daß es Anzeichen für Metastasen in den Knochen gab. Und ich war erleichtert, daß ich eine absolut einleuchtende Erklärung dafür hatte, warum Teile meines Knochengerüstes auf den Röntgenaufnahmen wie Christbaumschmuck leuchteten.*

* Erst viel, viel später wurde mir klar, *wie* erleichtert ich hätte sein müssen. Tatsächlich hatte sich der Tag deshalb so in die Länge

In der Halle war es inzwischen dunkel geworden. Eine Putzkolonne begann, den Müll dieses arbeitsreichen Tages wegzuräumen. »Sie haben großes Glück gehabt«, sagte der Arzt ernst. Dann war er schon wieder aufgestanden und wartete ungeduldig und nervös wie ein Sprinter am Startblock darauf, zu seinem nächsten Fall zu kommen.

Er drückte mir kräftig die Hand. »Natürlich sollten Sie sich möglichst schnell einen Termin für die Operation geben lassen«, sagte er. »Wann sprechen Sie mit Dr. Russo?«

»Am Dienstag nachmittag.«

»Wunderbar! Er ist genau der richtige. Da können Sie nichts falsch machen.«

»Halten Sie es für sinnvoll, noch eine zweite Meinung einzuholen?«

Er machte ein nachdenkliches Gesicht. Dr. Russo war sein Kollege, und unter Ärzten ist Loyalität stärker ausgeprägt als in irgendeiner anderen Berufsgruppe, sieht man einmal von den Marines ab. Für diesen Onkologen ging nichts über das Memorial Sloan-Kettering. »Das können Sie natürlich tun«, sagte er vorsichtig. »Russo ist ein erstklassiger Chirurg. Aber natürlich gibt es noch andere gute Chirurgen... Viele Patienten sind erst zufrieden, wenn sie mit Pat Walsh im Johns Hopkins gesprochen haben...« Er lächelte, als gehe er davon aus, daß ich keinesfalls zu diesen Leuten gehörte. »Es liegt ganz bei Ihnen.«

gezogen, weil die Ärzte befürchteten, der Krebs habe sich so ausgebreitet, daß keine Aussicht mehr auf Heilung bestehe. Schließlich hatte der Onkologe meine Röntgenaufnahmen zum Chef der Radiologie gebracht, der Entwarnung gab, vorausgesetzt, man fand für die hellen Flecken eine Erklärung. Vermutlich war es für mich sogar gut zu wissen, daß mir an diesem Nachmittag die schlimmste aller schlechten Nachrichten gerade noch einmal erspart geblieben war. Noch heute bin ich dankbar für die Fürsorge und Aufmerksamkeit, die mir zuteil wurde, wie auch für die Bemühungen des Personals, meine Untersuchungen an einem Tag abzuschließen und mir weitere Warterei zu ersparen.

Dann riet er uns, auszugehen und zu feiern, und eilte an seine Arbeit zurück.

Wer war dieser Pat Walsh?

7

»Ich werfe mich vor das Taxi, das Sie zum Krankenhaus bringt, wenn Sie zu einem anderen als Pat Walsh gehen!« rief Ken Aretsky voller Inbrunst.

Aretsky war ein erfolgreicher Gastronom, den ich eigentlich gar nicht so gut kannte. Er rief mich aus heiterem Himmel an und bot mir seinen Rat an – ein Akt aufrichtiger Freundlichkeit, der mich rührte.

Und er war nicht der einzige. Kaum war es heraus, daß ich Prostatakrebs hatte, erkannte ich, wie viele Männer mein Schicksal teilten. Ich hatte mich so von der Illusion blenden lassen, ich sei gesund, daß mir ganz entgangen war, daß Männer wie Senator Robert Dole, General Norman Schwartzkopf, Sidney Poitier und Roger Moore (ganz zu schweigen von meinem Friseur und zwei Nachbarn auf dem Land) alle Prostatakrebs gehabt hatten. Es war unfaßbar, wie viele Leute ich kannte, die entweder selbst Prostatakrebs hatten oder jemanden kannten, der daran erkrankt war. Mein Telefon läutete Tag und Nacht, weil Freunde, Bekannte und völlig Fremde darauf erpicht waren, mir Ratschläge zu erteilen, die sich meist grundsätzlich widersprachen. Die einen rieten mir dringend, mich einem chirurgischen Eingriff zu unterziehen, je eher, desto besser. Andere beschworen mich, an einen solchen Eingriff nicht einmal zu denken, denn Bestrahlung sei der einzige Weg. Wieder andere rieten mir von beidem ab und empfahlen mir statt dessen, mich einer Hormontherapie zu unterziehen, oder sie sprachen sich grundsätzlich gegen alle herkömmlichen Behandlungsmethoden aus und legten mir die Kryochirurgie ans Herz, ein angeblich bahnbrechendes neues Verfahren, bei dem die Tumoren in der Prostata mit flüssigem Stickstoff vereist werden. Einige rieten mir auch, gar nichts zu unternehmen und, wie in Großbritannien und Frankreich üblich, lediglich die Regeln des »Abwartens und Beobachtens« zu beachten und alle paar Monate meinen PSA-Wert überprüfen zu lassen …

Unter dieser Vielzahl von gutgemeinten und widersprüchlichen Informationen (und falschen, wie ich bald feststellte) war ein Rat, der sich wie ein roter Faden durch alle Gespräche zog: Wie meine Entscheidung auch ausfallen mochte, ich sollte zuvor Pat Walshs Rat einholen.

Dr. Patrick Walsh vom Johns Hopkins war anscheinend der Superstar in der Prostatakrebs-Chirurgie, der Guru und Nestor der Urologie. Er hatte die »nerverhaltende« Technik der radikalen Prostatektomie entwickelt, von der sehr viel später noch die Rede sein wird. Alle sprachen seinen Namen ehrfürchtig aus, selbst seine Kollegen, obwohl immer auch ein gewisser Neid in ihrer Stimme mitschwang. Alle, auch die aus dem Lager der Chirurgiegegner, erwähnten ihn.

Ich verbannte Dr. Walshs Namen in den hintersten Winkel meines Gedächtnisses, denn mir war klar, daß ich zunächst mit Dr. Russo sprechen mußte. Einige hätten mich am liebsten in die nächste Maschine nach Baltimore gesetzt, darauf hoffend, daß Dr. Walsh in letzter Minute eine Absage bekommen hatte, andere boten mir an, den Doktor meinetwegen anzurufen. Ich hielt ihnen entgegen – vernünftigerweise, wie ich fand –, daß man kaum eine zweite Meinung einholen könne, wenn man die erste noch nicht gehört habe.

In Wahrheit gab ich mich immer noch der Illusion hin, ein chirurgischer Eingriff ließe sich umgehen und Russo würde mir bei unserem Gespräch eine weniger invasive Alternative vorschlagen.

Alle wollten helfen. Ich wurde ständig bedrängt, mit diesem oder jenem zu sprechen, der sich einer radikalen Prostatektomie unterzogen hatte und der sich entweder »wie neugeboren« oder »besser denn je« fühlte. Erstaunlich viele Frauen aus der Verlagsbranche hatten anscheinend Väter, die das, was mir noch bevorstand, bereits durchgemacht hatten und völlig geheilt waren.

Im Grunde wollte ich aber gar keine Details von der Operation irgendeines Fremden hören, denn ich hoffte ja immer noch, um einen Eingriff herumzukommen. Andererseits wollte ich nicht grob und gefühllos wirken, zumal es sich um Menschen handelte, die ebenfalls an Krebs litten.

Wenn ich diese Männer jedoch zurückrief, erhielt ich meist Auskünfte, die alles andere als ermutigend waren. Ihre Angehörigen mochten zwar glauben, daß es ihnen gut ging, aber viele hatten zahlreiche Beschwerden, die hauptsächlich mit Inkontinenz und Impotenz zu tun hatten. Und sie sprachen mit mir darüber, obwohl sie mich überhaupt nicht kannten.

Einer meiner Autoren, der gebeten worden war, mich aufzumuntern, vertraute mir schließlich an, daß er vier Monate nach der Operation immer noch völlig impotent und deswegen bei einem Therapeuten in Behandlung sei. Natürlich wußte ich aus Dr. Rous' Buch, daß es selbst nach der »erfolgreichsten« nerverhaltenden radikalen Prostatektomie sechs Monate oder gar ein Jahr bis zur ersten Erektion dauern konnte. William Martin, der schon nach neun Tagen seine Potenz wiedererlangt hatte, gehörte natürlich zu den seltenen Ausnahmen.

Ich berichtete meinem Autor, welche Meinung Dr. Rous vertrat, wobei ich mir freilich etwas merkwürdig vorkam, denn plötzlich waren unsere Rollen vertauscht und *ich* mußte *ihn* trösten. »Sie machen Witze«, sagte er, offensichtlich erleichtert, daß für ihn noch Hoffnung bestand. Zu meinem Erstaunen hatte er weder das Buch von Dr. Rous noch irgendein anderes über Prostatakrebs gelesen, und auch sein Chirurg hatte mit ihm überhaupt nicht über das Thema Sexualität gesprochen. Er war nach der Operation nach Hause geschickt worden, ohne über irgend etwas informiert zu werden, und mußte allein mit diesem Problem fertigwerden, das für einen sexuell aktiven Mann zu den schwierigsten gehört.

Doch selbst die guten Nachrichten waren oft nicht so gut, wie es zunächst den Anschein hatte. Nicht alle Männer kamen damit klar, daß sie nur eine »unvollständige« Erektion oder einen »trockenen« Orgasmus hatten (bei dem Eingriff werden zusammen mit der Prostata auch die Samenblasen entfernt). Ich erkannte bald, daß meine vermeintlichen Ratgeber allzuoft selbst einen mitfühlenden Zuhörer brauchten, da sie in ihrer Not allein waren und mit niemandem sprechen konnten – eine Situation, die mir fremd war. Gerade mit ihren Frauen konnten sie nicht sprechen, aus Scham oder aus Unfähigkeit, mit ihrem, wie es es empfanden, sexuellen Versagen umzugehen.

Gleichwohl bestätigten sie, was Dr. Rous in seinem Buch schrieb. Wenn der Patient etwa ein Jahr nach einer radikalen Prostatektomie wieder eine unvollständige Erektion bekam und Geschlechtsverkehr haben konnte, so war das als gute Nachricht zu werten. Wie die schlechte Nachricht aussah, konnte man sich ohne viel Phantasie vorstellen. Ich versuchte, möglichst wenig daran zu denken, doch ich verstand zum ersten Mal und nur zu gut, warum ein Großteil der Männer nichts unternimmt, wenn er mit Prostatakrebs konfrontiert wird.

Ich dachte darüber nach, welch wichtige Rolle Geschlechtsverkehr in meinem Leben stets gespielt hatte, und versuchte, mir ein Leben ohne Sex vorzustellen. Für mich waren das trübe Aussichten. Doch die Gefahr, impotent zu werden, bestand nicht nur bei einem chirurgischen Eingriff. Auch Bestrahlung, Hormontherapie und sogar Kryochirurgie waren in dieser Hinsicht riskant, und wenn man Dr. Rous glauben durfte, sogar noch riskanter. Offensichtlich gab es keine einzige Behandlungsmethode gegen Prostatakrebs, die nicht das Risiko zeitweiliger oder dauerhafter Impotenz mit sich brachte, von einem bestimmten Grad an Inkontinenz gar nicht zu reden.

Und dennoch ließen sich die Menschen nicht unterkriegen, lebten weiter, kämpften gegen alle Widrigkeiten an, entwickelten andere Formen der Erotik oder lernten, trotz ihres Verlustes ein zufriedenes Leben zu führen. Ich sagte mir zwar, daß es hier um Krebs gehe und daß ich das nie vergessen dürfe, aber wirklich überzeugen konnte mich das nicht. Einer meiner Freunde, ebenfalls ein Arzt, erklärte mir sachlich-nüchtern: »Du führst einen Krieg. Wenn du ihn nicht tötest, tötet er dich.«

Die Metapher »Krieg« wurde im Zusammenhang mit Krebs häufig bemüht. Und es erstaunt kaum, daß Onkologen manchmal von sich behaupten, sie stünden im »Schützengraben« (im Gegensatz zu Kollegen, die sich auf harmlosere Leiden spezialisiert haben). Man fühlt sich an Berichte aus dem Ersten Weltkrieg erinnert, wenn von Patienten gesagt wird, sie führten einen »aussichtsreichen« oder »aussichtslosen« Kampf gegen den Krebs, oder wenn die Rede ist von heldenhaften Angriffen gegen eine erdrückende Übermacht, von schweren Verlusten oder unbeschreiblichem Leid, vom Ringen mit einem starken Feind. Denn machen wir uns nichts vor: Krebs wird mit gutem Grund als Feind personifiziert. Er ist heimtückisch, unberechenbar, todbringend, er gibt kein Pardon und macht keine Gefangenen. Wenn Sie ihn haben, werden Sie ihn möglichst schnell wieder los! Doch selbst wenn die Chance besteht, ihn wieder loszuwerden, ist es allzuoft eine brutale Angelegenheit: eine Schlacht.

Nicht von ungefähr bezeichnen Chirurgen die Stelle, an der operiert wird, auch als »Operationsfeld«. Eine radikale Prostatektomie ist ein brutaler Eingriff. Man wird den Krebs nur los, wenn das von ihm befallene Organ entfernt wird. Mit viel Glück hat man den Feind dann besiegt, sofern er sich noch nicht auf die Kapsel der Prostata oder darüber hinaus ausgebreitet hat.

Es ist eine simple Wahrheit: Will man den Krebs besiegen, muß man einen Teil von sich selbst zerstören. Beim chirurgischen Eingriff wird Gewebe entfernt, bei der Bestrahlung Gewebe zerstört, und die Chemotherapie fügt Organen und Gewebe alle möglichen Schäden zu. Wie auch immer man den Krebs bekämpft, es geht nicht ohne Opfer, so wie kein Militärbefehlshaber den Feind angreifen kann, ohne Verluste in Kauf zu nehmen. Irgendwann kommen der Chirurg und/oder der Radiologe an den Punkt, wo der Patient kein Organ, keinen Körperteil, nichts mehr opfern kann. Dann wird zu einer anderen Taktik oder verschiedenen »palliativen« Behandlungen übergegangen, mit dem Ziel, einen »Waffenstillstand« mit dem Feind herbeizuführen – ein »Patt«, im Gegensatz zum bedingungslosen Sieg oder zur vernichtenden Niederlage. Doch bis dieser Punkt erreicht ist, stellt sich allein die Frage, wieviel der Patient von sich zu opfern bereit (oder in der Lage) ist, um den Krebs, wie er hofft, ein für allemal loszuwerden. Der Sieg ist nicht ohne Opfer oder leicht zu erringen, und wer Ihnen etwas anderes erzählt, lügt.

Ein guter Freund brachte mich mit einem Mann in Kontakt, der ebenfalls Prostatakrebs gehabt hatte und unlängst von Pat Walsh (wem sonst?) erfolgreich operiert worden war. Dieser Mann, Mr. Seymour, war ein viel beschäftigter Manager, der eigens seinen Terminplan änderte, um sich am folgenden Tag mit mir zum Mittagessen zu treffen, offenbar fest entschlossen, mir klar zu machen, daß Prostatakrebs eine gefährliche Krankheit war und ernst genommen werden mußte.

Wenn Ihnen dieser Rat überflüssig erscheint, so täuschen Sie sich. Die meisten Männer, bei denen Prostatakrebs diagnostiziert worden ist, fühlen sich großartig, wie ich damals, und erfreuen sich sonst oft bester Gesundheit. Hat man erst einmal Gewißheit, daß der Krebs nicht gestreut hat, ist man versucht, die Operation hinauszuzögern und nach alternativen Behandlungsmethoden zu suchen. Man will sich nicht der Gefahr aussetzen, inkontinent oder impotent zu werden, und man will sich die Schmerzen und Probleme ersparen, die ein größerer chirurgischer Eingriff unweigerlich mit sich bringt.

Mr. Seymour war sich seiner Sache ganz sicher. Er war ein glühender Anhänger der chirurgischen Lösung und felsenfest davon überzeugt, daß ich mich für die Operation entscheiden und zu Pat Walsh ins Johns Hopkins gehen würde. Wie Ken Aretsky war er bereit, ja sogar wild entschlossen, sich vor jedes Fahrzeug zu werfen, das mich in ein anderes Krankenhaus als das Johns Hopkins oder zu einem anderen Chirurgen als Dr. Walsh bringen würde.

Und damit stand er nicht allein. Der Mensch entwickelt eine tiefe Beziehung zu dem Krankenhaus, in dem sein Leben gerettet, und zu dem Chirurgen, von dem er operiert wurde. Larry McMurtry, Autor zahlreicher Romane und seit über fünfundzwanzig Jahren mein Freund, hatte sich im Johns Hopkins einer Bypass-Operation unterzogen. Ich mußte ihm feierlich versprechen, dort wenigstens eine zweite Meinung einzuholen. Er beschwor mich, eine andere chirurgische Klinik nicht einmal in Betracht zu ziehen – das Johns Hopkins sei einfach das beste Krankenhaus in den Vereinigten Staaten und damit basta.

Seymour vertrat dieselbe Meinung, jedoch mit der Vehemenz eines geborenen Verkäufers und eines Fanatikers – seine Waren hätte er kaum mit mehr Begeisterung anpreisen können.

Es sei ihm niemals besser gegangen, erzählte er mir. Sein PSA-Wert liege bei Null Komma irgendwas, also praktisch bei Null, genau wie Pat Walsh ihm versprochen habe. Und die Operation sei einfach gewesen, überhaupt keine Schinderei. Er habe keinerlei Schmerzen gehabt, die Schwestern seien wunderbar gewesen, und schon nach knapp einer Woche sei er aus dem Krankenhaus entlassen worden, und zwar vom Krebs befreit und geheilt. Dies alles führte er darauf zurück, daß Walsh ein Genie sei – ja sogar mehr als das, eine Art weltlicher Heiliger.

Seymour beugte sich beim Essen über den Tisch und vertraute mir an, daß er nicht so leicht zu beeindrucken sei. Er habe schon in jungen Jahren ein keineswegs bescheidenes Vermögen gemacht, mit gekrönten Häuptern verkehrt, ohne jemals die Bodenhaftung zu verlieren, er habe Präsidenten beraten und den Posten eines Botschafters angeboten bekommen. An diesem ganzen Mist sei ihm nicht viel gelegen, aber er erkenne Größe, wenn er sie vor sich habe. Und bei Dr. Walsh habe er auf Anhieb gewußt, daß er einen außergewöhnlichen Mann vor sich habe. Er sei nicht nur ein bedeutender Wissenschaftler, sondern auch ein *fürsorglicher* Arzt und ein warmherziger, großartiger Mensch. Er habe die moderne nerverhaltende radikale Prostatektomie entwickelt, das heißt, er habe entdeckt, wie man die Prostata entfernen könne, ohne die Nerven zu durchtrennen, die für die Erektion wichtig seien, eine Operation, die er schon über 1600mal durchgeführt habe.

Seymour empfand eine solche Ehrfurcht vor dem guten Doktor, daß er zu einer treibenden Kraft in der Organisation »Friends of Pat Walsh« geworden war, deren Mitgliederschaft, wie er mir erklärte, aus dankbaren Patienten bestand, die sich glücklich schätzten, ja geehrt fühlten, daß sie die Prostatakrebs-Forschung des Johns Hopkins im Rahmen ihrer Möglichkeiten unterstützen durften.

Ich war beeindruckt. Vor mir saß ein Mann, der nach überstandener Operation seinen Chirurgen verehrte. Natürlich war das der Grund für das Essen, sonst hätte Seymour nie und nimmer seine Arbeit im Stich gelassen, um sich mit einem Fremden zu treffen. Er machte kein Hehl daraus, und ich verstand ihn. Doch es war erschreckend, wie erschöpfend er sich über das Thema Prostatakrebs ausließ. Small talk war mit ihm ebensowenig möglich wie ein ernsthaftes Gespräch. Jeden Versuch meinerseits, das Thema zu wechseln, unterband er mit einer unwirschen Geste seiner großen, sorgfältig manikürten Hand.

Später sollte ich nur allzugut verstehen, daß Krebs, sobald

man ihn hat, zur Obsession wird. Er läßt in der Welt des Kranken keinen Platz mehr für anderes. Doch nicht nur der Krebs steht im Mittelpunkt – auch der Kranke selbst rückt für eine gewisse Zeit in das Zentrum des Interesses aller anderen. Eine berauschende Sache.

Schon bald sollte ich feststellen, daß ich beim geringsten Anlaß mit jedem X-beliebigen über meinen Krebs sprach, mit Freunden, Bekannten, Kollegen, Tankwarten, Menschen, mit denen ich seit Jahren kein Wort gewechselt hatte, ja mit völlig Fremden, wobei ich häufig intime Einzelheiten erwähnte, die ihnen unangenehm gewesen sein dürften. Zum einen ist dies eine Möglichkeit, Dampf abzulassen und die Angst zu mindern, indem man seine Erfahrungen mit anderen teilt, was ja im Grunde nicht schlecht ist. Zum anderen nimmt Krebs den Betroffenen mehr in Anspruch als jede andere Erfahrung im Leben und erfordert seine ganze Aufmerksamkeit. Eine Zeitlang scheint nichts im entferntesten so interessant und wichtig wie das, was im eigenen Körper vorgeht.

Seymour befand sich noch in diesem Stadium. Auch ich sollte mich bald so verhalten, und ich bemerkte es nicht einmal, bis mich Margaret einige Monate nach meiner Operation bei einer Dinnerparty beiseite nahm und flüsterte: »Hör auf damit!«

Ich wußte in dem Moment genau, was sie meinte, doch in Seymours Leben gab es anscheinend niemanden, der einen solchen Einfluß auf ihn ausübte.

»Sie kommen nach der Operation im Nu wieder auf die Beine«, versprach er mir, und seine Augen glänzten vor Begeisterung. »Ich gebe Ihnen jetzt einen Rat, für den Sie mir noch dankbar sein werden. Machen Sie es so wie ich. Mieten Sie sich für ein oder zwei Monate ein Haus in Florida oder auf einer Insel in der Karibik. Vergessen Sie das Büro, und gehen Sie nicht ans Telefon. Setzen Sie sich einfach in die Sonne, gehen Sie schwimmen, genießen Sie den Duft der Rosen ...«

Ich wollte von ihm wissen, wann ich lange genug an den Rosen gerochen hatte und wieder ins Büro gehen konnte.

Seymour runzelte die Stirn. Sofort, wenn ich wolle. Aber man dürfe doch nichts überstürzen, man müsse dem Körper Gelegenheit geben, sich zu erholen. Er unterstrich seinen Rat, indem er eine Stange Weißbrot auf mich richtete.

Zufällig hatte ich keineswegs die Absicht, irgend etwas zu überstürzen, vorausgesetzt, ich ließ mich überhaupt operieren. Außerdem hatte ich kein Interesse an einem weiteren Loblied auf die Karibik. Ich wollte von Seymour hören, wie er sich erholt hatte. Ich fragte ihn, wie aktiv er nach der Operation gewesen sei.

Seymour schaute finster drein. Er schien nicht gewillt, über Einzelheiten zu sprechen oder Fragen zu beantworten – ich sollte meinen Mund halten und seinen Rat befolgen: mich im Johns Hopkins von Pat Walsh operieren lassen und dann nach Florida gehen. Wie viele Topmanager gab Seymour Ratschläge, die, wenn auch gut gemeint, wie Befehle klangen: Sie *werden* das tun! Alles andere ist Zeitverschwendung. »Aktiv?« fragte er. »Was meinen Sie mit aktiv? Ich war im Nu wieder auf den Beinen. Und bei Ihnen wird es nicht anders sein.«

Ich erklärte ihm, daß ich wissen wollte, wann man wieder gehen, Auto fahren oder arbeiten konnte… »Ganz praktische Dinge. Wie lang genau hat es bei Ihnen gedauert?«

Seymour legte das Brot hin und überlegte einen Augenblick, offensichtlich widerwillig. Es sah nicht so aus, als schwelge er in schönen Erinnerungen. Er zählte an seinen Fingern nachdenklich die Wochen ab. »Also, ich blieb drei bis vier Wochen zu Hause, dann wurde der Katheter entfernt… Danach fuhr ich nach Florida…« Er schloß für einen Moment die Augen. »Wissen Sie, in den ersten Wochen da unten stand ich vom Frühstück auf und schlurfte zum Pool, vielleicht fünfzig Meter.« Er machte eine Pause und sagte dann ganz leise: »Dann saß ich mit der *New York Times* auf dem Schoß da und weinte.«

Wir schwiegen beide, während der Kaffee serviert wurde. Ich spürte, daß ich endlich die Wahrheit gehört hatte.

»Schließlich wurde es besser«, fügte Seymour hinzu.

Wenn ein so überschwenglicher Mensch wie Seymour über seiner *New York Times* in Tränen ausbricht, muß es wirklich schlimm sein, dachte ich mir – und ich hatte ihn nicht einmal gefragt, wie die drei bis vier Wochen mit Katheter gewesen waren. Wenn mir ähnliches bevorstand, durfte ich sicherlich kein Honiglecken erwarten.

Seymour nippte an seinem Kaffee. »Ein oder zwei Monate später konnte ich aber wieder schwimmen, ein bißchen Golf spielen und so weiter...« Anscheinend versuchte er, sich selbst aufzumuntern. »Ich kam braungebrannt ins Büro zurück. Ich fühlte mich fit und konnte es kaum erwarten, wieder loszulegen... Ich hatte fast zehn Kilo abgenommen. Man könnte sagen, die Operation hat auch ihre guten Seiten.«

Ich hatte eher den Eindruck, daß man nach den guten Seiten suchen mußte. Ich schaute mir Seymour etwas genauer an. Das mit dem Gewichtsverlust stimmte wohl, denn sein Anzug wirkte ein oder zwei Nummern zu groß, doch *gesund* sah er nicht aus. Seine eingefallenen Wangen und sein ausgezehrtes Gesicht zeugten eher von Leid und Schmerz als von einem Urlaub im sonnigen Florida bei Hüttenkäse und frischem Obst. Seine Begeisterung war verflogen. Er wirkte müde und nervös.

Ich sagte, daß wir allmählich wieder ins Büro müßten, aber er hatte es überhaupt nicht eilig. Er bestellte noch eine Tasse Kaffee und rührte ihn langsam um, wobei er sich offensichtlich zu einem Entschluß durchrang. Nun, da ich unbeabsichtigt seine Begeisterung für die Prostatachirurgie gedämpft hatte, wollte er wohl kein Blatt mehr vor den Mund nehmen. »Ich hatte nie allzu große Probleme mit Inkontinenz«, erklärte er. »Einige Männer schon, ich aber nicht. Es dauerte nur einen Monat, vielleicht zwei, dann wurde es besser. Keine große Sache. Jetzt geht es mir wieder gut, nur wenn ich laut lache, wird meine Hose etwas naß. Aber was soll's! Wen kümmert das? Was ist das schon? Und überhaupt, wann gibt es in meinem Beruf schon mal was zu lachen?«

»Und was ist mit Sex?«

»Sex? Merkwürdig, daß Sie das fragen. Um die Wahrheit zu sagen, man kann den heutigen Tag rot im Kalender anstreichen.« Wie sich herausstellte, hatte Seymour in der letzten Nacht zum ersten Mal seit der Operation, die etwa ein Jahr zurücklag, mit seiner Frau geschlafen. Und zu mir gebeugt, vertraute er mir an, daß Sex für sie beide wichtig sei und in ihrer Ehe eine bedeutende Rolle spiele.

Mit einem Nicken gab ich ihm zu verstehen, daß wir in diesem Punkt auf der gleichen Wellenlänge lagen.

»Meine Frau ist sehr leidenschaftlich«, vertraute er mir an. »Die ganze Sache war sehr schwer für sie. Sie hat sich wirklich toll verhalten, aber Sie wissen ja, wie das ist... Und für mich war es natürlich auch hart, das können Sie sich ja vorstellen... Ein Jahr ohne Sex... Nun, es war nicht einfach.«

Das schien mir untertrieben. Ich konnte mir ein Jahr ohne Sex nicht vorstellen, ja nicht einmal einen Monat. Später sollte ich die Erfahrung machen, daß Ärzte dazu neigten, das Problem so zu formulieren, als müsse man sich für das eine oder für das andere entscheiden, als laute die Frage: »Wollen Sie lieber potent bleiben oder weiterleben?« Aber in meinen Augen war Potenz unverzichtbar. Sexualität gehörte zu den Freuden, die das Leben lebenswert machten, und ein Jahr lang auf sie zu verzichten – oder gar für immer, wenn man Dr. Rous' Statistiken glauben durfte –, das waren für mich trostlose Aussichten. War die Potenz es wert, daß man für sie den Tod in Kauf nahm? Meiner Ansicht nach nicht, doch damals stellte sich mir die Frage noch nicht. Seymour wartete offenbar auf einen Kommentar meinerseits. »Und wie war es, nach so langer Zeit?« fragte ich.

Er lächelte verschmitzt. »Einfach großartig«, erwiderte er. »Ich fühle mich wie neugeboren, so gut war es.« Er verscheuchte den Kellner und spähte argwöhnisch nach links und rechts, ob uns auch niemand zuhörte. Er senkte die Stimme zu einem leisen, feierlichen Murmeln: »Natürlich haben Sie in diesem Stadium noch keine vollständige Erektion. Mein New Yorker Urologe, der auch den Katheter entfernt hat, erklärte mir: ›Es wird nicht mehr so wie mit siebzehn, mein Freund, aber mit etwas Glück werden Sie eine Erektion haben, die zum Stopfen reicht, wenn Sie verstehen, was ich meine.‹« Seymour lachte – aber nicht zu heftig, wie mir auffiel.

Ich hielt es für besser, nichts dazu zu sagen. Auf jeden Fall spürte ich, daß Seymour es bereits bereute, sich mir so anvertraut zu haben. Männer reden miteinander nicht über Sex – zumindest selten offen –, und Seymour sah aus wie ein Mann, dem es lieber gewesen wäre, er hätte den Mund gehalten. Wir stritten darum, wer die Rechnung übernehmen durfte. Und Seymour war es wirklich ernst damit, vielleicht weil er nicht in meiner Schuld stehen wollte, jetzt, wo ich sein Geheimnis kannte. Wir verabschiedeten uns auf der 52. Straße, tauschten unsere Visitenkarten aus und versprachen, in Kontakt zu bleiben und demnächst gemeinsam zu Mittag oder zu Abend zu essen, obwohl wir beide wußten, daß es nie dazu kommen würde.

Seymour ging in östlicher Richtung zu seinem Büro. Kurz bevor er meinen Blicken entschwand, drehte er sich um und rief: »Machen Sie sich keine Sorgen, ich werde bei Pat Walsh ein gutes Wort für Sie einlegen.«

8

Einige Tage später saßen Margaret und ich in Dr. Russos Sprechzimmer. Russo klemmte meine Röntgenaufnahmen an dem Leuchtschirm an der Wand fest, zog eine Grimasse und sagte: »Da haben Sie noch mal Glück gehabt!«

»Glück?«

»Aber ja! Wir haben ihn noch rechtzeitig erwischt. Wenn das kein Glück ist.«

Ich beschloß, es genauso zu sehen.

Die immer freundliche Kathy hatte Margaret und mich in Dr. Russos Sprechzimmer geführt, und wir warteten kurz (und aufgeregt) auf sein Kommen. Russos Zimmer im Zentrum für Prostatakrebs-Früherkennung des Memorial Sloan-Kettering war hell, geräumig und langweilig sachlich – es war so unpersönlich, daß ich zu dem Schluß kam, es sei gar nicht seines. Abgesehen von den Jahrgangsbänden diverser urologischer Zeitschriften in den Bücherregalen, entdeckte ich nichts, was sich mit ihm in Verbindung bringen ließ. Es gab nicht einmal einen Schreibtisch – nur ein runder Tisch stand mitten im Raum, mit einem Schreibblock genau in der Mitte. Ich schlich herum und versuchte, mich irgendwie zu beschäftigen, während Margaret sich an die Wand lehnte und durch ihre Sonnenbrille die Topfpflanzen auf dem Fensterbrett anstarrte. Keiner von uns wollte sich hinsetzen.

Ich hatte mich bemüht, die ganze Angelegenheit so anzugehen, als sei sie etwas Alltägliches, als hätte ich einen normalen Termin in der Stadt. Letzte Woche, als die Computertomographie und Röntgenaufnahmen gemacht worden waren, hatten wir in einem Coffee-Shop an der First Avenue zu Mittag gegessen, heute in einem merkwürdigen Restaurant im Erdgeschoß des Barbizon Hotel for Women, von dessen Existenz ich nie zuvor gehört hatte. Danach waren wir Hand in Hand zu dem Gespräch mit Dr. Russo gegangen, als hätte ich den Nachmittag freigenommen, um mir mit Margaret im Kino einen Film anzusehen.

Das Merkwürdige an meiner Krankheit war, daß sie uns beinahe sofort einander nähergebracht hatte – so nah wie Jahre zuvor, als wir uns frisch verliebt hatten. Wie oft kommt es denn vor, daß Ehepaare nachmittags zusammen durch Manhattan spazieren? Unter normalen Umständen wäre ich jetzt im Büro gewesen und Margaret zu Hause auf dem Land.

Ich spürte ihre Anspannung, und so ging ich zu ihr und ergriff ihre Hand. Da flog auch schon die Tür auf, und Dr. Russo stürmte herein, eine Aktenmappe aus Manilapapier unter dem Arm.

Er befestigte meine Röntgenaufnahmen an dem Leuchtschirm an der Wand und bewunderte sie. »Gute Arbeit«, sagte er und bat uns, Platz zu nehmen. Er nahm sich einen Stuhl und deutete auf die beiden zu seiner Rechten und Linken, so daß wir dasaßen wie die »Drei Bären«, mit Dr. Russo als »Papa Bär« in der Mitte.

Ich hatte vergessen, wie ernst Russo in seinem gestärkten weißen Kittel wirken konnte, obwohl ich angenommen hatte, dies hätte sich mir seit unserer ersten Begegnung fest eingeprägt. Damals hatte er mir den Arm um die Schulter gelegt und versichert, daß er mir, selbst wenn ich sein Bruder wäre, nicht dringender zu einer Biopsie hätte raten können. Sein Tag hatte wahrscheinlich in aller Herrgottsfrühe begonnen, und er hatte bestimmt schon einige radikale Prostatektomien durchgeführt, als wir unser Mittagessen bestellten, dennoch ließ er keine Anzeichen von Müdigkeit erkennen, sah man einmal von den dunklen Ringen unter seinen Augen ab. Ich starrte auf seine kleinen, gepflegten Hände mit den kurzen Fingern, die eher an die flinken Hände eines Handwerkers erinnerten als an die eines Konzertpianisten. Genau die richtigen Hände für einen Chirurgen. Ich stellte mir vor, wie sie mit einem Skalpell tief in mein Becken eindrangen, und beschloß, diesen Gedanken aus meinem Kopf zu verbannen.

Er öffnete die Krankenakte und ging die Untersuchungsergebnisse mit uns durch. Einige hatten wir in verkürzter Form bereits gehört, doch waren sie von der guten Nachricht, daß der Krebs nicht auf den Knochen übergegriffen hatte, in den Hintergrund gedrängt worden. Doch jetzt kam Russo zur Sache. Es ging nicht mehr darum, was ich nicht hatte, sondern darum, was ich hatte.

Ich hatte ein Adenokarzinom, wie uns Dr. Russo eröffnete. (»Krebs«, flüsterte ich Margaret zu, die, typisch englisch, medizinischen Fachbegriffen mißtraute.) Russo hatte eine tiefe Stimme und sprach so gepflegt wie ein Schauspieler. Er klang vergnügt, doch führte ich das nicht auf Herzlosigkeit zurück, sondern auf die Tatsache, daß der Biopsiebefund seinen ursprünglichen Verdacht bestätigt hatte.

Nach Russos Auskunft saßen die Tumoren tief mitten im linken Lappen der Prostata. Das war seiner Ansicht nach auch der Grund, weshalb sie so schwer zu finden waren (bildete ich es mir nur ein oder wollte er damit andeuten, daß man sie bei einer gründlicheren Biopsie schon achtzehn Monate zuvor hätte entdecken können?). Außerdem führte er einen Teil meiner Probleme beim Urinieren darauf zurück, daß die Tumoren wahrscheinlich gegen meine Harnröhre drückten.

Ich fragte mich, ob mein Urologe sie beim letzten Mal übersehen hatte – nach Russos Miene zu urteilen, war das recht wahrscheinlich. Der Gedanke an diese Möglichkeit quälte und empörte Margaret und tut es noch heute. Ich für mein Teil hatte, obwohl ich mit meinen Erfahrungen als Krebskranker noch ganz am Anfang stand, bereits gelernt, daß man sich täglich mit *der* Situation auseinandersetzen muß, in der man gerade ist. Wenn man zurückblickt und überlegt, was hätte getan werden können oder müssen, vergeudet man nur seine Kraft.

Außerdem sind wir letztlich alle selbst für unser Wohlergehen verantwortlich, auch wenn die Versuchung groß ist, den Ärzten die Schuld an unserem Unglück zu geben. Ich hätte mir in meinem Alter der Gefahr von Prostatakrebs bewußter sein und die Initiative ergreifen müssen, als ich erfuhr, daß mein PSA-Wert 15 betrug, anstatt weitere achtzehn Monate zu warten, bis er auf 22 gestiegen war.

Für Herz und Kreislauf hatte ich selbst die Verantwortung übernommen. Ich trieb Sport, ernährte mich gesund und hielt mich fit. Doch meine Angst vor Krebs war so übermächtig, daß ich mich einfach aus der Verantwortung stahl, wann immer das Thema zur Sprache kam. Warum hatte ich mir nicht achtzehn Monate früher Bücher gekauft und mich über Prostatakrebs informiert? Warum hatte ich mich nicht früher den unangenehmen Fragen gestellt? Ich hatte nichts dergleichen getan. Krebs ist eine Geißel der Menschheit, und schon beim bloßen Gedanken, Krebs zu bekommen, schaltete ich auf Autopilot und legte mein Schicksal ganz in die Hände der Ärzte. Bei einer Schulterverrenkung, einem Bandscheibenschaden oder Herzbeschwerden hätte ich das niemals getan. Und damit stand ich nicht allein. Im Zeitalter des gesteigerten Gesundheitsbewußtseins weiß jedermann, daß er an sein Herz denken muß und daß er selbst für sein Wohlbefinden verantwortlich ist. An Krebs will jedoch niemand denken, nicht nur aus Angst, sondern auch, weil es keine Maßregeln gibt, die man befolgen kann, um sich vor ihm zu schützen. Man kann ihn nicht ausschwitzen, durch Schwimmen loswerden wie überflüssige Pfunde oder ihm dadurch vorbeugen, daß man täglich ins Fitneßstudio geht.

Russo zog den Schreibblock zu sich heran und zeichnete etwas, das einem Berliner ähnelte. Er teilte den Berliner in vier Teile, dann zeichnete er mitten hindurch eine schmale Röhre. In eines der Segmente setzte er zwei kleine Kringel von der Größe einer Erdnuß und malte sie aus. Das seien die Tumoren, erklärte er. Er zeichnete sie immer größer, bis sie schließlich die Kapsel der Prostata berührten. Das, so sagte er, gelte es zu verhindern: Solange die Tumoren im Innern der Prostata waren, konnte man die Situation unter Kontrolle halten. Hatten sie aber erst einmal die Kapsel durchbrochen, konnte der Krebs sich ausbreiten, in das umliegende Gewebe oder zu den Lymphknoten vordringen und von dort den gesamten Körper befallen.

Ich war offensichtlich genau in dem Stadium, in dem eine radikale Prostatektomie angezeigt war. Die Operation, so Russo, sei einfach. Er zeichnete die Blase, die wie ein kleiner Ballon oben auf der Harnröhre saß. Er würde die Prostata von der Blase abtrennen, sie entfernen und den unteren Teil der Blase an den tieferen Teil der Harnröhre annähen. Freihändig zeichnete er mit sauberen Strichen ein, wo die Schnitte vorgenommen wurden. Komplikationen seien keine zu erwarten. Es könne allenfalls zu einer vorübergehenden

Inkontinenz kommen, doch die meisten Patienten erlangten ihre Kontinenz nach einiger Zeit wieder, und wenn nicht, so könne man auch dagegen etwas tun. Er ging auf diesen Punkt nicht näher ein, und ich hakte auch nicht nach. Ich beschloß, die Dinge auf mich zukommen zu lassen. Gott bewahre!

Ich schnitt das Thema Sexualität an. Konnte ich impotent werden?

Russo lächelte beruhigend – vermutlich wurde ihm keine Frage häufiger gestellt. Das sei schwer zu beantworten, aber er denke immer auch an die Lebensqualität des Patienten. Zwei Gefäß-Nerven-Bündel seien für die Erektionsfähigkeit wichtig, und beide liefen dicht an der Prostata vorbei. Er werde sie, wenn möglich, freilegen und erhalten. In den meisten Fällen gelinge das, und der Patient erlange schließlich seine Potenz wieder. Er sehe keinen Grund, weshalb das nicht auch bei mir der Fall sein sollte, aber eine Garantie gebe es natürlich nicht.

»Wie lange dauert die Operation?«

»Drei bis vier Stunden«, antwortete Russo. Der Patient bekam bei ihm eine Vollnarkose und mußte mindestens fünf bis sechs Tage im Krankenhaus bleiben.

Wir saßen einige Zeit schweigend da, und ich verdaute erst einmal das Gehörte. Es war alles genauso, wie es Dr. Rous in seinem Buch beschrieben hatte, doch es war ein Unterschied, ob man nur darüber las oder selbst der Adressat war. Ich verstand allmählich, warum Rous die radikale Prostatektomie als eine »knifflige« Operation bezeichnete, ein Wort, das man ernst nehmen sollte, wenn es aus dem Mund eines Chirurgen kommt.

Ich fragte nach Alternativen. War die Operation die einzige Möglichkeit?

Russo räumte ein, daß er als Chirurg natürlich den operativen Eingriff bevorzuge, aber er sei wirklich der festen Überzeugung, daß es keine echte Alternative gebe. Manche Männer mit meinem Krankheitsbild entschieden sich für die Bestrahlung, und auch wenn er persönlich diesen Weg nicht für den besten halte, so gebe es doch Patienten, bei denen man damit gute Erfolge erziele. Andere seien nicht in der körperlichen Verfassung für eine Operation, deshalb komme für sie nur die Bestrahlung in Betracht. Wieder andere hätten vor dem Eingriff so große Angst, daß sie sich für die Bestrahlung entschieden, aber seines Erachtens seien die Nachwirkungen eher noch schlimmer als bei einer Operation... Er persönlich würde sich jedenfalls nicht für die Bestrahlung entscheiden, und er rate auch mir davon ab, aber normalerweise bestehe er darauf, daß seine Patienten vor ihrer Entscheidung einen Radiologen konsultierten, damit sie beide Seiten gehört hätten. Das Memorial verfüge über die vielleicht modernste und fortschrittlichste radiologische Abteilung der Welt, und darauf sei man stolz.

Ich hatte, ohne wirklich daran zu glauben, insgeheim gehofft, daß Russo »Abwarten und Beobachten« vorschlagen würde, obwohl ich nicht der Typ bin, der gerne wartet.

Ich fragte nach meinem Gleason-Score.

Für den Prostatakrebs-Patienten spielt der Gleason-Score eine ebenso wichtige Rolle wie der PSA-Wert. Wie ich aus der Lektüre von William Martins *My Prostate and Me* und Dr. Rous' Buch wußte, gibt der Gleason-Score über die Größe und die potentielle Gefährlichkeit eines Prostatakrebses Auskunft. Er ist die älteste und einfachste Methode, mit der Pathologen Prostatakrebse klassifizieren. Die Tumoren werden in fünf aufsteigende Schweregrade unterteilt. Tumoren ersten Grades sind klein und »gut differenziert«, das heißt, sie grenzen sich vom umliegenden Gewebe ab. Je größer und »schlechter differenziert« sie sind, das heißt, je mehr sie in das umliegende Gewebe streuen, desto gefährlicher sind sie. Ein Tumor fünften Grades kann sich also auf den Großteil der Prostata ausgebreitet haben und das gesunde Gewebe zerstören.

Verwirrenderweise ermittelt man den Gleason-Score, indem man die beiden häufigsten Grade, die man in den bei einer Biopsie entnommenen Gewebsproben feststellt, zusammenzählt; die Skala reicht von 2 bis 10. Folglich ergibt eine Probe mit dem Gleason-Grad 3 und einer anderen mit dem Gleason-Grad 2 den Gleason-Score 5, also eine Summe im mittleren Bereich. Die Gleason-Scores 2 bis 4 stehen für kleine, gut differenzierte Tumoren, bei denen »Abwarten und Beobachten« angezeigt sein könnte, während es bei Summen von 8 bis 10 für eine radikale Prostatektomie bereits zu spät sein kann. Aber das sind natürlich Extremwerte. Die Mehrzahl der Patienten hat Gleason-Scores von 5 bis 7 und rangiert damit im mittleren Bereich der Skala.

Es gibt weitere Methoden zur Klassifizierung (oder »Einstufung«) von Prostatatumoren, die neuer, komplizierter und genauer als das Gleason-System sind. Die Whitmore-Jewett-Klassifikation unterscheidet zwischen vier Tumorstadien (A, B, C und D) und unterteilt jedes Stadium weiter mit dem Ziel, nicht nur die Größe, sondern auch die vermutliche Malignität anzuzeigen. Die TNM-Klassifikation (Tumor, Knoten [=engl. node], Metastase) gibt noch genauer Auskunft über Größe, Malignität und Lage der Prostatatumoren. Bei all diesen Klassifikationen wird zwischen dem nach der Biopsie ermittelten Wert und dem vom Pathologen nach der Entfernung und Ausmessung des Tumors bestimmten Wert unterschieden. Allzuoft stellt sich heraus, daß der Tumor schlimmer ist als zunächst erwartet.*

Das Gleason-System war im Vergleich zum Whitmore-Jewett-System und der TNM-Klassifikation zwar grob gestrickt, aber für einen Laien relativ leicht zu verstehen. Ich erinnerte mich an Professor Martins Schrecken, als er erfuhr, daß sein Gleason-Score 7 betrug, denn er hatte mit einem

* Ich danke William Martin für seine Erläuterung der Stadienbestimmung. Für weitere Einzelheiten kann der Leser Dr. Rous' Buch oder *Choices: Realistic Alternatives in Cancer Treatment* von Marion Morra und Eva Potts zu Rate ziehen; letzteres ist eine Fundgrube hilfreicher, knapp gehaltener Informationen.

Score von 3 oder 4 gerechnet. Nach dem Eingriff hatte sein Chirurg ihm mitgeteilt, der Tumor sei mit seinen 2,5 Zentimetern Durchmesser ein »tückischer Bursche« gewesen und hätte vermutlich innerhalb eines Jahres die Prostatakapsel erreicht und in den Körper gestreut. Auch ich rechnete mit einem Score von 3 oder 4, da alle mir gesagt hatten, mein Krebs sei im Frühstadium entdeckt worden und wahrscheinlich gut differenziert. Deshalb glaubte ich, ich hätte mich verhört, als Russo »sechs« antwortete.

»Sechs?«

Er nickte. Das sei kein Grund zur Beunruhigung, die meisten Patienten hätten Scores in dieser Größenordnung.

Mit einem Gleason-Score von 6 war nicht zu spaßen, das verstand ich wohl: Wenn man den Büchern, die ich gelesen hatte, glauben durfte, kam Abwarten und Beobachten in meinem Fall nicht mehr in Frage. Mein Wert brachte mich ganz in die Nähe Martins und zwang mich zu einer Entscheidung, die Dr. Larrian Marie Gillespie vom Pelvic Pain Center in Beverly Hills als »verdammt schwierig« bezeichnet hat. Wenn ich mich dafür entschied, die Operation zu verschieben oder nichts zu unternehmen, spielte ich russisches Roulette. (Tatsächlich ist die Wahrscheinlichkeit, beim russischen Roulette zu überleben, etwas größer, wie Professor Martin betont: Die Chancen, daß man stirbt, stehen eins zu sechs und liegen mit 16,7 Prozent noch etwas unter den 18 Prozent*, die in meinem Fall galten. Ganz abgesehen davon, daß eine Kugel noch barmherzig wäre, verglichen mit dem, was ein Autor als »einen ungewöhnlich schrecklichen Tod« bezeichnet hat.)

Wenn ich mich zu einer Operation entschloß, ging ich das Risiko ein, für den Rest meines Lebens bis zu einem gewissen Grade inkontinent und vielleicht völlig impotent zu blei-

* Martin weist darauf hin, daß diese Zahl vermutlich zu hoch gegriffen ist und daß sie später etwas gesenkt wurde. Dennoch ist sein Vergleich berechtigt, denn er rückt die statistische Seite von Prostatakrebs in eine ohne weiteres verständliche Perspektive.

ben. Und dabei waren noch nicht alle möglichen Folgen berücksichtigt. Zum Beispiel konnte der Krebs trotz Operation wieder auftreten. In dem Fall wäre ich für den Rest meines Lebens inkontinent, impotent *und* Krebspatient. Oder ich blieb inkontinent und impotent und würde mich zeitlebens fragen, ob die Operation wirklich nötig gewesen sei und ob ich nicht noch zehn, fünfzehn oder zwanzig »gute« Jahre vor mir gehabt hätte, wenn ich einfach alles auf sich hätte beruhen lassen.

Ich hatte mir eine Reihe von Fragen notiert, die ich Dr. Russo stellen wollte, aber die meisten hatten sich erübrigt. Er hatte mir alles gesagt, was ich wissen mußte – genauer gesagt, was ich nicht wissen wollte –, und jetzt mußte ich mich entscheiden.

Er selbst brach das Schweigen. Die Zahlen seien nicht sehr aussagekräftig, sagte er. Ich hätte einen gefährlichen Krebs und müsse mich mit ihm befassen. Jetzt müsse gehandelt werden. Die Chancen, daß der Krebs noch nicht die Kapsel der Prostata erreicht habe, stünden sehr gut. Dr. Russo beschwor mich, die Operation nicht aufzuschieben. Er könne mich in rund vier Wochen einplanen – es würde ohnehin vier Wochen dauern, bis ich die erforderliche Menge Eigenblut gespendet hätte, die unter Umständen für Transfusionen benötigt werde, da man mir nur einen halben Liter pro Woche abnehmen könne.

Trotz der Wärme im Raum überfiel mich ein Schauder. Bisher hatte es immer geheißen, daß der Krebs noch *nicht* die Kapsel der Prostata erreicht hatte. Bestand denn die Möglichkeit, daß er es inzwischen hatte?

Russo nickte. Die Möglichkeit bestehe immer. Überraschungen könne man niemals ausschließen. Er bezweifle zwar sehr, daß dies bei mir der Fall sei, aber die bloße Möglichkeit sei schon Grund genug, die Operation möglichst bald durchzuführen. Ein weiterer, ausgesprochen wichtiger Vorteil der Operation im Vergleich zur Strahlentherapie sei, daß mit der Entfernung der Prostata alle Fragen beantwortet werden könnten. Bei der Bestrahlung wisse man nie genau, wie der Krebs beschaffen oder ob er durch die Behandlung völlig zerstört worden sei. Er halte es für besser, wenn man sich Klarheit verschaffe.

Schließlich stellt mir Dr. Russo noch eine neue Behandlungsmethode vor, die für mich in Betracht kam. Das Memorial nahm an einem Forschungsprojekt teil, bei dem Patienten mit Prostatakrebs in meinem Stadium sechs Monate lang Hormone einnahmen und erst dann operiert wurden. Die Hormontherapie war nach seinen Worten insofern von Vorteil, als sie die Tumoren anscheinend schrumpfen ließ, was den chirurgischen Eingriff erleichterte und wirksamer machte. Er bot mir an, mich in das Programm aufzunehmen, wenn ich wollte.

Mir war klar, daß Russo auf meine Einwilligung erpicht war – vermutlich war es sein Programm –, aber ich schaute Margaret an und schüttelte den Kopf. Sollte es jemals so weit kommen, daß ich zu einer Hormontherapie gezwungen war, würde ich mich zweifellos damit abfinden, doch jetzt, wo ich mich für die Operation entschieden hatte, wollte ich sie so schnell wie möglich hinter mich bringen. Untätig herumsitzen und warten, so sagte ich entschuldigend, sei einfach nicht meine Art.

Russo nahm die Antwort freundlich auf. Vermutlich hatte er gar nicht mit meiner Zustimmung gerechnet.

»Was halten Sie von einer zweiten Meinung?« fragte ich etwas verlegen. Ich mochte Russo wirklich und hatte volles Vertrauen in seine fachlichen Qualitäten. Deshalb wollte ich nicht, daß er mich für mißtrauisch hielt. Andererseits hatten mich alle aufgefordert, eine zweite Meinung einzuholen, und so fühlte ich mich dazu verpflichtet.

Russo schien nicht verstimmt zu sein. Es sei natürlich mein gutes Recht, eine zweite Meinung einzuholen. Ob ich schon jemanden ins Auge gefaßt hätte?

Ja, Dr. Walsh vom Johns Hopkins.

Er kenne Dr. Walsh natürlich, sagte Russo. Er habe ihn kürzlich auf einem urologischen Kongreß getroffen. Er sei ein großartiger Chirurg und ein bemerkenswerter Wissenschaftler, daran bestehe kein Zweifel.

»Soweit ich weiß, hat er die nerverhaltende radikale Prostatektomie entwickelt«, sagte ich.

Russo nickte. Es stimme, daß Dr. Walsh das Verfahren entwickelt habe, aber inzwischen wendeten es viele Chirurgen an, auch er. Und er sei davon überzeugt, daß man die Operation im Memorial genauso gut durchführe wie sonstwo auf der Welt. Natürlich sei Walsh weithin bekannt, aber es sei ein Fehler, einen Chirurgen nach seinem Bekanntheitsgrad auszusuchen. Ich dürfe nicht vergessen, daß Walsh nur diese eine Operation, die nerverhaltende radikale Prostatektomie, durchführe.

Er selbst hingegen führe verschiedenste Operationen durch – gestern habe er beispielsweise einem Patienten eine künstliche Blase eingepflanzt. Das sei bahnbrechende Chirurgie. »Was ist wohl besser?« fragte er laut. »Ein Chirurg, der immer wieder die gleiche Operation durchführt, oder einer, dessen Fähigkeiten ständig herausgefordert werden?«

Natürlich war das eine rein rhetorische Frage. Russo sprach leidenschaftlicher denn je weiter. Ich müsse mir klarmachen, daß die Erhaltung der Nervenstränge nicht das Wichtigste sei, auch wenn es immer so dargestellt werde. Die Leute machten immer viel Wirbel darum, aber das sei doch nur die halbe Wahrheit. Es sei ja schön und gut, die Nerven zu erhalten, ich solle aber bedenken, daß das Ziel der Operation darin bestehe, den Krebs zu entfernen. Im übrigen, und darauf gebe er mir sein Wort, könne er die Nerven ebensogut erhalten wie jeder andere, *sofern sie noch erhalten werden könnten.*

Das Memorial sei eine Krebsklinik, und Krebs sei der Feind, so einfach sei das. Er werde bei meiner Operation sein ganzes Können aufbieten, und er sei verdammt gut, aber er gehe immer auf Nummer Sicher und entferne soviel Gewebe wie nötig. Es habe doch keinen Sinn, Nerven zu retten, wenn die Gefahr bestehe, deshalb Krebsgewebe zurückzulassen, auch wenn es nur mikroskopisch klein sei. Ich dürfe nicht vergessen, daß eine mikroskopisch kleine Menge schließlich zum Tod des Patienten führen könne. Eine Operation sei die makroskopische Lösung eines mikroskopischen Problems. Schon eine einzige Zelle könne, wenn sie zu den Lymphknoten gelange, den Tod herbeiführen. Er tue immer sein möglichstes, die Potenz des Patienten zu retten, aber nicht auf Kosten seines Lebens.

Das leuchtete mir ein, auch wenn ich es nicht hören wollte. »Glauben Sie, daß Sie die Nervenstränge retten können?«

»Das läßt sich erst bei der Operation beurteilen. Erst bei der Operation erhält man endgültig Klarheit.« So sei es üblich, die Beckenlymphknoten zu entfernen, zu sezieren und pathologisch zu untersuchen, bevor die Operation fortgesetzt werde. Wenn sie in Ordnung seien, gut. Wenn nicht, breche er die Operation ab.

Ich ließ das auf mich wirken. Offensichtlich wollte man den Patienten keinesfalls den Strapazen des Eingriffs aussetzen, wenn die Beckenlymphknoten Anzeichen von Krebs erkennen ließen. Hatte der Krebs erst einmal bis zu den Lymphknoten gestreut, war keine »Heilung« mehr möglich. Es war humaner, den Patienten wieder zuzunähen und ihn auf »palliative« Therapie zu setzen, um seine »Lebensqualität« so lange wie möglich zu erhalten.

Mit dieser Bemerkung schloß Russo. Die Entscheidung lag bei mir. Er bat mich, ihm möglichst bald Bescheid zu geben.

Wir standen auf und gaben uns die Hand, dann führte er uns hinaus ins Wartezimmer, wo sich Kathy und Dr. Fleishner zu uns gesellten. Es war kaum zu glauben, daß seit meiner Biopsie erst zehn Tage vergangen waren – es kam mir wie eine Ewigkeit vor. Sie standen zusammen wie für ein Erinnerungsfoto: Die besten Prostatakrebs-Spezialisten des Memorial Sloan-Kettering lächelten mich an wie einen verlorenen Sohn. Auf geheimnisvolle Weise fühlte ich mich ihnen eng verbunden, als hätten wir gemeinsam einen Krieg überstanden. Ich mochte sie, vertraute ihnen und hätte keinerlei Bedenken gehabt, mein Schicksal hier und jetzt in ihre Hände zu legen.

Ich wollte umkehren und zu Russo zurückgehen, um ihm zu sagen, daß ich keine zweite Meinung benötigte, weder von einem Radiologen noch von Pat Walsh, und daß er mein Mann sei. Doch irgend etwas hielt mich davon ab, vielleicht eine gewisse Vorsicht, vielleicht auch die Vorstellung, daß ich dann all den wohlmeinenden Freunden, Bekannten und Fremden hätte erklären müssen, warum ich ihren Rat verschmäht und nicht mit Pat Walsh gesprochen hatte.

Ich drückte auf den Knopf am Aufzug. Unten angekommen, hatte ich das Gefühl, soeben die wichtigste Entscheidung meines Lebens getroffen zu haben. Ich war es mir schuldig, eine zweite Meinung zu hören, bevor ich eine Entscheidung traf, auch wenn es mir gegen den Strich ging.

Es war Nachmittag, und draußen auf der Straße schien die Sonne. Margaret nahm meine Hand und drückte sie fest. »Du willst mit Walsh reden, stimmt's?« fragte sie.

»Ich denke schon«, antwortete ich. »Ich glaube, ich muß es tun.« Ich spürte, daß sie dagegen war. Ich war mir sicher, daß sie Russo genauso mochte wie ich, und ich vermutete, daß sie die Angelegenheit nicht in die Länge ziehen wollte, daß ihre Nerven das nicht mehr lange aushielten. Falls ich mich operieren ließ – und im Grunde war es schon beschlossene Sache, es sei denn, der Radiologe zauberte in letzter Minute noch ein Kaninchen aus dem Hut –, warum dann nicht in New York? In New York wäre alles wesentlich einfacher als in Baltimore. Margaret könnte in der Wohnung bleiben und müßte sich nicht in einer fremden Stadt im Hotel einquartieren.

Wir überquerten die Lexington Avenue und spazierten langsam Hand in Hand in Richtung Osten. Der Berufsverkehr setzte gerade ein, und die Menschen hetzten an uns vorbei, während wir alle Zeit der Welt zu haben schienen, wie müßige Spaziergänger.

Das war natürlich eine Illusion, denn die Zeit drängte. Ich mußte Entscheidungen treffen, unwiderrufliche Entscheidungen, die mir zehn Tage zuvor noch unvorstellbar erschienen wären. Tatsächlich lebt der Krebskranke in einer Welt für sich, wie in einer Art Kokon. Alles außerhalb dieser Welt erscheint ihm unwirklich und unwichtig: Termine, Verpflichtungen, Berufsverkehr, Arbeit, all das war bedeutungslos im Vergleich zu dem, was in diesem Augenblick im linken Lappen meiner Prostata vor sich ging, ohne daß ich etwas spürte.

»Du darfst dich nicht für Dr. Walsh entscheiden, nur weil andere Leute dich dazu drängen«, sagte Margaret.

»Das werde ich nicht. Wie kommst du darauf?«

»Ich kenne dich.«

Ich schwieg.

»Ich möchte nur, daß du dir selbst eine Meinung bildest, mehr nicht«, erklärte Margaret. »Hör nicht auf die anderen.«

»Nein, das verspreche ich dir«, erwiderte ich, obwohl ich mich fragte, ob das tatsächlich stimmte. »Ich möchte nur noch mit Walsh reden – sofern wir einigermaßen früh einen Termin bei ihm bekommen. Ich mag Russo, aber es steht zuviel auf dem Spiel. Ich darf mich nicht nach der Empfehlung eines einzigen Arztes richten, und wenn er mir noch so sympathisch ist.«

Margaret drückte mir wieder die Hand, diesmal fester. »Mach dir nicht so viele Sorgen wegen Sex«, flüsterte sie mir zu. »Mir ist es wichtiger, daß du lebst.«

Ich dachte darüber nach und kam zu dem Schluß, daß dies der schönste Satz war, den sie jemals zu mir gesagt hatte.

9

Es mag in einem Krankenhaus deprimierendere Abteilungen geben als die Radiologie, aber gewiß nicht viele. Das Memorial Sloan-Kettering bildet da keine Ausnahme. Hier entkommt niemand der Realität des Krebses und dem, was er aus den Menschen macht – ich mußte einfach daran denken, was er aus mir machen konnte. Krebspatienten warteten, in ihren Rollstühlen zusammengesackt, auf ihre Behandlung oder einen Pfleger, der sie in ihr Zimmer zurückrollte. Einige schienen endlos zu warten, aber mir fiel auf, daß keiner von ihnen etwas zu lesen mitgebracht hatte. Da ich ein Mensch bin, der keine zwei oder drei Minuten warten kann, ohne zu lesen – ich trage immer einen Aktenkoffer bei mir, der mindestens ein Manuskript, ein Buch, die *New York Times*, die neuesten Zeitschriften und eine Mappe mit unerledigter Korrespondenz enthält –, war ich über diesen Anblick entsetzt. Diese Menschen waren so erschöpft, vielleicht auch durch ihren Überlebenskampf so in Anspruch genommen, daß ihnen überhaupt nicht nach Lesen zumute war. Einige warteten stundenlang ohne das geringste Anzeichen von Langeweile oder Neugier. Sie atmeten langsam, die Augen halb geschlossen, als machten sie eine Yoga-Übung, nur daß sie eben kein Yoga machten. Ich versuchte, mich in ihre Lage zu versetzen. Es gelang mir nicht.

Glücklicherweise hatte ich mich auf diesen Augenblick innerlich vorbereitet und Margaret gedrängt, es ebenfalls zu tun. Ich sage »glücklicherweise«, denn ich erkannte bald, wie wichtig es war, Margaret von den schweigsamen Gestalten in den Rollstühlen, die sich klaglos in ihr Schicksal fügten, abzulenken, auch weil sich bald herausstellte, daß der Radiologe im Gegensatz zu Dr. Russo ein Mann war, der, durch sein Spezialgebiet dazu gezwungen, immer mehrere Dinge gleichzeitig tat. Er hatte nicht einmal ein Büro, jedenfalls wurden wir in keines geführt. Hier wurden ständig Entscheidungen getroffen, von denen Leben und Tod abhing, und alle Mitarbeiter waren ständig auf Trab. Ein Pfleger führte uns in einen Untersuchungsraum und ließ beim Hinausgehen die Tür offen, so daß wir das Treiben in der Radiologie gut beobachten konnten. Und wie sich zeigte, bekamen wir dazu auch ausgiebig Gelegenheit. Von Zeit zu Zeit beschied man uns: »Der Doktor ist unterwegs.« Oder, etwas später: »Der Doktor ist aufgehalten worden.« Am wenigsten verheißungsvoll klang: »Kein Sorge, der Doktor hat Sie nicht vergessen.«

Ein paarmal erhaschten wir tatsächlich einen Blick von ihm, wie er gottähnlich (mir schwebt Hermes mit seinen Flügelschuhen vor) an seinen Patienten vorbeirauschte, im Schlepptau einen Pulk von Internisten, Assistenten und Schwestern, die ihm Karten zum Unterschreiben hinhielten. Er war groß und sportlich, trug einen grünen Operationsanzug und sah aus wie ein kommandierender General. Ich las in einem Manuskript, das ich mitgebracht hatte, und Margaret löste das Kreuzworträtsel in der *New York Times*. Von Zeit zu Zeit ging ich in die angrenzende Halle (man hatte uns verboten, das Untersuchungszimmer zu verlassen, aus Angst, wir könnten nicht dasein, wenn der Doktor endlich kam), rief im Büro an und sagte, daß ich mich verspäten würde. Irgendwann war das nicht mehr nötig: Der Tag war schon so weit fortgeschritten, daß ich mir den Gang ins Büro sparen konnte.

Dann endlich kam der Radiologe. Er schickte Margaret aus dem Raum, nahm rasch eine rektale Palpation vor (eine weitere Ohrfeige mit dem Gummihandschuh) und rief sie anschließend wieder herein. Ich sah ihn mir jetzt etwas genauer an und stellte fest, daß er noch größer und muskulöser war, als ich gedacht hatte. Mit seiner starken Persönlichkeit beherrschte er den kleinen Raum. Wir saßen auf kleinen Pastikstühlen, während er sich, uns weit überragend, an die Untersuchungsliege lehnte. Jetzt, wo er endlich hier war, schenkte er uns seine ganze Aufmerksamkeit. Immer wieder schneiten Assistenten und Schwestern mit Fragen und Problemen herein, doch er verscheuchte sie mit einer Handbewegung. Die Tür blieb offen, was in mir die abwegige Vorstellung weckte, daß unser Gespräch von jedem auf dem Flur beobachtet, wenn nicht sogar mitgehört werden konnte. Der Doktor lehnte sich vor – wir drei waren eng zusammengepfercht wie alte Freunde in der Sitzgruppe einer Cocktail-Bar – und lächelte. »Ich habe einen kleinen Höcker an der Prostata gespürt«, erklärte er. »Aber das hat Ihnen vermutlich jeder gesagt.«

Ich wurde hellhörig. Nicht nur, daß mir das niemand gesagt hatte, mein Internist hatte mir sogar definitiv erklärt, daß er nichts habe fühlen können. Ich schüttelte den Kopf.

Er zuckte mit den Schultern. »Aber ich fühle etwas«, sagte er vernügt. »Eine Stelle, die härter ist als das Gewebe darum herum. Natürlich könnte das Narbengewebe von der Biopsie sein. Man kann nie wissen…«

»Oder?« fragte ich.

»Oder der Krebs hat die Kapsel der Prostata erreicht. Das läßt sich nicht ausschließen.«

»Hätte man das bei der Ultraschalluntersuchung oder bei der Computertomographie nicht bemerkt?«

»Vielleicht. Gewöhnlich schon. Hören Sie, selbst wenn er die Kapsel erreicht hat, besteht kein Grund zur Panik. Wir können eine Menge tun.«

Er war von einer rauhen Herzlichkeit, gepaart mit einer nüchternen Sachlichkeit, so nach dem Motto, glauben Sie mir oder lassen Sie es bleiben, und er unterstrich seine Ausführungen mit energischen Gesten. Er wandte sich mehr an Margaret als an mich, vielleicht weil sie eine ungewöhnlich schöne Frau ist. Und das war ein Fehler. Die stundenlange Warterei in der Radiologie hatte Margarets Nerven arg strapaziert. Sie ist beileibe nicht zimperlich – sie hatte beim Tod ihres Vaters in einem englischen Landkrankenhaus Schreckliches durchgemacht und auch Stärke bewiesen, als ihre Mutter in einem Pflegeheim zusehends seniler wurde. Doch die gespensterhaften Gestalten in den Rollstühlen draußen auf dem Gang verkörperten alle Ängste, die sie hinsichtlich meiner – und zweifellos auch ihrer – Zukunft hatte. Krank und hilflos zu sein, das war ihr schlimmster Alptraum.

In der Zwischenzeit beschäftigte ich mich mit dem Gedanken, daß mein Krebs bereits über die Prostatakapsel hinausgewachsen sein könnte. Ich fragte den Doktor, ob dies seiner Meinung nach bei einem Gleason-Score von 6 und einem PSA-Wert von 22 möglich sei. »Sicher«, antwortete er leutselig, »daran besteht kein Zweifel.«

Wenn ja, fragte ich weiter, wie groß sei dann die Gefahr, daß er sich ausgebreitet habe? Er blickte nachdenklich. »Die Chancen stehen fünfzig zu fünfzig«, sagte er.

Er sagte es laut und deutlich, als sei er sich nicht sicher, ob Margaret auch zuhörte. Dann, nur für den Fall, daß es ihr entgangen war, fügte er hinzu: »Sagen wir in einem von zwei Fällen.«

Er sah Margaret an, als erwarte er von ihr eine Antwort, doch sie schwieg. Ich sah, daß Tränen unter ihrer dunklen Sonnenbrille hervorrannen und über ihre Wangen rollten. Zum ersten Mal, seit wir wußten, daß ich Prostatakrebs hatte, weinte sie. Ich ergriff ihre Hand, doch es half nichts. Es war, als habe der Radiologe in dem Bemühen, nichts zu beschönigen, unbeabsichtigt ihren psychischen Schutzwall durchbrochen. Ich fragte sie, ob sie sich auf dem Korridor ein wenig die Beine vertreten wolle, doch sie schüttelte den Kopf und warf mir einen Blick zu, aus dem ich herauslas: »Bringen wir die Sache hinter uns.«

Doch nun, da der Doktor unserer Aufmerksamkeit gewiß war, hatte er es überhaupt nicht mehr eilig. Er begann gemächlich mit einem Vortrag über die Geschichte der Radiologie, wobei er von Zeit zu Zeit eine Pause einlegte und sich vergewisserte, daß wir zuhörten und verstanden hatten.

Margaret stierte vor sich hin. Noch immer liefen ihr die Tränen über die Wangen, und sie schluchzte leise, aber hörbar, während der Doktor unbeirrt und begeistert in seinen Ausführungen fortfuhr. Üblicherweise, so erklärte er, werde bei Prostatakrebs eine externe Bestrahlung angewandt, bei der starke Strahlen direkt auf den Tumorbereich gerichtet würden. Die Behandlung werde über einen bestimmten Zeitraum hinweg in häufigen Intervallen wiederholt, bis der Krebs abgetötet sei – gewöhnlich sechs bis sieben Wochen lang vier- oder fünfmal die Woche. Er staune selber immer wieder, wie gut es den Patienten während der Behandlung gehe. Manche schlüpften morgens in Sportkleidung, joggten von ihrer Wohnung durch den Park zum Memorial und nach der Behandlung wieder zurück, zogen sich um und gingen ins Büro, wo sie den ganzen Tag arbeiteten. Im Vergleich zu einer Operation, bei der sich der Patient einem extrem invasiven Verfahren unterziehe, eine Woche im Krankenhaus verbringe, dann acht bis zehn Wochen Erholung benötige, ganz zu schweigen von der möglichen Schwächung... Er warf die Arme in die Höhe. Nun, das sei doch kein Vergleich, oder?

Ich fühlte, daß er eine Antwort erwartete (und daß sie von Margaret, die immer noch weinte, nicht kommen würde). Außerdem mußte ich zugeben, daß der Vortrag des Radiologen überzeugend war, obwohl die Doktoren Rous und Russo die Strahlentherapie skeptisch beurteilten. Ich stellte mir vor, wie ich durch den Park joggte, meine Bestrahlung bekam, mir anschließend auf dem Heimweg die *New York Times* und ein Croissant kaufte und dann ins Büro ging... Das klang verlockender als alles, was ich von Betroffenen über den chirurgischen Eingriff gehört hatte. Gab es irgendwelche Nebenwirkungen? fragte ich. Dr. Rous zählte in seinem Buch nämlich mehrere auf, darunter unfreiwilliger Stuhlgang und dauerhafte Darmschäden. Der Radiologe tat diese Bedenken mit einer ungeduldigen Handbewegung ab. So etwas komme vor, gewiß, aber nicht oft, und man könne in solchen Fällen eine Menge tun, um dem Patienten zu helfen.

Was, wenn die Bestrahlung nicht anschlug? wollte ich wissen. War ein chirurgischer Eingriff dann immer noch möglich? Zum ersten Mal wurde er vorsichtig. Ja, eine Operation sei dann immer noch möglich, aber selten erfolgreich. Aufgrund der unvermeidlichen Schädigung des angrenzenden Gewebes durch die Strahlen könne ein Chirurg danach nicht mehr viel tun. Solche Eingriffe nenne man »Rettungsoperationen«, und das spreche für sich. Wenn die Bestrahlung fehlschlage, sei normalerweise die Hormontherapie der nächste Schritt, unter Umständen begleitet von einer bilateralen Orchidektomie.

Ich runzelte die Stirn.

Die chirurgische Entfernung beider Hoden, so erklärte er, diene dazu, die körpereigene Produktion von Testosteron zu unterbinden, denn ohne Testosteron könne der Prostatakrebs nicht wachsen. Faktisch bestehe zwischen einer Orchidektomie und einer Hormontherapie kein großer Unterschied. Das eine sei eine chemische Kastration, das andere eine chirurgische, das sei alles. Er schenkte Margaret ein Lächeln. Es sei nicht annähernd so schlimm, wie es sich anhöre, versicherte er ihr.

Inzwischen war Margaret längst außerstande zu antworten. Sprachloses Entsetzen hatte sich ihrer bemächtigt, während der Doktor ohne Unterlaß weitersprach, fest entschlossen, ihr begreiflich zu machen, was sie nicht einmal hören wollte. Es war nicht irgendein Detail, das sie aus der Fassung brachte, es war das Gesamtbild, das er malte, die unsäglichen Schrecken, die uns möglicherweise bevorstanden und die wir nicht einmal in Erwägung gezogen hatten. Bei Dr. Russo war alles in einem rosigeren Licht erschienen: Wir haben es frühzeitig bemerkt, und ich kann mich darum kümmern. Die Schattenseiten hatte er nicht angesprochen. Er hatte nicht erwähnt, daß ein Damoklesschwert über uns schwebte. Der Radiologe malte ein düstereres Bild. Der Gerechtigkeit halber sei gesagt, daß er wohl nicht die Absicht hatte, uns zu erschrecken. Anscheinend wollte er uns nur vor Augen führen, wie schlimm es unter Umständen werden konnte. Chirurgen, so ließ er durchblicken, böten ihren Patienten für ein kompliziertes Problem eine einfache Lösung an. Sie sagten ihnen, was sie hören wollten, nur nicht die ganze Wahrheit, und die bestehe darin, daß es eben keine einfache Lösung gebe – Prostatakrebs sei, wie jede andere Art von Krebs, nichts Statisches. Krebs wachse, streue, verändere sich, schrumpfe, bilde sich zurück. Klinische Tests könnten nur zeigen, in welchen Zustand er sich *heute, jetzt,* befinde, aber nichts darüber aussagen, wie er sich bis morgen oder in den kommenden fünf Jahren entwickele. Der Radiologe gab uns sogar Tabellen und Papiere zur weiteren Lektüre. Er tippte mit dem Finger auf eine Statistik. Selbst wenn sich der Krebs ausgebreitet habe, so sagte er uns, biete die Radiologie weit bessere Überlebenschancen als die Chirurgie – das stehe da schwarz auf weiß, wir sollten es zu Hause in aller Ruhe nachlesen. Eine Überlebensrate von fünf bis sieben Jahren, selbst bei extrem hohen PSA-Werten. Solche Resultate habe kein Chirurg vorzuweisen!

Ich merkte Margaret an, daß sie nur die Zahlen registrierte und annahm, daß der Radiologe *mir* noch eine Lebenserwartung von fünf bis sieben Jahren gab, während er doch in Wahrheit nur ein leidenschaftliches Plädoyer für die Radiologie hielt und ihre Vorzüge aufzählte. Gleichwohl hielt ich es für besser, ihn in seinen Ausführungen zu unterbrechen und das Gespräch wieder auf meinen speziellen Fall zu lenken, bevor Margaret vollends die Fassung verlor.

Ich fragte ihn, ob er in meinem Fall eine Bestrahlung für ratsam halte. Ich hätte nämlich den Eindruck gewonnen, daß er nicht dieser Meinung sei.

Er erklärte mir, daß eine externe Bestrahlung in meinem Fall nicht zu empfehlen sei. Im allgemeinen ziehe er bei Patienten wie mir eine zweite Methode vor, mit der er sehr gute Resultate erzielt habe: die Einpflanzung radioaktiver Implantate. Dieses nach seiner Auskunft weitgehend schmerzfreie Verfahren erfordere nur einen kurzen Aufenthalt im Krankenhaus, bei dem man dünne Schläuche, kaum dicker als Nadeln, direkt in das befallene Gewebe einführe. Durch diese Schläuche pflanze man dann winzige radioaktive »Kapseln« ein, die den Tumor zerstörten. Entscheidend für den Erfolg der Operation sei die genaue Plazierung der Nadeln. Daher werde dieser Teil des Verfahrens zunächst am Computer ausgeführt, danach werde ein Kunststoffmodell der entsprechenden Körperregion angefertigt, damit man die »Kapseln« möglichst genau plazieren könne. Der Radiologe betonte, daß die Kapseln, wenn sie erst einmal eingepflanzt waren, nicht mehr entfernt wurden – eine Einbahnstraße sozusagen. Ihre Strahlung lasse rasch nach, und bald sei sie völlig unschädlich. Solange sie aktiv seien, sollte ich Kinder, Schwangere und auch Margaret besser nicht auf den Schoß nehmen – er lachte –, doch nach ein paar Tagen sei die Radioaktivität nicht mehr besonders gefährlich und stelle kein Problem mehr dar.

Seine Beschreibung des Vorgangs war faszinierend, und mir war diese Alternative durchaus nicht unsympathisch. Ein oder zwei Tage im Krankenhaus, ein vergleichsweise harmloser Eingriff, und dann wieder zur Tagesordnung übergehen, während kleine radioaktive Implantate in meiner Prostata ihre Arbeit machten. Das gefiel mir um einiges besser als ein chirurgischer Eingriff, und obendrein klang es nach einer hübschen, sauberen High-tech-Lösung.

Gab es irgendwelche Nachwirkungen? wollte ich wissen. Auf kurze Sicht nicht, antwortete er. Die Patienten führten bald wieder ihr gewohntes Leben, trieben Sport, und auch ihre Potenz erleide normalerweise keinen Schaden.

Ich fand die Aussicht verlockend, daß es eine Alternative zur Operation gab, die weder zu Inkontinenz noch zu Impotenz führte, und ich sagte das dem Radiologen. Er stimmte mir zu, freilich ohne große Begeisterung. Ich müsse mir darüber im klaren sein, sagte er, daß es bei Prostatakrebs nichts umsonst gebe. Die *Langzeitfolgen* der Strahlen seien ein Problem, bei der externen Bestrahlung wie auch bei den Implantaten. In einem bestimmten Prozentsatz der Fälle würden in der Tat Inkontinenz und Impotenz auftreten – etwa sechs

Monate nach der Behandlung. Und bedauerlicherweise seien diese Folgen irreversibel.

Hatte ich ihn recht verstanden? Wollte er damit sagen, daß sich unmittelbar nach einer Operation zwar Inkontinenz und Impotenz einstellen konnten, jedoch die Chance bestand, daß beide Störungen in den folgenden Monaten nachließen oder sogar ganz verschwanden, während man sich bei einer Strahlenbehandlung nach der Behandlung ganz normal fühlte, jedoch Gefahr lief, später dauerhaft inkontinent und impotent zu werden? Er nickte ermutigend. Genauso sei es. Aber natürlich passiere das nicht jedem. Es könne passieren, und dieser Möglichkeit müsse man sich bewußt sein.

Nun, da er mir die Bestrahlung etwas genauer erklärt hatte, erschien sie mir gar nicht mehr verlockend, denn wenn die Behandlung nicht erfolgreich verlief, kam auch eine Operation praktisch nicht mehr in Frage, während im umgekehrten Fall, wenn der chirurgische Eingriff fehlschlug, eine Bestrahlung durchaus noch erfolgversprechend war. Hatte ich das richtig verstanden?

Wieder stimmte er mir zu. Die Strahlentherapie biete gegenüber der Operation viele Vorteile, sagte er, aber sie sei keine Patentlösung.

Ich fragte den Radiologen, der mich, wie man gerechterweise sagen muß, weniger an das Klischeebild von den Göttern in Weiß erinnerte als Dr. Russo, was er an meiner Stelle, mit einem Gleason-Score von 6 und einem PSA-Wert von 22, tun würde?

»Ich würde mich für die Operation entscheiden«, sagte er bestimmt. Ich hatte nicht das Gefühl, daß dieser Arzt und ich im Begriff waren, Freunde fürs Leben zu werden, doch ich bewunderte seine ungeschminkte Offenheit. Es gibt nicht viele Spezialisten, die ohne Zögern die Behandlungsmethode einer konkurrierenden Disziplin empfehlen.

Der entscheidende Faktor sei, so fuhr er fort, daß ich eine erheblich vergrößerte Prostata hätte. Je größer die Prostata, desto größer die erforderliche Strahlendosis. So einfach sei das. Nicht genug damit, daß die Tumoren in meinem Fall ungünstig lägen, darüber hinaus erfordere die vergrößerte Prostata eine so hohe Dosis an Radioaktivität, daß das Gewebe und die Organe in ihrer Umgebung unweigerlich in Mitleidenschaft gezogen würden. Das sei bedauerlich, sagte er, aber nicht zu ändern.

Dann fragte er mich, von wem ich mich operieren lassen wolle. Ich antwortete, entweder von Dr. Russo, hier im Memorial, oder von Pat Walsh im Johns Hopkins.

»Ah«, sagte er. »Pat Walsh.« Es liege ihm fern, Chirurgen miteinander zu vergleichen, aber er rate mir, Dr. Russo oder das Memorial nicht zu unterschätzen. Die Chirurgen hier leisteten großartige Arbeit, ihr Können sei über jeden Zweifel erhaben.

Ich widersprach ihm nicht, betonte aber, daß ich bei Dr. Walsh eine zweite Meinung einholen wolle. Er nickte. Das könne er verstehen. Selbstverständlich.

Schließlich führte er uns aus dem Untersuchungszimmer. Mir war, als hätten wir tagelang darin gesessen. Er nahm Margaret am Arm und geleitete uns eiligen Schrittes den Flur hinunter, während Mitarbeiter hinter uns herhechelten und versuchten, seine Aufmerksamkeit auf sich zu lenken. Ich glaube, es war kein Zufall, daß alle Sportschuhe trugen – ihr Chef legte ein atemberaubendes Tempo vor, und seine Profilsohlen quietschten auf dem blank gebohnerten Linoleum.

Er schäumte über vor Fröhlichkeit, wie der Gastgeber einer gelungenen Party. Er empfahl mir, die Statistiken zu lesen, bevor ich zu Dr. Russo ging.

»Sehen Sie sich Zahlen an. Zahlen lügen nicht. Ja, ja, ich weiß alles über die nerverhaltende radikale Prostatektomie, aber das ist nicht die ganze Wahrheit, mitnichten. Sie können sich selbst davon überzeugen, daß meine Zahlen hinsichtlich der Fünf- oder Zehnjahresüberlebensrate ebenso gut oder noch besser sind als die, die Walsh veröffentlicht hat …«

Wir hatten jetzt das Schwesternzimmer im hintersten Teil

seiner Abteilung erreicht. Er zog Papiere und Ordner aus einer Schublade und legte sie höchstpersönlich in den Kopierer. Hier sei *sein* Papier, das andere sei Dr. Walshs letzte Veröffentlichung, die übrigen seien verschiedene, in Europa durchgeführte Erhebungen... Er nahm einen leuchtend gelben Textmarker und strich einzelne Tabellen, Schaubilder und Zahlenreihen für uns an. Einige Papiere konnte er aus Zeitmangel nicht kopieren. Er lieh sie mir, nahm mir vorher aber das Versprechen ab, sie zurückzubringen, sobald ich sie mir kopiert hatte. Er drückte uns zum Abschied herzlich die Hand, und ich hatte den Eindruck, er bedauerte es, daß wir gingen. Wie die meisten Ärzte war er hundertprozentig von seinem Spezialgebiet überzeugt und dann am glücklichsten, wenn er darüber sprechen konnte, doch im Gegensatz zu vielen anderen war er objektiv, wenn es hart auf hart ging. Auch daß er kein Blatt vor den Mund nahm, war möglicherweise ein Segen, auch wenn die Wahrheit schwer zu verdauen war. Kaum ein anderer hätte Margaret dazu bewegt, sich, wenn auch widerwillig, mit den Überlebensstatistiken zu beschäftigen.

Ich nahm sie am Arm und verließ mit ihr das Krankenhaus. Sie schob die Sonnenbrille nach oben und tupfte sich die Augen ab. »Das stehe ich nicht noch einmal durch«, sagte sie. »Wenn es in Baltimore genauso wird, gehe ich lieber nicht mit.«

»Er hat nichts gesagt, was ich dir nicht bereits erzählt hatte.«

»Mit seinen Zahlen kann er mir gestohlen bleiben«, sagte sie grimmig.

»Er sagt nur, daß ich unter Umständen in fünf oder zehn Jahren sterbe, ganz gleich, was wir tun. Das wissen wir doch.«

»Fünfzig zu fünfzig.«

»Das gilt nur, wenn sich der Krebs ausgebreitet hat... Es sieht gar nicht so schlecht aus, wenn man sich die Zahlen anschaut.«

»Ich hasse Statistiken.«

»Ich kann Tatsachen nicht hassen.«

»Oh, ich schon.«

»Das ist nicht logisch.«

»Das ist mir egal.«

Zu Hause angekommen, legte ich die Papiere mit den gelb markierten Passagen auf den Tisch in der Diele. Am späten Abend, als ich schlafen ging, sah ich Margaret im Bett darin lesen.

Tatsache war – und darüber sprachen wir später und auch noch auf der Fahrt nach Baltimore –, daß die Statistiken nicht viel aussagten, nur eben, daß die meisten Patienten Dr. Walshs nach der Operation länger als zehn Jahre lebten, aber das galt auch für Leute, die bestrahlt wurden.

Man kann alles mögliche aus Statistiken herauslesen, doch was mich am nachhaltigsten beeindruckte oder zumindest meine Aufmerksamkeit am meisten fesselte, war eine kurze Bemerkung Dr. Walshs in einem Artikel über eine schwedische Studie. Die Studie beschäftigte sich mit Patienten, die »kleine, gut differenzierte Tumoren« hatten und bei denen man nach der Methode »Abwarten und Beobachten« verfuhr. Nach zehn Jahren waren 13 Prozent der Patienten tot, und bei 50 Prozent hatte der Krebs »in die Knochen oder angrenzendes Gewebe gestreut«. Die meisten Patienten aus dieser letzten Gruppe starben innerhalb der nächsten fünf Jahre und auf sehr unangenehme Weise, wie in der Studie betont wurde. Abwarten und Beobachten erschien mir mit einem Mal weniger verlockend.

Zugegeben, das Durchschnittsalter der Männer in der schwedischen Studie lag bei zweiundsiebzig Jahren, was mich zu der Überlegung veranlaßte, daß die meisten von ihnen ohnehin in den nächsten zehn oder fünfzehn Jahren gestorben wären, wenn nicht an Krebs, dann an irgendeiner anderen Krankheit. Gleichwohl war die Botschaft klar: Nichts zu tun war möglicherweise ein verhängnisvoller Fehler, und da selbst der Radiologe eine Bestrahlung ausgeschlossen hatte, blieb mir nur noch der chirurgische Eingriff. Die Frage war also nicht *was*, sondern *wer*. Nichts anderes hatte ich erwartet.

Trotzdem waren die Zahlen so interessant, daß ich begann, einige selbst mit dem Marker anzustreichen. Besonders angetan hatte es mir eine Tabelle über die Wiedererlangung der Potenz nach einer radikalen Prostatektomie. Der am Johns Hopkins duchgeführten Studie lagen 503 Fälle zugrunde. Von den Männern meiner Altersgruppe (sechzig bis neunundsechzig) erlangten 69 Prozent ihre Fähigkeit zum Geschlechtsverkehr wieder, wenn beide Gefäß-Nerven-Bündel unversehrt blieben, 50 Prozent, wenn ein Nervenbündel »teilweise entfernt« wurde, und 47 Prozent, wenn ein Nervenbündel »weitgehend entfernt« wurde. Mit anderen Worten: Selbst wenn Dr. Walsh nur *ein* Nervenbündel retten konnte, standen die Chancen, daß ich meine Potenz wiedererlangte, ungefähr bei fast fünfzig zu fünfzig.

Was passierte, wenn beide Nervenbündel verlorengingen, blieb in der Tabelle, wie mir auffiel, unberücksichtigt, und ich beschloß, nicht weiter darüber nachzudenken. Ich strich diese speziellen Abschnitte mit dem gelben Marker dick an und sagte mir, daß die Lage vielleicht doch nicht so trostlos war, wie ich im Untersuchungszimmer des Radiologen geglaubt hatte.

Am nächsten Morgen kam mir der Gedanke, daß die Aussichten genaugenommen doch nicht so rosig waren, wenn die Chancen, wenigstens bis zu einem gewissen Grad die Potenz wiederzuerlangen, bei 50 Prozent lagen. Und selbst wenn es Dr. Walsh gelang, beide Nervenbündel zu retten, lag die Wahrscheinlichkeit, impotent zu werden, immer noch bei 33 Prozent.

Das war das Problem mit Statistiken. Was mich abends bei der Lektüre aufmunterte, deprimierte mich am nächsten Morgen, wenn ich noch einmal darüber nachdachte, und umgekehrt.

Ich raffte die Papiere zusammen und steckte sie in meine Aktentasche. Ich würde Dr. Walsh bitten müssen, sie für uns zu interpretieren.

10

Wir flogen mit der letzten Maschine nach Baltimore. Wir meldeten uns im Hotel an, bestellten beim Zimmerservice Krabbenkuchen, die regionale Spezialität, und sahen uns im Fernsehen einen Film an, aber wir waren nicht in Festtagsstimmung.

Margaret machte sich berechtigte Sorgen, wie ich nach meiner Entlassung aus dem Krankenhaus von Baltimore wieder nach Hause kommen würde. Baltimore war – typisch für die mangelnde Kundenfreundlichkeit der Fluggesellschaften seit Einführung der Wettbewerbsfreiheit – nur schwer auf direktem Weg zu erreichen. Der Flughafen, der unserem Haus am nächsten lag, war der Stewart International in Newburgh im Bundesstaat New York. Um ihn zu erreichen, mußte man einen Riesenumweg machen und zunächst von Baltimore nach Pittsburgh fliegen, das in der falschen Richtung und weitab von der direkten Route lag, dort nach zweistündigem Aufenthalt in eine andere Maschine umsteigen und nach Newburgh weiterfliegen. Von dort war es dann noch etwa eine halbe Stunde bis zu unserem Haus.

Der Gedanke, diese Reise eine Woche nach einer schweren Operation auf mich zu nehmen, war nicht sehr verlockend, ja, ich hätte sie mir unter normalen Umständen kaum zugemutet. Eine Alternative war, von Baltimore zum New Yorker Flughafen La Guardia zu fliegen und den Rest der Strecke mit dem Auto zurückzulegen – eine zweistündige Fahrt. War ich den Strapazen auf dem La Guardia, einem der überfülltesten und unübersichtlichsten Flughäfen der Welt, auf dem obendrein unentwegt gebaut wurde, und der zweistündigen Taxifahrt nach Hause gewachsen? Amtrak war eine weitere Möglichkeit, aber würde ich mehrere Stunden im

Zug, gefolgt von rund einer Stunde im New Yorker Verkehr und zwei Stunden auf den Ausfallstraßen in Richtung Norden durchstehen? Es gab keine Antwort auf diese Fragen. Ich sagte mir einfach: Wenn andere das geschafft haben, schaffst du es auch. Du mußt nur einen Fuß vor den anderen setzen, egal wie langsam, dann kommst du irgendwann schon ans Ziel. Keine dieser Überlegungen überzeugte Margaret, also notierte ich mir auch diesen Punkt auf der Liste der Fragen, die ich Dr. Walsh stellen wollte.

Es sollte niemanden überraschen, daß wir den Abend damit zubrachten, Reisepläne für meine Rückkehr aus dem Krankenhaus zu schmieden. Solche Reaktionen auf eine Krebserkrankung sind weit verbreitet. Banale Probleme bekommen eine übermäßig große Bedeutung. Menschen neigen dazu, angesichts einer Katastrophe aus einer Mücke einen Elefanten zu machen, und sei es nur, weil ihnen die Beschäftigung mit belanglosen oder langweiligen Details das Gefühl gibt, selbst über ihr Schicksal zu bestimmen. Trotz allem können sie noch Entscheidungen treffen, eine Reise planen, Hotelzimmer reservieren oder sich überlegen, welchen Morgenmantel sie in die Klinik mitnehmen oder ob sie einen Fernseher im Krankenzimmer haben wollen.

Und die Rückreise war beileibe nicht meine einzige Sorge. Ich versuchte, an die Zeit *nach* der Operation zu denken, möglicherweise, um mich von der Operation selbst abzulenken, aber aus den Büchern oder den Gesprächen mit Dr. Russo und dem Radiologen hatte ich nichts darüber erfahren, wie mein Leben in der Genesungszeit aussehen würde. Mußte ich zu Hause Veränderungen vornehmen, und wenn ja, welche?

Nun, da ich mich endlich damit abgefunden hatte, daß ich mich einer Operation unterziehen mußte, stellte ich mir viele Fragen, auf die ich eine Antwort wollte. Mußte ich mich auf starke Schmerzen gefaßt machen? Wer sah nach mir, wenn ich nach der Operation in Baltimore nach Hause zurückkehrte? Ich konnte ja schlecht jedesmal, wenn Schmerzen oder

Beschwerden auftraten, nach Baltimore fliegen! Brauchte ich zu Hause die Pflege einer Krankenschwester, und wenn ja, was für eine Art von Pflege und für wie lange? War ich in der Lage, die steile Treppe in unserem Haus hinaufzusteigen – es stammte aus dem achtzehnten Jahrhundert – oder mußte ich mich darauf einrichten, während der Genesung im Erdgeschoß zu bleiben? (Aber unten gab es kein Badezimmer, folglich konnte das nicht funktionieren ...)

Ich brauchte einen detaillierten Plan, in dem alles genauestens aufgelistet war. Die gutgemeinten, aber allgemeinen Ratschläge, die ich bislang von Leidensgenossen wie Seymour oder von meinen Ärzten erhalten hatte, genügten nicht. Ich wollte, daß jemand die Sache in die Hand nahm, je früher, desto besser.

Das Johns Hopkins hatte mit den New Yorker Krankenhäusern, die ich kannte, nicht das geringste gemein. Allein seine Größe – es erstreckt sich über mehrere Blocks – war überwältigend, doch imposanter noch als die schiere Größe waren die Dimensionen im Innern – man betrat es durch riesige, modernistische Eingangshallen mit hohen, gewölbten Dekken und glitt auf Förderbändern von einem Gebäudetrakt zum anderen, durch lange Korridore, die in gleißendes Licht getaucht waren. Ich fühlte mich an die Kulissen meines Vaters, Vincent Korda, für die Verfilmung von H. G. Wells' *The shape of things to come* oder auch an den Pariser Flughafen Charles de Gaulle erinnert. Es war, als sei die Architektur eigens dazu bestimmt, die Menschen zu Zwergen schrumpfen zu lassen. Hier und dort gab es zaghafte Versuche, dem Ganzen eine menschliche Note zu geben – eine Caféterrasse vor allem –, doch der Gesamteindruck war der einer kleinen, in sich geschlossenen Stadt, die sich in gewisser Weise genau als das darstellte, was sie war: kein Stadtkrankenhaus, sondern eine Krankenhausstadt.

Wir hatten von Dr. Walshs Büro ausführliche Instruktionen und einen Plan des Johns Hopkins erhalten, so daß wir genau wußten, wohin wir uns zu wenden hatten und was uns erwartete. Im Empfangsbereich füllte ich zahllose Formulare aus und erhielt eine orangefarbene »Kreditkarte« aus Plastik, die ich immer bei mir tragen sollte und die dieselbe Funktion hatte wie die Perlen, die im Club Méditerranée statt Geld verwendet werden. Dann mußte ich wegen einer Blutentnahme kurz in einer Schlange warten. Ich hatte es nie leiden können, wenn mir Blut abgenommen wurde, doch ich sollte mich bald daran gewöhnen – ein positiver Nebeneffekt von Prostatakrebs. Im Johns Hopkins, so mein Eindruck, ging praktisch nichts ohne vorherige Blutentnahme.

Wir gelangten in das Reich Dr. Walshs, nüchtern und elegant ausgestattete Räumlichkeiten, ganz in Grau gehalten und der Wartehalle im Abflugbereich eines modernen internationalen Flughafens nicht unähnlich. Auch hier arbeitete man offensichtlich nach einer exakten Methode, nach einem ausgeklügelten Plan – gehen Sie zu diesem Schalter, dann zu jenem, füllen Sie dieses Formular aus, dann jenes, und schließlich landete man auf einer langen grauen Couch und wartete unter gedämpftem, beruhigendem Licht, bis man an der Reihe war.

Alle waren höflich und wußten nicht nur, wer wir waren, sondern auch genau, wohin wir als nächstes zu gehen hatten. Niemand ließ uns darüber im Zweifel, daß Pat Walshs Wort hier in jedem Fall Gesetz war. Wenn seine Mitarbeiter seinen Namen aussprachen, und das taten sie oft, dann in einem ehrfurchtsvollen Ton. Obwohl in der Halle ziemlich viel Betrieb war, wurde praktisch nur geflüstert, und so herrschte eine gewisse ehrfürchtige Stille, die mich an eine Kathedrale erinnerte, in der selbst die Touristen nur mit gedämpfter Stimme sprechen.

Ein paar Worte zu Dr. Patrick C. Walsh. Er ist – wie ich bei der Lektüre der *Hopkins Medical News* und des *Prostate Cancer Update* erfuhr, die, mit einem Foto von ihm auf dem Titelblatt, überall herumlagen – nicht nur einer der Starchirurgen am Johns Hopkins, sondern auch Chefurologe am James Buchanan Brady Urological Institute der Johns Hopkins Medical Institutions sowie David-Hall-McConnell-Professor und Leiter der urologischen Abteilung. Er ist Lehrer, Chirurg, Verwalter und, wie unschwer festzustellen, allgegenwärtig.

Wir waren, trotz Margarets wiederholter Proteste, lächerlich früh gekommen. Meine Angst war so groß, daß ich mich, wäre es nur nach mir gegangen, bereits im Morgengrauen im Johns Hopkins eingefunden hätte, obwohl ich erst für zehn Uhr bestellt war. So hatte ich genügend Zeit, Dr. Walshs Kurzbiographie in den *Hopkins Medical News* zweimal zu lesen. Mit Freude nahm ich zur Kenntnis, daß er »die schlimmsten Nebenwirkungen der Operation – Inkontinenz und Impotenz – drastisch reduziert« habe. Nach Auskunft des Artikels war Walsh, als »freundlicher Brillenträger« und »Michelangelo der Prostatachirurgie« beschrieben, bestürzt gewesen über die Probleme der Prostatachirurgie, in der sich seit der ersten, fast hundert Jahre zuvor im Johns Hopkins durchgeführten Operation kaum etwas verändert hatte. Bei der radikalen Prostatektomie arbeitete der Chirurg buchstäblich blind, hauptsächlich wegen des enormen Blutverlustes des Patienten. »Die Operation«, so wurde Dr. Walsh zitiert, »fand in einem Meer von Blut statt.«

Walshs erster großer Beitrag zur Prostatachirurgie bestand darin, daß er die genaue Anatomie der Blutgefäße in der Umgebung der Prostata ermittelte und dann einen Weg fand, die Blutung zu stillen. Nun konnte der Chirurg endlich sehen, was er tat, und die Folge war, daß der Anteil der Patienten, die infolge des Eingriffs völlig inkontinent wurden, drastisch sank.

Sein zweiter Beitrag war ebenso bahnbrechend. Es war üblich gewesen, daß der Chirurg bei der Entfernung der Prostata die beiden Gefäß-Nerven-Bündel, die für die Erektionsfähigkeit wichtig sind, durchtrennte und somit die Impotenz des Patienten besiegelte. Diese Nervenbündel, so vermutete man, verliefen durch die Prostata und konnten daher nicht geschont werden. Walsh, der nun sein »blutfreies Operationsfeld« hatte, bezweifelte dies. Im Jahr 1981, als er Urlaub in den Niederlanden machte, sezierte er anscheinend an seinem dreiundvierzigsten Geburtstag zusammen mit einem emeritierten holländischen Anatomieprofessor totgeborene Kinder und entdeckte dabei, daß seine Skepsis berechtigt gewesen war: Die Nervenbündel verliefen nicht durch die Prostata, sondern dicht um sie herum.* Daher, so sein Schluß, müsse es möglich sein, die Prostata zu entfernen, ohne die Nerven zu beschädigen, und mithin die Erektionsfähigkeit zu erhalten.

Ich wußte nicht, was bemerkenswerter war – daß Chirurgen rund neunzig Jahre lang radikale Prostatektomien vorgenommen hatten, ohne zu sehen, was sie taten, geschweige denn die anatomische Beschaffenheit der Körperregion zu kennen, in der sie arbeiteten, oder daß Dr. Walsh, wenn man den *Hopkins Medical News* glauben durfte, an seinem dreiundvierzigsten Geburtstag totgeborene Kinder seziert hatte.

Ich las die Passage Margaret vor, doch sie verzog das Gesicht und sagte: »Ich will nicht, daß du mir so etwas vorliest.«

Walsh und sein niederländischer Kollege studierten weiter die Anatomie der Prostata, bis es Walsh im Jahr 1982 gelang, einem zweiundfünfzigjährigen Mann die Prostata zu entfernen, ohne die Gefäß-Nerven-Bündel zu beschädigen. Der glückliche Patient »erlangte innerhalb eines Jahres seine Erektionsfähigkeit wieder«. Walsh hatte die Behandlung von Prostatakrebs revolutioniert.

* Die exakte Anatomie der Prostata läßt sich beim Säugling leichter bestimmen, daß das Organ, anders als beim Erwachsenen, noch nicht mit einer Fettschicht überzogen ist.

Die Kollegen in der Urologie machten Walsh das größte Kompliment, das sie ihm machen konnten: Sie übernahmen seine Technik. Das, so überlegte ich mir, erklärte vielleicht auch die starke Rivalität, die offenbar zwischen Walsh und anderen Urologen herrschte, von denjenigen vielleicht abgesehen, die bei ihm studiert hatten, und das waren mittlerweile nicht wenige.

Fasziniert von dem Artikel, den ich zu meinem Leidwesen nicht schon zwei Jahre früher gelesen hatte, setzte ich meine Lektüre fort. In einem Kasten fand ich eine Erklärung für vieles, das mich im Zusammenhang mit meinen Biopsien verwirrt hatte. Einer von Walshs Assistenten beschrieb die Schwierigkeit, zuverlässige Gewebsproben zu entnehmen, als »Suche *mit* einer Nadel im Heuhaufen«.

Mit der dünnen Biopsienadel werden winzige Gewebestücke aus der Prostata gewonnen, die jeweils einen Durchmesser von maximal einem Millimeter haben. Da der Prostatakrebs sich meist jedoch nur wenig und wahllos ausbreitet, kann die Biopsie in 25 Prozent aller Fälle zu einem falsch-negativen Befund führen.

Ich fragte mich, ob das auch bei meiner ersten Biopsie, als ich einen PSA-Wert von 15 gehabt hatte, der Fall gewesen sein konnte. Hatte mein Urologe einen falsch-negativen Befund erhalten? Hieß das, daß jeder vierte Mann, der nach einer wegen des Verdachts auf Prostatakrebs durchgeführten Biopsie mit einer guten Nachricht vom Urologen kam, in Wahrheit nicht nur zu Unrecht beruhigt, sondern auch in gefährlicher Weise falsch informiert worden war? Anscheinend. Nichts führt deutlicher vor Augen, daß jeder Mann mit einem hohen PSA-Wert sich nicht nur den besten und gründlichsten Tests unterziehen, sondern sie auch in häufigen Intervallen wiederholen lassen sollte – auf jeden Fall einmal alle zwölf Monate, selbst bei negativen Befunden.

Eines ließ mich bei der Lektüre des Artikels erschauern: Ich hatte überhaupt nichts über Prostatakrebs gewußt, bis ich ihn hatte. Frauen werden angehalten, auf die ersten Anzeichen von Brustkrebs zu achten, und vor der gefährlichen Haltung gewarnt: »Mir kann so etwas nicht passieren.« Doch die meisten Männer wissen nahezu nichts über den zweithäufigsten Krebs des Mannes, der obendrein die größte Zuwachsrate hat. So rechnen Ärzte am Johns Hopkins damit, daß im Jahr 2000 in den Vereinigten Staaten »die Zahl der Prostatakrebstoten um siebenunddreißig Prozent und die Zahl der Neuerkrankungen um erschreckende neunzig Prozent jährlich steigen wird«.*

Das war die schlechte Nachricht – schlecht genug, möchte man meinen, um den Männern die Gefahr bewußt zu machen. Nur leider wird sie nicht verbreitet. Die gute Nachricht war, daß Prostatakrebs im Frühstadium geheilt werden kann.

In dem Artikel wurde der Fall des Karikaturisten Jim Berry geschildert, der achtundfünfzig Jahre alt war, als man bei ihm einen erhöhten PSA-Wert und schließlich Prostatakrebs feststellte – ganz ähnlich wie bei mir. Dr. Walsh hatte bei Berry mit Erfolg eine radikale Prostatektomie durchgeführt und ihm nach Ablauf eines Jahres eine gute Gesundheit bescheinigt. Berry konnte schon wenige Tage nach der Operation im Bett arbeiten und erlangte schließlich wieder eine »gute« Kontinenz und ein zufriedenstellendes Maß an Potenz. »Die ganze Sache war ein voller Erfolg«, sagte er. Allerdings entging mir nicht, was Berry am Ende des Artikels über seine Operation und seine Genesungszeit sagte: »Ein Zuckerschlecken war es nicht.«

Der Artikel in den *Hopkins Medical News* ging auf diesen Aspekt von Berrys Erfahrungen nicht näher ein. Schade, denn genau das hätte mich interessiert.

Punkt 10 Uhr führte uns eine Sekretärin in ein kleines, hübsch eingerichtetes Untersuchungszimmer, und eine Se-

* Janet Farrer Worthington, »Outliving Prostate Cancer«, in: *Hopkins Medical News,* Winter 1992.

kunde später erschien Dr. Walsh selbst. Das erste, was mir an ihm auffiel, war seine enorme Selbstsicherheit, die selbst für einen Chirurgen – ein Berufsstand, der ja nicht gerade für seine Bescheidenheit bekannt ist – bemerkenswert war und nur schwach von einer ausgesuchten, fast altmodischen Höflichkeit kaschiert wurde. Auf Fotografien hatten Dr. Walshs leicht vorquellende, hellblaue Augen selbst hinter den dikken Brillengläsern noch etwas Koboldhaftes, als sei er im Grunde ein sehr humorvoller Mensch. Doch im wirklichen Leben hatten seine Augen, die noch blauer waren als auf Fotos, etwas Stählernes – sie glänzten wie harter, rostfreier Stahl. Von Humor war nichts zu spüren. Obwohl überaus höflich und freundlich, war Dr. Walsh, so wie ich ihn beurteilte, kein Mann, der mit sich spaßen ließ – was nicht heißen soll, daß ich dergleichen im Sinn hatte. Margaret verließ den Raum, damit er die obligatorische rektale Palpation vornehmen konnte. Als er fertig war, setzte er sich an einen kleinen Einbauschreibtisch, und Margaret und ich nahmen, Knie an Knie, neben ihm Platz, als ob er uns die Beichte abnehmen wolle.

»Sie müssen ein wichtiger Mann sein«, sagte er. »Alle möglichen Leute haben ihretwegen bei mir angerufen.« Er nannte Ken Aretsky und Seymour, den Topmanager, den ich in New York kennengelernt hatte. Er schüttelte den Kopf. »Ich bin beeindruckt.« Seine Miene machte deutlich, daß er eher amüsiert als beeindruckt war.

Ich hatte das Versprechen, das mir Seymour nach dem bedrückenden Lunch gegeben hatte, völlig vergessen, er aber offensichtlich nicht. Ich war überrascht, ja gerührt. Ich überlegte, ob ich für einen Fremden dasselbe getan hätte – doch ich sollte bald feststellen, daß Menschen, die Krebs überlebt haben, niemals völlig Fremde füreinander sind. Es mag nicht viel Positives über diese Krankheit zu sagen geben, aber sie weckt ein echtes Kameradschaftsgefühl. Überleben ist ein starkes Band.

Ich erzählte Dr. Walsh, daß jedermann mir dringend geraten hatte, nichts zu unternehmen, solange ich nicht mit ihm gesprochen hatte. Er schenkte mir ein schwaches, bescheidenes Lächeln und nickte, als wolle er mich auffordern, fortzufahren. Ich informierte ihn rasch über mein Gespräch mit Dr. Russo im Memorial Sloan-Kettering. »Ich schließe daraus, daß Sie sich kennen«, fügte ich hinzu, da Dr. Walsh keinerlei Reaktion zeigte. »Anscheinend haben Sie sich kürzlich bei einem Urologen-Kongreß getroffen.«

Dr. Walsh lächelte unbeirrt weiter, schüttelte jedoch den Kopf. Das Memorial sei jedoch ein hervorragendes Krankenhaus, sagte er. Es sei durchaus kein Fehler, dorthin zu gehen.

Eine kurze Stille trat ein, während ich die Bemerkung verdaute. Ich bereute es, daß ich Dr. Russos Namen erwähnt hatte. Ich hätte mir in den Hintern beißen können. Hatte ich unwissentlich einen groben Verstoß gegen die Mediziner-Etikette begangen? Hatte ich Dr. Russo möglicherweise mißverstanden? Der Gedanke schoß mir durch den Kopf, daß Dr. Walsh die Dinge vielleicht nur in die richtige Perspektive rücken wollte: Immerhin war ich ins Johns Hopkins gekommen, um ihn zu konsultieren, daher war Dr. Russos Meinung zu meinem Fall, wie immer sie auch aussehen mochte, belanglos. Ich verschwendete damit nur seine Zeit. Ich beschloß, mein Gespräch mit dem Radiologen nicht zu erwähnen und auch meine Zweifel an der korrekten Durchführung meiner ersten Biopsie für mich zu behalten. Nun, da ich hier war und dem Mann gegenübersaß, war meine einzige Befürchtung, daß er mich als Patient ablehnen könnte.

Dr. Walsh las ein paar Minuten in meiner Akte, dann sah er auf und runzelte die Stirn. Ich sei an der Grenze, sagte er. Eine vergrößerte Prostata sei immer unangenehm, und meine sei beträchtlich vergrößert.

Mutlos fragte ich, welche Probleme das mit sich bringe.

Die chirurgischen Probleme seien nicht so schlimm, antwortete Dr. Walsh, obwohl es durchaus welche gebe, und dann setzte er mir auseinander, daß eine vergrößerte Prostata wie meine die Wiedererlangung der Kontinenz erheblich verzögert. Die Blase muß schwerer arbeiten, um den Urin durch die verengte Harnröhre zu pressen. Nach und nach verstärkt sich ihre Muskulatur, ihre Wände werden dicker. Daraus ergeben sich zwei Konsequenzen. Erstens: Die Blase kann weniger Urin aufnehmen, so daß sie signalisiert, sie sei voll, obwohl sie in Wahrheit nur teilweise gefüllt ist – daher der häufige Harndrang. Das, so fragte Dr. Walsh, sei bei mir doch sicher der Fall gewesen, oder?

Ich bejahte und schilderte einige meiner unangenehmen Erlebnisse. Dr. Walsh nickte. Er machte ein mitfühlendes Gesicht. Er konnte offensichtlich hervorragend mit Kranken umgehen, eine Eigenschaft, die im Zeitalter der Spezialisten immer seltener wird. Dann erläuterte er mir die andere Konsequenz: Die dickeren Muskeln der Blasenwand arbeiten zu heftig, wenn die Prostata erst entfernt und die Harnröhre wieder frei ist. Die Blase erhält keine Meldung, daß sich etwas geändert hat. Sie preßt immer noch kräftig, jetzt aber gegen einen einzigen, versehrten Schließmuskel anstatt gegen zwei unversehrte. Deshalb ist der verbliebene Schließmuskel zunächst nicht in der Lage, den Urinfluß zurückzuhalten. Dr. Walsh zeichnete rasch eine Blase, die aussah wie ein umgestülpter Krug, und demonstrierte an der Skizze, wie die Wände, bedingt durch den Muskelaufbau, dicker wurden. Ich dachte unwillkürlich, daß er ein exzellenter Lehrer sein müsse – er hatte die natürliche Gabe, Dinge in den einfachsten Worten zu erklären. Ohne viel Aufhebens hatte er mir einen Sachverhalt erklärt, den zu erläutern sich bislang niemand die Mühe gemacht hatte.

Dr. Walshs Piepser meldete sich, und er entschuldigte sich für einen Moment.

»Was hältst du von ihm?« fragte ich Margaret.

Sie trug ihre dunkle Sonnenbrille – ein untrügliches Zeichen, daß sie ihre Gefühle verbergen wollte. »Die Entscheidung liegt ganz bei dir«, antwortete sie. »Ich bin überzeugt, daß er ein guter Chirurg ist, aber entscheiden mußt du.«

»Ich glaube nicht, daß er mich nimmt«, sagte ich.

»Woraus schließt du das?«

»Aus der Art, wie er gesagt hat, daß das Memorial ein ausgezeichnetes Krankenhaus sei. Und dann die Geschichte, daß er eine vergrößerte Prostata wie meine nicht gern operiert… Er wird mich ablehnen. Das sagt mir mein Gefühl.«

Ich war wirklich davon überzeugt. Es war merkwürdig. Bis zu meiner Begegnung mit Dr. Walsh war ich völlig damit zufrieden, daß Russo mich operieren sollte. Nun, da ich im Johns Hopkins war, hatte ich das Gefühl, daß mein Leben von Dr. Walshs Entscheidung abhing.

Er kam zurück, entschuldigte sich noch einmal und nahm wieder Platz. Meinen ganzen Mut zusammennehmend, fragte ich, ob die Vergrößerung meiner Prostata ihn davon abhalten werde, meinen Fall zu übernehmen. Dr. Walsh schüttelte den Kopf, vielleicht vor Überraschung. Aber nein, antwortete er, es sei ihm eine Freude, mich zu operieren. Ich war so erleichtert, daß ich erst später merkte, daß ich *meine* Entscheidung bereits getroffen hatte, genau wie Margaret vermutet hatte.

Ich fragte Dr. Walsh nach dem Problem der Inkontinenz, speziell im Hinblick auf meine vergrößerte Prostata. Er antwortete, ich solle mir deswegen keine Sorgen machen. Selbst bei einer vergrößerten Prostata wie meiner bestünden gute Chancen, die Kontinenz wiederzuerlangen. Nach dem, was ich ihm über meine Probleme beim Urinieren erzählt habe, sei meine Lebensqualität in dieser Hinsicht ja ohnehin schon beeinträchtigt. Selbst wenn ich nicht an Krebs erkrankt wäre, hätte ich mich früher oder später wegen der Verengung meiner Harnröhre operieren lassen müssen.

Und wie stand es mit Sex? Er sehe keinen Grund, antwortete er, warum ich nach der Operation kein befriedigendes Sexualleben mehr haben sollte. Er werde jedenfalls alles dafür tun. Manches werde sich natürlich ändern. Aber Hand aufs Herz: Hätte ich nicht ohnehin schon gewisse Veränderungen bemerkt? Mit sechzig sei meine Potenz doch bestimmt nicht mehr so wie mit siebzehn oder mit dreißig. Das sei bei jedem Mann so. In dem Alter sei unser Sexualleben anders, das lasse sich nicht leugnen, aber »anders« bedeute nicht, daß es weniger erfüllend oder befriedigend sei – dies zu gewährleisten, sei eines seiner Hauptanliegen.

Genau das wollte ich hören. Dr. Russo war da vorsichtiger gewesen. Er hatte der Beseitigung des Krebses absoluten Vorrang vor der Erhaltung der Erektionsfähigkeit eingeräumt, während der Radiologe sich ausgesprochen pessimistisch geäußert hatte.

Ich erzählte Dr. Walsh, daß ich mir Statistiken angesehen hätte, speziell zur Zehnjahresüberlebensrate, und zog ein paar von den Papieren aus der Aktentasche, die mir der Radiologe gegeben hatte. Dr. Walshs Freundlichkeit verschwand sofort. Er riß mir den Stapel aus der Hand und blätterte ihn durch. »Von wem haben Sie das?«

Ich erklärte ihm, daß der Radiologe im Memorial mir das Material gegeben hatte, hütete mich aber zu erwähnen, daß der Mann behauptet hatte, seine Zahlen seien ebensogut oder sogar besser. Dr. Walshs Blick fiel auf die gelb markierten Stellen. Von wem stammten die Unterstreichungen? wollte er wissen.

Einige hatte natürlich der Radiologe im ersten Anflug von Begeisterung vorgenommen, andere, die akkurateren, ich selbst, als ich versucht hatte, aus den Zahlen schlau zu werden. Allerdings hielt ich es für ratsamer, dem Radiologen die ganze Verantwortung zuzuschieben. Schließlich sollte ja nicht er von Dr. Walsh operiert werden.

Dr. Walsh gab mir die Blätter zurück und riet mir, sie wegzulegen und zu vergessen. Oder besser noch wegzuwerfen. Zahlen bedeuteten nichts. Jeder Fall sei anders geartet. Ich sei ein Individuum, keine Zahl in einer Statistik.

Auch das hatte ich hören wollen: daß ich ein Individuum war, und keine Zahl in einer Statistik. Gleichzeitig verspürte ich leichte Schuldgefühle. Alle (bis auf Dr. Walshs frühere Patienten) hatten mir gesagt, ich müsse ihn nach seinen Zahlen fragen und sie mit denen Dr. Russos und des Radiologen sowie mit den Durchschnittswerten vergleichen. Wer der Chirurg auch sei, ich hätte das Recht, ja die Pflicht, mich nach seiner Erfolgsrate zu erkundigen und ihn zu fragen, wie lange seine Patienten überlebten, wie viele eine weitere Behandlung benötigten, ja sogar, und das war noch unangenehmer, wie viele bei der Operation starben.

Mir war das von Anfang an schwierig vorgekommen: wie ein Einkauf, bei dem man, den Ratgeber eines Verbraucherverbands unterm Arm, Angebote vergleicht, nur daß in diesem Fall keine Ware, sondern ein Chirurg eingekauft wurde. Doch ich war von Dr. Walshs Selbstvertrauen und zupackender Art so beeindruckt, daß es mir schlichtweg egal war, welche Zahlen er vorzuweisen hatte.

Ich war froh, daß Dr. Walsh mein Chirurg war, doch vermutlich hätten sich die meisten Männer an meiner Stelle gründlicher informiert, bevor sie einen Entschluß von solcher Tragweite gefaßt hätten. Wichtige Entscheidungen sollte man weder aus dem Bauch heraus noch übereilt treffen, und schon gar nicht im luftleeren Raum. Und eine radikale Prostatektomie ist schließlich keine Notoperation. Man hat viel Zeit, Chirurgen zu konsultieren, sie nach ihren Zahlen zu fragen, diese zu studieren und sich ein Urteil zu bilden, das nicht nur auf einem festen Händedruck beruht. Natürlich ist die Wahl des Chirurgen für viele Menschen – die überwiegende Mehrheit – aus verschiedensten Gründen begrenzt. Die amerikanischen Versicherungsträger nehmen auf die Wahl immer größeren Einfluß, insbesondere in den mit Unternehmen abgeschlossenen Versicherungsplänen für Arbeitnehmer, und Männer, die in Kleinstädten leben, weitab von den großen städtischen Kliniken, haben ohnehin nur wenige Urologen zur Auswahl. Nicht jeder kann es sich leisten, nach Baltimore zu fliegen und Patrick Walsh zu konsultieren, oder nach Houston und mit Peter Scardino zu sprechen, was freilich nicht heißen soll, daß man bei Ärzten an seinem Wohnort (oder Ärztinnen, wenngleich Frauen in der Urologie selten sind) nicht in den besten Händen sein kann.

Tatsache ist, daß sehr viele Männer einfach glauben, was ihnen ihr Urologe sagt. Sie stellen überhaupt keine Fragen und erkundigen sich allenfalls danach, ob ihre Krankenversicherung die vollen Kosten für die Behandlung übernimmt. Der Patient sollte seinen künftigen Chirurgen zumindest fragen, ob er das »nerverhaltende« Verfahren anwendet, wie viele Operationen er bereits durchgeführt hat und wie viele seiner Patienten ihre Potenz wiedererlangt haben. Und er sollte sich nach seiner Zehnjahresüberlebensrate erkundigen. Sicherlich ist es sinnvoll, daß man sich über eine Operation informiert, die das eigene Leben verändert – oder darüber entscheidet, wie lange es noch dauern wird –, und daß man sich dafür mindestens ebensoviel Zeit nimmt wie für den Kauf eines Autos. Je mehr man weiß und je mehr Fragen man stellt, desto größer ist die Wahrscheinlichkeit, daß die Operation ein Erfolg wird und man wieder gesund wird. Von einem vielbeschäftigten Chirurgen kann der Patient nicht erwarten, daß er ihn in nur einer Sitzung über Prostatakrebs aufklärt oder gar sagt, welche Fragen er stellen sollte.

Ich fragte Dr. Walsh nicht nach seiner Zehnjahresüberlebensrate. Dafür stellte ich ihm Fragen, die mich weit mehr beschäftigten, möglicherweise weil sie mir dringlicher erschienen. Wie lange, zum Beispiel, mußte ich im Krankenhaus bleiben?

Voraussichtlich fünf Tage, antwortete Dr. Walsh.

Das schien mir weit unter dem Durchschnitt zu liegen, und ich sagte das Dr. Walsh. Er bejahte und fügte hinzu, daß der Eingriff bei ihm nur zwei Stunden dauere. Das sei entscheidend. Ich erinnerte mich, daß Dr. Russo von einer vierstündigen Operation gesprochen hatte. Wie war es Dr. Walsh gelungen, die Zeit zu halbieren? Einer der Gründe sei, so erklärte er mir, daß er bei der Operation keine Vollnarkose, sondern eine Periduralanästhesie anwende. Ich würde nichts fühlen, versicherte er mir. Die Periduralanästhesie sei sicherer und verkürze die Erholungszeit erheblich. Der Eingriff sei weniger traumatisch. Der andere Grund war natürlich sein chirurgisches Können, auch wenn er es nicht so direkt sagte. Immerhin war es *seine* Operation. Er hatte sie fast 1600mal durchgeführt und immer weiter perfektioniert.

Weiter wollte ich wissen, ob er die Operation unterbrach, damit an den Lymphknoten eine Biopsie vorgenommen werden konnte. Unbedingt, antwortete er. Man entnehme den Lymphknoten Gewebe und untersuche es, bevor die Prostata entfernt werde. Wenn sie vom Krebs befallen seien, breche er die Operation gewöhnlich ab, aber es bestehe kein Grund zu der Annahme, daß dies bei mir der Fall sei.

Ich wollte mehr über den Unterschied zwischen Vollnarkose und Periduralanästhesie wissen. Mir war zwar bekannt, daß eine Vollnarkose gewöhnlich der gefährlichste Teil jeder Operation ist, doch irgendwie behagte mir die Vorstellung nicht, daß ich während eines größeren chirurgischen Eingriffs bei – wenn auch nur schwachem – Bewußtsein war. Ich begriff, daß vieles für eine Periduralanästhesie sprach – sie war sicherer und für den Körper weit weniger traumatisch. Nur wurde mir schon beim bloßen Gedanken daran himmelangst. Das Wort Rückenmarkspunktion hatte mir seit jeher einen Schrecken eingejagt, und eine Rückenmarksanästhesie (und nichts anderes ist eine Periduralanästhesie) konnte nicht so viel anders sein. Wir alle haben irrationale Ängste: die einen vor der Dunkelheit, andere vor der Höhe oder vor dem Zahnarzt. Bei mir war es immer die Vorstellung, daß mir etwas ins Rückgrat gespritzt wird, vielleicht weil ich als Kind etwas darüber gehört hatte. Und jetzt schlug mir Pat Walsh in aller Ruhe eine solche Injektion vor, als müsse ich darüber in Jubel ausbrechen!

Ich fragte mich, ob die Möglichkeit bestand, um die Rükkenmarksanästhesie herumzukommen, doch anscheinend hatte ich keine Wahl. Zudem erfuhr ich, daß der Periduralkatheter, den man zur Injektion des Anästhetikums in die Wirbelsäule einlegte, nach der Operation für die Verabreichung von Schmerzmitteln benutzt wurde. Er wurde an einen Tropf angeschlossen und mit einem »Schmerzknopf« versehen, so daß der Patient selbst bestimmen konnte, wie oft er eine »schmerzstillende Spritze« bekam. Patienten leiden weniger unter den Schmerzen, wenn sie spüren, daß sie die Situation unter Kontrolle haben, als wenn sie auf eine Schwester warten müssen, die ihnen eine Spritze gibt, oder nach ihr rufen müssen, wenn die Schmerzen unerträglich werden.

Das gefiel mir – eine der wenigen schwachen Erinnerungen an meine Blinddarmoperation war, daß ich, wenn ich Schmerzen bekam, immer wieder ergebnislos nach der Schwester klingelte. Auf der anderen Seite fragte ich mich, wie ich mit den Schmerzen fertigwerden würde, wenn ich erst zu Hause war.

»Sie werden keine haben«, beruhigte mich Dr. Walsh. »Tatsächlich werden Sie schon lange vor Ihrer Entlassung aus dem Krankenhaus schmerzfrei sein. Machen Sie sich deswegen keine Sorgen. Sie werden kaum Schmerzen haben.«

Das gefiel mir noch besser, wenngleich ich etwas skeptisch blieb. Einer von Dr. Walshs Patienten hatte mir nämlich erzählt, daß die ersten Tage für ihn fürchterlich gewesen seien, vor allem die dritte Nacht nach der Operation, und erst danach sei es besser geworden. Das klang glaubwürdig, doch ich beschloß, Dr. Walsh nicht darauf anzusprechen. Wie, fragte ich statt dessen, würde ich nach der Operation nach Hause kommen? Margaret und ich hätten uns darüber schon den Kopf zerbrochen.

Dr. Walsh wischte unsere Bedenken vom Tisch. Das sei kein Problem. Jeden Tag verließen Patienten das Krankenhaus und kehrten nach Hause zurück, einige nach Kalifornien, andere nach Europa oder sogar in den Nahen Osten. Natürlich sollte ich nicht mit dem Wagen fahren, wegen der

Stöße und Erschütterungen, aber mit dem Zug oder dem Flugzeug könnte ich problemlos reisen.

Und die Nachsorge zu Hause? Würde ich eine Krankenschwester benötigen? Dr. Walsh verneinte. Es sei nicht viel zu tun, nur der Katheterbeutel müsse regelmäßig geleert werden. Bei der Operation werde ein Foley-Katheter eingesetzt, der nach ungefähr drei Wochen wieder entfernt werde. Das könne mein Urologe am Ort erledigen. Ansonsten sehe er keinen Grund, warum ich nicht imstande sein sollte, meinen Katheterbeutel selbst zu leeren. Das Pflegepersonal weise die Patienten vor ihrer Entlassung in die Handhabung des Katheters ein.

Das klang in meinen Ohren sehr optimistisch. Ich nahm mir vor, mich auf jeden Fall nach den Möglichkeiten einer häuslichen Betreuung im Dutchess County zu erkundigen. Der Katheter gab mir zu denken. Ich konnte mir nicht vorstellen, wie es war, drei Wochen lang einen Katheter zu tragen, oder wie es war, wenn er entfernt wurde. Ein Patient, mit dem ich gesprochen hatte, hatte mir anvertraut, daß dies die schlimmste Erfahrung seines Lebens gewesen sei. Andere hatten nur gesagt, daß es ein äußerst unangenehmes Gefühl sei.

Ich wollte weitere Fragen stellen, aber mein Kopf war plötzlich leer. Bislang hatte ich den Gedanken an die Operation verdrängt, da ich, solange ich von Dr. Walsh keine zweite Meinung eingeholt hatte, keine Entscheidung treffen konnte. Jetzt mußte ich dem Unvermeidlichen ins Auge sehen. Mir blieb nur noch eine Galgenfrist. Bei unserer nächsten Begegnung würde Dr. Walsh Gummihandschuhe und eine Maske tragen, und ich würde auf seinem Operationstisch liegen, mit einem – ich erschauerte bei dem Gedanken – Periduralkatheter im Rücken. Es war klar, daß wir Dr. Walshs Zeit bereits über Gebühr in Anspruch genommen hatten. Wir standen also auf und verabschiedeten uns. Dr. Walsh ging wie selbstverständlich davon aus, daß ich meine Entscheidung getroffen hatte, und sagte, wir sollten noch bei seiner Sekretärin vorbeischauen. Sie werde mir einen Termin für die Operation geben, vermutlich nach Thanksgiving, in etwa vier Wochen. Sein Terminkalender lasse einen früheren Zeitpunkt nicht zu. Außerdem müsse ich für die Operation zwei Liter Eigenblut spenden, und mehr als einen halben Liter pro Woche könne man mir nicht abnehmen. Außerdem werde mir seine Sekretärin Merkblätter geben, in denen stehe, was ich bis zum Morgen der Operation zu tun hätte. Ich solle sie sorgfältig lesen – wir *beide* sollten sie sorgfältig lesen, fügte er mit einem bedeutungsvollen Blick auf Margaret hinzu.

Ich sah Margaret an, denn ich wußte, daß sie alle möglichen Fragen hatte, doch offensichtlich hatte es ihr die Sprache verschlagen. Vielleicht schickte auch sie sich ins Unvermeidliche. Sie hatte mich zu drei Konsultationen begleitet und nach Antworten gesucht. Jetzt hatten wir die Antworten, nur nicht die Antwort auf die entscheidende Frage: *Würde alles gutgehen?*

Ich gab Dr. Walsh die Hand. Er hatte einen kräftigen, festen Händedruck. Zu meiner Überraschung legte er mir die Hand auf die Schulter und sah mir direkt in die Augen: »Seien Sie unbesorgt«, sagte er. »Ich werde mich um Sie kümmern.« Er wirkte absolut zuversichtlich, und seine hellblauen Augen blickten mich aufrichtig an. »Ich werde bei der Operation mein Bestes geben«, fügte er hinzu. »Sie kommen wieder in Ordnung, das verspreche ich Ihnen.«

Er eilte in seinem gestärkten weißen Kittel durch die Tür.

Als wir das Johns Hopkins verließen – zuvor hatten wir unzählige Formulare ausgefüllt – und zum Flughafen eilten, hatte ich einen Termin: Es war der 29. November, gleich nach Thanksgiving, in genau vier Wochen.

Ich fühlte mich seltsam erleichtert. Endlich war die Entscheidung da, sie war einfach gefallen, ohne daß ich wirklich mit mir zu Rate gegangen war. Ich hatte mein Schicksal in Dr. Walshs Hände gelegt, und er schien nicht im geringsten daran zu zweifeln, daß er in der Lage war, mit meinem Problem fertigzuwerden. Ich selbst hatte in den kommenden Wochen wenig zu tun: Ich brauchte nur jede Woche einen halben Liter Blut abzuliefern und mir keinen weiteren Gedanken zu machen.

Die Operation

11

Aber natürlich war es schwer, an etwas anderes zu denken. Zum Glück nahm mich die Vorbereitung auf das Bekannte – ich würde dem Büro mindestens sechs bis acht Wochen fernbleiben – so in Anspruch, daß ich tagsüber oft gar nicht dazu kam, über das Unbekannte nachzudenken. Außerdem hatte ich vor der Operation noch viele private Dinge zu erledigen.

Zunächst mußte ich mich mit einem Mitarbeiter unserer Personalabteilung zusammensetzen und mich vergewissern, daß ich bei der Krankenversicherung meiner Firma ausreichend versichert war und, vielleicht noch wichtiger, daß die Versicherung über meine Entscheidung für Dr. Walsh informiert wurde und sie billigte. Im Lauf der Jahre hatte ich sie nur selten in Anspruch genommen, doch jetzt sollte sie auf den Prüfstand kommen. Ich freue mich, berichten zu können, daß sie alles tadellos und zügig abwickelte, aber ich zog daraus eine Lehre: Hatte ich mich bisher kaum um meine Krankenversicherung gekümmert, so wollte ich mich künftig genau über ihre Leistungen informieren, um mir einen weiteren Schnellkurs zu ersparen.

Zudem beschloß ich, einen *living will* aufzusetzen, eine schriftliche Erklärung, daß mein Leben unter bestimmten Umständen nicht künstlich verlängert werden sollte, und darin Margaret das Recht einzuräumen, dem Arzt entsprechende Anweisungen zu geben. Das war schon schwieriger, denn Margaret wollte nichts davon hören, doch ich hatte so viele Horrorgeschichten gelesen, daß ich darauf bestand. Auch damit darf man nicht bis zur letzten Minute warten, es sei denn, man hat die Absicht, mit seinem Anwalt zur Operation zu erscheinen. Eine solche Erklärung muß, wenn sie etwas nützen soll, vor der Operation der Krankenakte beigefügt werden. Ich studierte ein paar Muster und wählte dann eines der einfacheren aus, aus dem klar hervorging, daß ich nicht mit Hilfe außergewöhnlicher oder künstlicher Mittel am Leben gehalten oder reanimiert werden wollte, wenn es sicher war, daß ich sterben würde. Ich schickte eine unterzeichnete Kopie an Dr. Walshs Büro und gab Margaret das Original zur Aufbewahrung.

Es war ein kurzer, feierlicher Augenblick zwischen uns, als wir die Möglichkeit meines Todes ins Auge faßten. Margaret und ich sind in dieser Beziehung nicht untypisch – wir wollten nicht über den Tod nachdenken, und wir hatten nie ernsthaft darüber gesprochen. Doch jetzt mußte es sein. Zugegeben, die Wahrscheinlichkeit, bei einer Operation zu sterben oder ins Koma zu fallen, ist gering, aber es kann passieren und geschieht auch immer wieder. Die Erklärung ließ mich der Operation etwas gelassener entgegensehen, wenngleich mir klar war, daß ich Margaret damit eine schreckliche Verantwortung aufbürdete.

Es war die erste von vielen Bürden, großen und kleinen, denn trotz der Geschichte von dem Karikaturisten, der schon wenige Tage, nachdem er von Dr. Walsh operiert worden war, im Krankenhaus gearbeitet hatte, ahnte ich, daß ich mich in der ersten Zeit nach dem Eingriff kaum für etwas anderes als meinen Körper interessieren würde. Ich sorgte dafür, daß Margaret eine Kopie meines Testaments und eine detaillierte, aktualisierte Aufstellung unseres Vermögens erhielt. Ich ließ eine Vollmacht auf ihren Namen ausstellen, schrieb alles auf, was sie im Notfall wissen mußte, und fragte mich dabei die ganze Zeit, warum ich damit gewartet hatte, bis ich krank geworden war. Eine weitere Lehre für die Zukunft – sofern ich noch eine hatte.

Ein weiteres Problem war die Regelung der beruflichen Angelegenheiten. Ich muß zugeben, daß ich ein Workaholic bin und schon immer einer war. Der Gedanke, kürzer zu treten, Aufgaben zu delegieren und wochenlang überhaupt nicht auf dem laufenden zu sein, war mir unerträglich, und doch ging es nicht anders. Alle, die sich einer radikalen Prostatektomie unterzogen hatten und mit denen ich gesprochen hatte, waren sich zumindest in einem Punkt einig: Die Genesung von der Operation erfordert die ganze Kraft und Aufmerksamkeit des Patienten – selbst wenn er ans Arbeiten denken wollte, er kann nicht. Das erste Anzeichen einer Genesung ist, wenn er sich wieder für das interessiert, was im Büro los ist.

Natürlich glaubte ich kein Wort davon und redete mir ein, ich sei aus einem anderen Holz geschnitzt. Ich nahm mir vor, meinen Laptop ins Johns Hopkins mitzunehmen, damit ich über E-Mail und papierloses Faxen mit dem Büro Verbindung halten konnte. Ich erstellte eine Liste mit Manuskripten, die ich mir ins Krankenhaus schicken lassen wollte, damit ich im Bett lesen und redigieren konnte. Nur der Sicherheit halber delegierte ich einige Projekte an andere Lektoren, aber im Grunde hielt ich es für überflüssig. Wie sich zeigen sollte, war es ein Glück, daß ich es tat.

Heute frage ich mich, was ich mir wohl dabei dachte, als ich beschloß, alle drei Bände von Douglas Southhall Freemans *Lee's Lieutenants* oder Simon Schamas dicken Wälzer *Citizens* nach Baltimore mitzunehmen.

Einige Vorkehrungen, die ich traf, sollten sich dagegen als ungemein nützlich erweisen. Bei einem Anruf im St. Francis Hospital in Poughkeepsie, einem der Krankenhäuser in unserer Nähe, kam ich mit dem Heimpflegedienst der Einrichtung in Kontakt. Dies eröffnete mir eine ganz neue Welt. Da ich nie ernstlich krank gewesen war, hatte ich keine Ahnung vom Umfang der Dienstleistungen, die einem Patienten, der von einer Operation genest, zur Verfügung stehen. Die allgemeine Kritik am amerikanischen Gesundheitswesen, die den gescheiterten Versuch einer nationalen Gesundheitsreform begleitete, hatte mich glauben gemacht, daß unser System nicht funktioniere, daß das kanadische, wie immer es auch aussah, besser sei und daß man im Fall einer ernsten Erkrankung praktisch auf sich allein gestellt sei. Bald erkannte ich, daß dem nicht so war. Eine freundliche und tüchtige Frau vom St. Francis setzte mich rasch darüber ins Bild, was sie für mich tun konnte, und listete mir ziemlich genau auf, was ich nach meiner Entlassung zu Hause benötigen würde. Sie teilte nicht Dr. Walshs Ansicht, daß ich keine Hilfe brauchen würde. Sie wollte dafür sorgen, daß anfangs einmal pro Tag eine staatlich geprüfte Krankenschwester nach mir sah. Die Schwester sollte meinen Puls und Blutdruck messen, sich ein Bild von meinem Befinden machen und meinem Arzt regelmäßig Bericht erstatten.

Die Frau vom St. Francis vermittelte mir auch einen Pflegedienst, der für mehrere Stunden täglich eine Krankenpflegehelferin zur Verfügung stellte. Sie war der Ansicht, daß ich zumindest am Anfang auf die Hilfe einer Schwester und einer Pflegerin angewiesen sei. Dann kontaktierte sie Dr. Walsh und meine Versicherung, um zu gewährleisten, daß bei meiner Rückkehr alles geregelt war.

Da ich erst wieder baden konnte, wenn die Operationswunde verheilt war, empfahl sie mir, eines der Badezimmer in unserem Haus mit einer Handdusche, mit Handläufen und einem rutschfesten Badewannensitz auszustatten. Außerdem benötigte ich große Vorlagen, Heftpflaster (reichlich von beidem), Alkohol zur Desinfektion, Betaisodona-Waschlösung, Wattestäbchen, antibiotikumhaltige Salbe, eine gummibeschichtete, feuchtigkeitsundurchlässige Krankenunterlage fürs Bett (und weitere für Stühle und Sessel, nur für den Fall), viele sterile Kompressen und ein paar Pakete mit

Inkontinenz-Slips (ich weigerte mich, von Windeln zu sprechen, wenngleich sie im Supermarkt in den entsprechenden Regalen zu finden sind). Waschbare, rutschfeste Saugunterlagen sollten an strategischen Punkten plaziert werden, als Sicherheitsmaßnahme gegen Stürze und sonstige »Unfälle«. Ich notierte mir alles brav – allmählich gewann ich ein genaueres Bild von der Genesungszeit, wenngleich es mir nicht besonders zusagte.

Was mich jedoch am meisten beeindruckte, war die Hilfsbereitschaft dieser Frau – wie auch aller anderen an meinem Wohnort. Ob ich eine Schwesternhelferin brauchte, die für mich einkaufte, kochte und wusch? Ich verneinte, doch allein die Tatsache, daß ich eine bekommen konnte und daß die Kosten ziemlich bescheiden waren und zu einem Großteil, wenn nicht sogar ganz, von der Versicherung übernommen wurden, überraschte mich. Der Dutchess County, der keineswegs untypisch ist, war alles andere als ein gesundheitspflegerisches Notstandsgebiet. Wie sich herausstellte, gab es hier auf allen Ebenen so viele Pflegedienste, daß ich schließlich den Eindruck gewann, die eine Hälfte der Bevölkerung sei damit beschäftigt, für die andere Hälfte zu sorgen.

Warum, so fragte ich mich, herrschte die Meinung vor, daß dem nicht so sei, daß die Gesundheitsfürsorge in England oder Kanada besser sei? (Zu Kanada kann ich nichts sagen, doch in England habe ich gelebt, und wenn ich dort krank wurde, setzte ich mich schleunigst in das nächste Flugzeug nach New York.) Ich glaube, einen Teil der Schuld tragen die Medien, die nur über Mißstände berichten und nicht zur Kenntnis nehmen, daß fast überall in den Vereinigten Staaten ein breites Angebot an gut funktionierenden Pflegediensten zur Verfügung steht. Schuld tragen aber auch Leute wie ich, die sich einfach nie die Mühe gemacht haben, das Gesundheitswesen unter die Lupe zu nehmen und sich zu informieren, worauf sie Anspruch haben. In den folgenden Monaten sollte ich alles kennenlernen, von der Behandlung in der Notaufnahme bis zum Rettungsdienst der freiwilligen Feuerwehr an meinem Wohnort. Das Engagement, die Freundlichkeit und Tüchtigkeit der Menschen, mit denen ich dabei in Berührung kam, erstaunte und beeindruckte mich jedesmal.

Zwei Anmerkungen muß ich noch machen. Erstens: Sie dürfen diese Dinge nicht bis zur letzten Minute aufschieben. Zweitens: Sie müssen sich informieren, ans Telefon hängen und herausfinden, welche Hilfs- und Pflegedienste an Ihrem Wohnort zur Verfügung stehen.

Ich persönlich halte sehr viel von solchen Vorbereitungen. Zum einen helfen sie einem, sich einzugestehen, daß es passieren wird, wie immer es auch ausgehen mag – die Kartons mit den Vorlagen und den Windeln für Erwachsene im Schrank bringen einen immer wieder auf den Boden der Tatsachen zurück. Zum anderen finde ich, daß gründliches Vorbereiten – Vorausdenken – die Angst mindert. Die Frage lautet nicht mehr: »Was wird mit mir passieren?« – eine Frage, die kaum zu beantworten ist –, sondern: »Bin ich darauf vorbereitet?« Damit läßt sich leichter umgehen. Praktische logistische Probleme des Alltags sind viel leichter zu lösen als große philosophische Fragen.

Außerdem kann die gesamte Familie an den Vorbereitungen mitwirken. Dies bringt allen, selbst Kindern, zu Bewußtsein, worum es geht, macht aber auch deutlich, daß die Genesungszeit kein Dauerzustand ist, sondern nur eine Phase, an deren Ende die vollständige Gesundung steht. Viele Erwachsene mögen Scham oder zumindest Verlegenheit empfinden, wenn sie Inkontinenz-Slips kaufen, doch ich halte das für einen Fehler. Wenn man so etwas schon tragen muß, sollte man es auch zugeben, nicht unbedingt im Kollegenkreis, auf jeden Fall aber gegenüber den Menschen, die einem am nächsten stehen. Inkontinenz ist beileibe kein Vergnügen, aber doch bei weitem nicht so schrecklich, wie an Krebs zu sterben.

Ich fand die Blutentnahmen merkwürdig beruhigend, obwohl ich Spritzen verabscheue. In der New Yorker Blutbank, wo mir das Blut abgezapft wurde, wurde ich überraschend freundlich behandelt, insbesondere seit man dort wußte, daß ich Eigenblut für eine Krebsoperation spendete. Die Einrichtung erinnerte zwar unverkennbar an eine Großstadtklinik, doch die Atmosphäre war gelöst wie auf einer Party. Zudem war die Prozedur, wie versprochen, völlig schmerzfrei. Ich genoß es, dort zu liegen, umsorgt zu werden, während ein halber Liter meines Blutes in einen durchsichtigen Plastikbeutel gepumpt wurde, um später tiefgefroren und an das Johns Hopkins geschickt zu werden. Ich lernte interessante Leute kennen, so etwa einen New Yorker Filmproduzenten, mit dem ich Visitenkarten und PSA-Werte austauschte und der ebenfalls von Dr. Walsh operiert werden sollte. Und hinterher wurde ich in eine freundliche Kantine geführt, wo man mich mit Preiselbeersaft, Müsli-Riegeln und Süßigkeiten verköstigte und darauf achtete, daß ich nicht ging, solange ich noch schwach auf den Beinen war.

Wo, so fragte ich mich wie schon am Memorial Sloan-Kettering, sind sie denn, die mürrischen, gestreßten, von der Verwaltung gegängelten Pfleger und Schwestern, von denen wir immer lesen und die jeden Patienten wie eine Nummer behandeln? Diese Menschen waren aufrichtig um mein Wohl besorgt. Sie standen auf meiner Seite und ließen daran nie einen Zweifel aufkommen.

Krankheit weckt ein Gefühl der Zusammengehörigkeit. Das ist eine ihrer wenigen tröstlichen Seiten. Auf der Blutbank haben alle Eigenblutspender ein bekanntes Problem und einen Termin für irgendeinen größeren Eingriff. Man kann über seine Sorgen reden und sich die der anderen anhören, und das war für mich kein kleiner Trost, denn zu diesem Zeitpunkt, etwa zwei Wochen vor der Operation, hatte ich meinen Vorrat an Freunden und Bekannten, die etwas über meinen Krebs hören wollten, weidlich ausgeschöpft.

Auf der New Yorker Blutbank erhalten Spender eine kleine rote Anstecknadel aus Kunststoff in Form eines Blutstropfens, und bald trug ich meine voller Stolz. Ich besitze immer noch vier, eine für jede Entnahme, und jene langen, verträumten Nachmittage ohne störende Telefonanrufe sind mir überraschenderweise in sehr angenehmer Erinnerung geblieben. Es war wie Schuleschwänzen, nur eben zu einem bestimmten Zweck. Das Wetter war schön – Spätsommer –, und ich ging jedesmal zu Fuß nach Hause, betrachtete unterwegs die Schaufensterauslagen, trank in der 68. Straße einen Cappuccino, betrat den Buchladen in der Madison Avenue, plauderte mit Arthur Loeb und sah mir die Neuerscheinungen an. Ich, der ich in New York niemals Zeit verschwendet hatte, verwandelte mich in einen Flaneur, einen Müßiggänger, und genoß dieses Gefühl – obwohl es natürlich eine Illusion war. Ich war alles andere als ein unbekümmerter Spaziergänger, ich hatte Krebs. Der Gedanke ging mir durch den Kopf, ob dies für mich vielleicht die letzte Gelegenheit war, einen freien Nachmittag in New York zu genießen, und wenn ich heute daran zurückdenke, war dies wohl auch der Grund, warum ich ihn so genoß.

Es gäbe viel darüber zu sagen, wie man sich die Zeit bis zur Operation möglichst angenehm gestaltet. Es kann einem nur guttun, wenn man von Dingen wie einer Krebsoperation ablenkt. Und was noch wichtiger ist: Man sollte sich, ganz gleich was der Chirurg sagt, stets vergegenwärtigen, daß eine lange Zeit vergehen wird, ehe man, wenn überhaupt, wieder die Dinge tun kann, die einem Spaß machen.

Das Sexualleben, zum Beispiel, wird sich nach der Operation zweifellos verändern, selbst wenn man seine Potenz wiedererlangt, was einer beträchtlichen Zahl der Patienten nicht vergönnt ist. Die meisten können auch nach einer radikalen Prostatektomie noch Sex haben, keine Frage, doch sie tun sich schwerer, eine Erektion zu bekommen (und möglicherweise nur dank spezieller Hilfen, Geräte oder Medikamente, darüber später mehr). Und sie haben einen trockenen Orgasmus, also keinen Samenerguß und auch keinen anderen Ausfluß. Davon geht die Welt nicht unter, wie Urologen unermüdlich betonen, und es ist immer noch viel besser, als an Krebs zu sterben, doch Sex ist nicht mehr das, was er einmal war.

Es ist sinnvoll, sich zu vergnügen, wenn man etwas vor sich hat, das mit Sicherheit kein Vergnügen wird. Das heißt nun aber nicht, daß man sich in eine Orgie stürzen soll (selbst wenn der Partner in der Stimmung dazu wäre). Vielmehr will ich damit sagen, daß man versuchen sollte, die letzten Wochen des Wartens so angenehm wie möglich zu gestalten, und zwar für beide. Es ist besser (und gesünder), für die bevorstehenden schweren Tage ein paar schöne Erinnerungen zu sammeln, als in den Wochen vor der Operation über das eigene Schicksal nachzugrübeln.

Ich gab mir alle Mühe, nicht an das Bevorstehende zu denken. Manchmal gelang es mir, manchmal nicht. Ich nahm mir die Zeit und schrieb einen langen Brief an Dr. Russo, in dem ich ihn von meinem Entschluß unterrichtete, mich von Dr. Walsh operieren zu lassen. Ich betonte, daß er das auf keinen Fall als mangelnden Respekt vor ihm oder dem Memorial Hospital mißverstehen dürfe und daß ich ihm und seinen Kollegen für die Zeit, die sie mir geopfert hätten, immer dankbar sein würde. Letzten Endes hatte ich keine rationale Wahl getroffen. Ich hatte keine Zahlen verglichen, sondern mich intuitiv entschieden, beeindruckt von Dr. Walshs außergewöhnlicher (wenn auch gut kaschierter) Selbstsicherheit. Es mag sein, daß diese Art, eine wichtige Entscheidung zu treffen, nicht besser ist als jede andere, doch ich halte überhaupt nichts davon, mir über Dinge den Kopf zu zerbrechen, die bereits entschieden sind. Ab einem bestimmten Punkt halte ich mich an die Devise *Che sera, sera.*

Einerseits handelte ich rational: Ich räumte meinen Schreibtisch auf, sorgte dafür, daß Margaret genug Geld für die Begleichung von Rechnungen hatte, stellte meinen Wagen in einer Garage unter (Dr. Walsh empfiehlt seinen Patienten, in den ersten acht Wochen nach der Operation nicht zu fahren), packte diskret das Notwendige für den Krankenhausaufenthalt zusammen (Slipper, Morgenmantel, Elektrorasierer). Andererseits versuchte ich, eine Art Kurzurlaub zu machen. Margaret und ich unternahmen lange Spaziergänge, sahen uns viele Filme an, die wir noch nicht kannten, und gingen oft essen. Wir sprachen nicht viel über die bevorstehende Operation. Nicht, daß wir das Thema bewußt vermieden hätten, wir waren einfach nur der Ansicht, daß alles, was es zu besprechen gab, besprochen war.

Ich kann mich an keine andere Zeit in meinem Leben erinnern, von der Genesungszeit einmal abgesehen, in der mich Dinge, die ich normalerweise für dringend und unaufschiebbar halte, so gleichgültig ließen. Weder Krisen im Büro noch weltpolitische Probleme erschienen mir sehr wichtig im Vergleich zu dem, was mir am 29. November bevorstand oder was genau in diesem Augenblick in meiner Prostata geschah. Vermutlich hatte ich an alltäglichen Dingen ein ebenso vermindertes Interesse wie Menschen, die ins Kloster gehen oder beschließen, alles aufzugeben und allein um die Welt zu segeln. Es war kein unangenehmes Gefühl – ein Abstreifen von Fesseln als Vorbereitung auf ein Abenteuer oder, zu allermindest, eine Veränderung.

Ich hatte Xanax verschrieben bekommen, nur für den Fall, daß ich Angst bekommen sollte, aber ich hatte keine. Allerdings litt ich gelegentlich unter Alpträumen, die meist mit der Operation zu tun hatten.

In diesen Träumen sah ich entweder zu, wie ein Chirurg, gesichtslos hinter seiner Maske und Brille, mich ohne Betäubung aufschnitt, oder ich fühlte, wie ich starb – ich sah meinen Tod von außerhalb meines Körpers, während ich ihn gleichzeitig erlitt. Ich nahm kein warmes weißes Licht wahr, ich empfand kein Wohlbehagen und hörte keine freundlichen Stimmen, die mich auf der anderen Seite begrüßten. Im Gegenteil, ich erlebte den Tod als etwas Schauriges und

Unheimliches, weniger wegen der Schmerzen, sondern wegen des Alleinseins.

Zum Glück vertrieb eine Xanax vor dem Zubettgehen die Alpträume, und ich schlief wie ein Baby. Jeden Morgen beim Aufstehen fühlte ich mich blendend, joggte zwei Meilen, aß ein gesundes Frühstück, beglückwünschte mich zu meiner hundertprozentigen Fitneß und mußte mir, obwohl scheinbar alles dagegensprach, ins Gedächtnis rufen, daß ich so krank war wie nie zuvor und daß es schlechter um mich stand, als ich jemals erwartet hätte. Nicht nur, daß ich die ganze Sache für ungerecht hielt – im Grunde ist nichts gerecht –, sie erschien mir sogar unmöglich.

Meiner Umgebung mitzuteilen, daß ich Krebs hatte, war vielleicht das Schwierigste. Natürlich wußten es viele bereits, denn ich hatte – gegen den ausdrücklichen Rat einiger Bekannter – kein großes Geheimnis daraus gemacht. Nun aber, da der Operationstermin feststand, hielt ich es für wichtig, die Sache selbst bekanntzugeben, bevor Gerüchte in der Verlagsbranche kursierten.

Es war eine knifflige Sache, wem und wann ich es erzählen sollte. Mit meinem Sohn Chris hatte ich gleich nach Erhalt des Biopsiebefunds gesprochen. Dagegen hatte ich lange hin- und herüberlegt, ob ich es meiner Mutter sagen sollte, und schließlich beschlossen, es nicht zu tun. Sie ist zweiundachtzig Jahre alt und noch rüstig, aber zweiundachtzig sind zweiundachtzig: Ich hielt es für ratsamer, erst mit ihr zu sprechen, wenn alles vorüber war, damit sie sich wegen der Operation keine Sorgen machte. Meine engsten Mitarbeiter hatte ich, wie erwähnt, bereits eingeweiht. Doch jetzt beschloß ich, bei unserer wöchentlichen Besprechung auch alle anderen Kollegen zu informieren.

Normalerweise leide ich nicht an Lampenfieber, vielleicht weil meine Mutter Schauspielerin war. Im Gegenteil, gewöhnlich macht es mir Spaß, öffentlich zu sprechen. Diesmal aber hatte ich zittrige Hände und einen trockenen Hals. Ich wollte unbedingt den richtigen Ton treffen, Zuversicht ausstrahlen und doch realistisch bleiben, und das ist nicht leicht, wenn man an dem großen Tisch im Konferenzraum von Simon & Schuster zwanzig oder dreißig Leuten gegenübersitzt.

Gegen Ende der Besprechung las Carolyn Reidy, die Leiterin der Vertriebsabteilung von Simon & Schuster, die Bestsellerliste der *New York Times* vom kommenden Sonntag vor – eine Art Ritual –, dann erklärte sie, daß ich eine persönliche Mitteilung zu machen hätte. Ich sah vielen Leuten an den Gesichtern an, daß sie – entweder bestürzt oder erfreut – dachten, ich würde mein Ausscheiden aus der Firma ankündigen. Merkwürdigerweise hatte ich selbst ein ähnliches Gefühl, möglicherweise, weil es bei solchen Erklärungen gewöhnlich um nichts anderes geht – ich selbst hatte, mit unterschiedlicher innerer Anteilnahme, schon unzählige solcher Reden in diesem Raum und an diesem Tisch gehört.

»Ich will nicht das sagen, was Sie denken«, begann ich und hielt kurz inne. Dann beschloß ich, gleich zur Sache zu kommen, je schneller, desto besser. »Ich habe Krebs.« Ich ließ das Wort im Raum stehen. Es schien in der Luft zu schwingen. »Ein paar von Ihnen wissen es bereits, doch ich will, daß alle es erfahren, einmal, weil ich Sie als Freunde betrachte, dann aber auch, weil ich für mindestens acht Wochen dem Büro fernbleiben werde, so daß einige von Ihnen in die Bresche springen und während meiner Abwesenheit meine Bücher betreuen müssen. Ich weiß, wie beschäftigt Sie alle sind und wie wenig Sie eine zusätzliche Belastung gebrauchen können, deshalb danke ich Ihnen schon im voraus. Um auf meinen Krebs zurückzukommen: Es handelt sich um Prostatakrebs. Es ist nicht die schlimmste Art, die man bekommen kann, und das Erfreuliche in meinem Fall ist, daß er sich anscheinend nicht ausgebreitet hat. Ich bin sicher, daß viele von Ihnen einen Verwandten haben, der ebenfalls Prostatakrebs hat – vielleicht sogar Ihr Vater –, und so brauche ich Ihnen nicht zu sagen, daß dieser Krebs zwar kein

Vergnügen ist, daß man aber sehr gute Überlebenschancen hat, wenn er frühzeitig entdeckt wird, und das war bei mir der Fall.«

Es war schwer zu erraten, was sie dachten. Kaum jemand schien den Blickkontakt mit mir zu suchen, aber dann dachte ich mir, daß ich an ihrer Stelle wahrscheinlich ähnlich reagiert hätte. »Ich habe beschlossen, mich im Johns Hopkins in Baltimore operieren zu lassen, von Patrick Walsh, einem der besten Chirurgen in Amerika. Ich bin also in guten Händen. Ich werde am 29. November operiert, gleich nach Thanksgiving. Die Sache ist im übrigen kein Geheimnis. Ich wollte sie nur nicht bekanntgeben, solange der Termin für die Operation noch nicht feststand. Sie können es also ihren Mitarbeitern sagen, oder auch Leuten, die nicht zum Haus gehören. Ich wollte nur, daß alle die Wahrheit erfahren, bevor alle möglichen Gerüchte die Runde machen.«

Tat ich das Richtige? Einige meiner Freunde wollten, daß das Unternehmen eine Pressemitteilung herausgab. Ich war dagegen. Schließlich bin ich nicht der Präsident der Vereinigten Staaten. Ich brauche kein ärztliches Bulletin zu veröffentlichen, das bin ich niemandem schuldig; im übrigen finde ich das ohnehin snobistisch. Andere drängten mich immer noch, aus Karrieregründen meinen Krebs möglichst geheimzuhalten. Ein Rat, der leider gar nicht so absurd ist, wie es scheinen mag. Es kommt durchaus vor, daß ein Unternehmen einen Mitarbeiter entläßt, sobald es erfährt, daß er Krebs hat – unter irgendeinem anderen Vorwand, versteht sich. Das bedeutet: Wenn bei jemandem Krebs diagnostiziert wird und er diese Tatsache zugibt, verliert er möglicherweise nicht nur seine Stelle, sondern auch seinen Versicherungsschutz. Ich rechnete nicht damit, daß mir das passieren würde, und ich täuschte mich nicht. Kein Unternehmen hätte mir mehr Rückhalt geben können als Simon & Schuster. Doch es kommt vor, wie ich später erfahren sollte. Krebs erweckt viele Ängste, nicht nur die Angst vor dem Tod oder dem Sterben.

Ich hatte noch einen Punkt hinzuzufügen: »Ich möchte jedem Mann in diesem Raum, der seinen PSA-Wert nicht kennt, einen Rat geben: Bringen Sie ihn in Erfahrung! Heute noch! Sie müssen ihn wissen. Sie müssen darauf bestehen, daß Ihr Arzt mindestens einmal im Jahr Ihre Prostata untersucht und Ihren PSA-Wert ermittelt. Es geht dabei um Leben und Tod. Um Ihr Leben.«

Ich dankte allen, daß sie mir so geduldig zugehört hatten, raffte meine Papiere zusammen und verließ den Raum. Ich fühlte mich völlig erschöpft. Es war die schwierigste Rede, die ich jemals gehalten hatte, aber ich war froh, daß ich es getan hatte. Alles war um vieles einfacher, wenn die Sache bekannt war und jeder Bescheid wußte. Außerdem stellte ich mit Erstaunen fest, wie viele Leute tatsächlich Verwandte mit Prostatakrebs hatten. In den folgenden Tagen kam mir mein Büro wie ein ärztliches Sprechzimmer vor. Ein Mann nach dem anderen klopfte an die Tür, trat ein und fragte mich über Prostatakrebs aus oder teilte mir seinen PSA-Wert mit. Eine Frau nach der anderen kam herein und erzählte mir, wie ihr Vater reagiert hatte, als er erfuhr, daß er Prostatakrebs hatte. Es war, als sei Prostatakrebs eine Art Initiationsritus für die Aufnahme in den Klub der über Fünfzigjährigen, so verbreitet schien mir die Krankheit zu sein. Ich empfand ein gewisses Befremden. Ich hatte mich für jugendlich oder gar jung gehalten, aber ich gehörte eindeutig zur selben Altersgruppe wie die Väter der meisten Frauen, die in mein Büro kamen – und ich dankte Gott, daß es nur in wenigen Fällen ihre Großväter waren. Bedauerlicherweise konnte ich sie schlecht fragen, ob ihre Väter ihre Potenz wiedererlangt hatten oder ob sie immer noch inkontinent waren.

An dem Tag, als die Thanksgiving-Ferien begannen, holte mich Margaret im Büro ab. Ich machte meine Abschiedsrunde. Seit Wochen hatte ich mich bemüht, die Fassung zu bewahren, aber damit war es jetzt vorbei. So viele Menschen wünschten mir alles Gute, umarmten mich, versicherten mir, daß sie an mich denken oder für mich beten würden, daß ich die Tränen in meinen Augen spürte, als wir schließlich zum Aufzug gingen. Ich war sicher – na gut, ziemlich sicher –, daß ich zurückkommen würde. Aber wann? Und in welcher Verfassung? Mir war, als ob ich ein Kapitel in meinem Leben beendete, und natürlich tat ich das auch. Vor und nach einer Prostatakrebsoperation lebt man, wie ich noch feststellen sollte, in verschiedenen Welten, und solange man noch in der ersten lebt, kann man sich die zweite nicht vorstellen.

Margaret und ich verbrachten zusammen ein ruhiges Wochenende und versuchten, nicht daran zu denken, was uns bevorstand. Ich zweifelte nicht daran, daß Margarets Rolle ebenso schwierig sein würde wie meine – in gewisser Weise vielleicht sogar schwieriger, denn naturgemäß konzentriert sich die ganze Aufmerksamkeit auf die Probleme des Patienten, während die Ängste, Probleme und Gefühle seines Partners weitgehend unbeachtet bleiben. Nicht nur, daß Krankheit die bisherige Rollenverteilung in einer Beziehung oft umkehrt – der starke Partner wird plötzlich der schwache, derjenige, der bisher getröstet hat, bedarf nun selbst des Trostes, derjenige, der für den anderen gesorgt hat, muß nun selbst umsorgt werden und so weiter –, sie ruft auch Gefühle hervor, zu denen man sich nicht bekennen, ja die man sich vielleicht nicht einmal selbst eingestehen kann.

Es ist schwer, mit einem Mann zu streiten, der Krebs hat, und noch schwerer ist es, wütend auf ihn zu sein, und doch empfinden Frauen zwangsläufig häufig Wut – Wut darüber, daß ihr Leben durcheinandergebracht wird, daß sie ohne eigenes Verschulden verlassen werden. Denn eine schwere Krankheit ist eine Art von Verlassen: Der Patient beschäftigt sich nur noch mit sich selbst, mit seiner Gesundheit, mit seinen Bedürfnissen.

»Wie konntest du mir das antun?« So müssen viele Frauen empfinden, doch sie dürfen es nicht laut sagen, ja sie dürfen es nicht einmal denken, ohne Schuldgefühle zu bekommen.

Angst – Angst vor dem Unbekannten, Angst, daß er sterben wird, Angst, daß er, selbst wenn er nicht stirbt, als ein anderer Mensch aus der Krise hervorgehen wird – erzeugt immer Wut, und in diesem Fall wird sie um so stärker, als die Frau ihrer Wut nicht Luft machen kann.

Ich finde es merkwürdig, daß niemand über diesen Aspekt von Prostatakrebs geschrieben hat. Chirurgen – in der Hauptsache Männer, denn die Urologie ist weitgehend eine männliche Domäne – gehen überhaupt nicht auf ihn ein. In ihren Augen hat die Frau die Aufgabe, den Patienten vor der Operation aufzumuntern und hinterher zu pflegen, erst Cheerleader, dann Rot-Kreuz-Schwester. Glaubt man den Büchern über Prostatakrebs und den Merkblättern, die vor der Operation an die Patienten ausgegeben werden, dann ist jede Ehe eine unerschütterliche, allen Stürmen trotzende Lebensgemeinschaft, doch im wirklichen Leben ist das schwerlich immer so.

In Wahrheit berührt Prostatakrebs zwangsläufig die schwierigsten und häufig ungelösten Probleme einer Beziehung. Wird die sexuelle Identität und Leistungsfähigkeit eines Mannes unmittelbar bedroht, so kann das nicht ohne Folgen für die Partnerschaft bleiben. Frauen müssen sich fragen, ob Impotenz, wenn es denn dazu kommt, die Partnerschaft beeinträchtigen wird, wie sie selbst darüber denken, wie sie ihr Leben verändern wird. Wahrscheinlich müssen sie sich Fragen stellen wie: »Wie wird er sein, wenn er nicht mehr mit mir schlafen kann?« »Wie werde ich dazu stehen?« »Wie werden wir gemeinsam damit umgehen?«

Es versteht sich von selbst, daß Männer, die mit ihren Frauen offen über ihre innersten Gefühle und Ängste oder sogar ihre Sexualität sprechen können, mit den Problemen von Prostatakrebs besser zurechtkommen als andere. Aber Hand aufs Herz: Wie viele Eheleute können das von sich behaupten? In den meisten Fällen können Männer gerade über diese Themen nur sehr schwer mit ihren Frauen sprechen. Die bloße Tatsache, daß Prostatakrebs diagnostiziert wurde, verwandelte einen Durchschnittsmann nicht in einen sensiblen, mitteilsamen Partner, der erpicht darauf ist, mit seiner Frau ausführlich über seine schlimmsten Ängste zu reden.

Sie können sich, auch wenn es etwas Initiative erfordert, alle notwendigen Informationen über Gleason-Scores, die verschiedenen Therapien und so weiter beschaffen, doch in der Frage, wie sich die Krankheit auf Ihre Ehe auswirkt, sind Sie auf sich allein gestellt, und ich zweifele nicht im geringsten daran, daß dies die Ängste auf beiden Seiten erheblich verstärkt.

Ein Beispiel: Vor etwa fünfzehn Jahren ließ ich mich sterilisieren. Margaret und ich wollten keine Kinder (ich habe einen Sohn aus einer früheren Ehe), und wir waren beide besorgt wegen der Risiken, denen sie sich aussetzte, wenn sie weiter die Pille nahm. Die Operation, als simpler und schmerzloser ambulanter Eingriff angekündigt, zog sich in die Länge und bereitete mir große Schmerzen – zweifellos eine Ausnahme von der Regel, und doch eine unangenehme Erfahrung, die sich mir eingeprägt hat.

Kaum hatte ich begonnen, Bücher über Prostatakrebs zu lesen, da entdeckte ich, daß Männer, die sich haben sterilisieren lassen, anscheinend häufiger an Prostatakrebs erkranken als andere. Um genau zu sein: Aus einer unter dreitausend Prostatakrebs-Patienten durchgeführten Studie aus dem Jahr 1990 geht hervor, daß »die Prostatakrebsrate bei Männern, die sich hatten sterilisieren lassen, *doppelt* so hoch war.* Zu einem ähnlichen Ergebnis kam eine Studie des Johns Hopkins über Männer, deren Väter oder Brüder Prostatakrebs hatten.**

* Bericht über die Studie im *American Journal of Epidemiology* von Dr. Curtis Mettlin, Roswell Park Cancer Institute, Buffalo, New York, zitiert nach *The Well-Informed Patient's Guide to Prostate Problems* von Dr. Charles E. Shapiro und Kathleen Doheny, Dell 1993.

** Dr. Gary D. Steinberg, James Buchanan Brady Urological Institute, Johns Hopkins, veröffentlicht in *The Prostate*.

Die Wissenschaftler konstatierten einen »Zusammenhang«, sprachen aber nicht von einem »Risikofaktor«, was, laienhaft ausgedrückt, lediglich bedeutet, daß dieser Schluß, obwohl zwingend und eine weitere Untersuchung wert, unbewiesen bleibt.* Und doch konnte ich angesichts der Zahlen aus der Studie von 1990 nicht umhin, mich zu fragen, ob meine Sterilisation die Ursache meines Krebses gewesen sein könnte, auch wenn die Frage mit ziemlicher Sicherheit zu verneinen ist.

Solche Fragen sind normal. Prostatakrebs berührt den wohl sensibelsten Bereich jeder Ehe, die Sexualität, und in den Wochen vor der Operation, wenn man sich mit dem Eingriff beschäftigt, bewegen die Beteiligten unter der Oberfläche viele heftige Emotionen. Einige Männer mögen verpaßten Gelegenheiten nachtrauern, während Frauen wie Männer sich wohl fragen, was aus ihrer Ehe wird, wenn der Mann seine Potenz verliert. Groll, Angst, Verwirrung, Bedauern – es ist wichtig, zu begreifen, daß alle diese Gefühle berechtigt sind angesichts der Tatsache, daß sich das Leben beider Partner mit Sicherheit verändern wird, entweder nur vorübergehend oder für immer. Sicher ist es gut, wenn man den Kopf nicht hängenläßt und Haltung bewahrt, doch das sollte das Paar nicht dazu verleiten, den psychischen Problemen aus dem Weg zu gehen. Zumindest das Thema Impotenz sollte angesprochen werden, denn davor haben die mei-

* Während der Zusammenhang zwischen Sterilisation und Prostatakrebs unbewiesen bleibt, mehren sich rasch die Hinweise, daß Vererbung eine wichtige Rolle spielt. Die Abteilung für Humangenetik des Memorial Sloan-Kettering führt Prostatakrebs bereits weit oben auf der Liste der genetisch bedingten Krebsarten, und der Klinisch-Genetische Dienst der Abteilung unter der Leitung von Dr. Kenneth Offit spielt eine Vorreiterrolle bei der Erstellung eines medizinischen »Stammbaums«, aus dem sich ablesen läßt, welche Familienmitglieder tatsächlich einem Krebsrisiko ausgesetzt sind (Prostatakrebs eingeschlossen), und der somit Möglichkeiten der Krebsvorsorge für die gefährdeten Personen eröffnet.

sten Männer Angst (dicht dahinter folgt die Angst vor dem Tod). Über diese Möglichkeit nicht zu sprechen, ist ein Fehler.

Ich persönlich bestand darauf, daß Margaret alles, was ich in den Büchern zum Thema Impotenz gefunden hatte, las, auch wenn sie sich dagegen sträubte. Natürlich hofften wir, daß mir das erspart bleiben würde, aber wenigstens wußten und begriffen wir, was getan werden konnte, falls es doch passierte, und einigten uns, welche sexuellen Hilfsmittel wir beide akzeptieren würden (dazu später mehr). Hat man mit seinem Partner erst einmal offen über die Möglichkeit der Impotenz gesprochen, kann man das Thema vorerst ad acta legen, damit es nicht zur Zwangsvorstellung wird.

Man darf die Erörterung solcher Fragen nicht seinem Arzt überlassen oder erwarten, daß ein vielbeschäftigter Chirurg die Zeit hat, in die Rolle des Eheberaters oder Sexualtherapeuten zu schlüpfen, ganz davon abgesehen, daß die Empfehlungen eines Mannes in *dieser* Sache eine Frau nicht unbedingt überzeugen. Daß der Urologe unterhalb der Gürtellinie, im Intimbereich, arbeitet, bedeutet noch lange nicht, daß er mehr von Sexualität versteht oder sich besser in eine Frau einfühlen kann als andere – tatsächlich neigen einige Urologen dazu, die Geschlechtsorgane mit den Augen eines Klempners zu betrachten. Bei sexuellen Störungen empfehlen sie gern weitere Operationen und die Implantierung von Prothesen und vergessen darüber, daß Paare oft selbst einen Weg finden können, mit ihren Problemen fertigzuwerden. Was eine Frau auf diesem Gebiet für wünschenswert hält, kann sich jedenfalls erheblich von dem unterscheiden, was einem Mann oder gar einem Chirurgen vorschwebt.

Die Zeit vor der Operation entscheidet mehr als alles andere (außer vielleicht dem Können des Chirurgen) darüber, wie schnell der Patient sich erholen und wie er sich fühlen wird. Machen Sie sich darauf gefaßt, daß es zu Streit und Meinungsverschiedenheiten kommt – es geht dabei um brisante Fragen. Und bilden Sie sich nicht ein, daß ein bißchen

Sex und Händchenhalten als Vorbereitung auf das Kommende genügen. Das wäre blauäugig. Sie müssen den Problemen, die nach der Operation auf Sie zukommen können, gemeinsam ins Auge sehen und sie sachlich-nüchtern angehen.

Seien Sie versichert, der Prostatakrebs wird für Sie und Ihren Partner zu einer enormen psychischen Belastung. Ihrer Ehe steht eine schwere Prüfung bevor, und Sie werden mit Problemen konfrontiert, die zu den schwierigsten des Lebens überhaupt gehören. Gehen Sie sie mutig an – und Menschen haben im allgemeinen mehr Mut, als sie sich selber zutrauen –, dann kann Ihre Ehe gestärkt daraus hervorgehen, und Sie werden überrascht feststellen, daß es nicht nur ein Leben nach dem Prostatakrebs gibt, sondern daß Sie das Beste möglicherweise noch vor sich haben.

Zu Hause waren die für die Zeit nach der Operation getroffenen Maßnahmen kaum zu übersehen. Wohin ich auch blickte, überall sah ich die Früchte dieser sorgfältigen, gründlichen Vorbereitung, für die ich noch heute dankbar bin. Unsere Freunde Roxanne und Richard Bacon waren sehr fleißig gewesen. Da unser altes Haus (Baujahr 1784) über keine Duschen verfügte, hatte Richard eine Badewanne mit Duschvorhang, Handbrause und Duschsitz eingebaut. Außerdem hatte er Griffe an der Wand angebracht, an denen ich mich festhalten konnte, und den Boden mit einer rutschfesten Matte ausgelegt. Im Schlafzimmer war ein Modem für meinen Laptop angeschlossen, damit ich mich, wenn ich mich ausruhte, mit meinem Büro in Verbindung setzen konnte. Ein zweites stand in Reichweite des Sofas in meinem Arbeitszimmer, so daß ich mich beim Arbeiten hinlegen und entspannen konnte.

Bewaffnet mit der Liste, die ich bei dem Gespräch mit der Frau vom St. Francis erstellt hatte, stattete ich John's Apothecary, der Apotheke am Ort, einen Sondierungsbesuch ab. John führte viele Spezialartikel für ältere Patienten, und ich stand ehrfürchtig vor dem vielfältigen Angebot an Produkten für inkontinente Menschen. Anscheinend sollte ich bald zu einer der größten Minderheiten im Lande gehören, wenn auch vielleicht etwas verfrüht. Ich tröstete mich mit dem Gedanken, daß jeder, wenn er nur lange genug lebt, eines Tages Wegwerfwindeln für Erwachsene, Urinflaschen und flüssigkeitsundurchlässige Matratzenbezüge kauft.

Mit Taktgefühl und der Begeisterung eines Verkäufers führte mir John sein gesamtes Sortiment vor. Da war zunächst die Erwachsenenwindel »Depends«, etwas dick zwar, aber »hundertprozentig dicht«, selbst bei völliger Inkontinenz. Die benötigte ich nach meiner Entlassung, falls mein Katheter leckte – und nach Johns Auskunft leckten alle –, und für eine unbestimmte Zeit nach der Entfernung des Katheters. Dann hielt er sogenannte Attends-Slips in die Höhe. Sie waren saugfähig, nicht ganz so unförmig, wurden mit zwei wiederverwendbaren elastischen Bändern festgezurrt und sahen aus wie ein dick gepolstertes Bikini-Unterteil. So etwas zog man an, wenn man seine Kontinenz teilweise wiedererlangt hatte. Natürlich, so klärte er mich auf, gehe beim Husten, bei abruptem Aufstehen, beim Niesen oder heftigen Lachen Harn ab. »Doch die Attends wird damit fertig, wenn Sie verstehen, was ich meine.« Durch ein Nicken bedeutete ich ihm, daß ich verstanden hatte. Die nächste Stufe war ein Slip namens Sir Dignity. Er sah aus wie ein Paar Jockey-Shorts, nur daß er vorn über einen Plastikbeutel mit saugfähiger Vorlage verfügte. Anfangs müsse man die Vorlage häufig wechseln, sagte er, aber schon recht bald müßten die meisten Männer nur noch eine als Ersatz in der Brusttasche ihres Jacketts mit sich tragen, für den Fall des Falles. Er hielt ein Paar hoch, und ich bewunderte es. Manche Männer, so vertraute er mir an, trügen ihre eigenen Jockey-Shorts und steckten eine Vorlage vorn in den Schritt, aber das könne jederzeit zu peinlichen Zwischenfällen führen. »Man hat lange an diesen Sachen getüftelt«, sagte John, »Warum sie also nicht benützen?«

Recht hatte er. Ich kaufte zwei Packungen von allen drei Produkten, dazu flüssigkeitsundurchlässige Vorlagen zum Einmalgebrauch in zwei Größen, ein paar Urinflaschen und drei Schaffelle, die laut John das Sitzen viel angenehmer machten. John und ich packten die Sachen in meinen Wagen. Ich versuchte mir vorzustellen, wie ich diese Artikel benutzte, doch ich konnte nicht. Gab es nicht viele Männer mit Prostatakrebs, die trotz Operation nicht inkontinent wurden? sagte ich hoffnungsvoll zu John. Aber gewiß! stimmte er mir beflissen zu, doch ich sah es ihm am Gesicht an, daß er vom Gegenteil überzeugt war. Ich solle mir keine Sorgen machen, sagte er. Er werde einen Vorrat Depends in meiner Größe anlegen, nur für alle Fälle.

Wieder zu Hause, setze ich mich in die Küche und goß mir eine Tasse Kaffee ein. Zum ersten Mal, seit ich wußte, daß ich Krebs hatte, war mir zum Heulen zumute. Langsam dämmerte mir, wie einschneidend sich mein Leben nach dem 29. verändern würde, vielleicht nicht für immer, aber doch für eine lange Zeit. Ich würde lernen müssen, mit der Inkontinenz zu leben, wenn vielleicht auch nur für kurze Zeit. Ich mußte damit rechnen, fast das gesamte Jahr impotent zu bleiben. Und wie aus dem Merkblatt, das Dr. Walsh an seine Patienten verteilte, hervorging, durfte ich in der Zeit keine koffein- oder kohlensäurehaltigen Getränke und auch keinen Wein oder irgendeine andere Form von Alkohol zu mir nehmen, da sie die Wiedererlangung der Kontinenz erschwerten und die Inkontinenz verschlimmerten.

Kein Wein, kein Sex, kein Kaffee, und die Schränke voller Windeln! Ich schlürfte meinen Kaffee und ergab mich dem Selbstmitleid. Warum auch nicht? Haltung bewahren ist gut, wenn man unter Leute geht, aber man kann nicht rund um die Uhr Haltung bewahren, zumindest nicht vor sich selbst. Es schadet nicht, wenn man sich von Zeit zu Zeit selbst bemitleidet – wenigstens bei Krebs sollte das erlaubt sein. Manchmal hilft es, wenn man sich eingesteht, daß man Angst hat.

Ich gestand es mir und auch Margaret ein, als wir nach Baltimore fuhren und dabei die Anweisungen lasen, die mir Dr. Walshs Büro zugeschickt hatte.

12

Meine Operation war für Dienstag morgen, den 29. November, angesetzt, doch ich sollte mich bereits am Vortag um 14 Uhr im Johns Hopkins einfinden, damit die Aufnahmeformalitäten erledigt werden konnten – ein Vorgang, der, wie mir mitgeteilt wurde, »mehrere Stunden«, in Anspruch nehmen werde. Ich sollte mir für den Abend nichts vornehmen – ich wäre ohnehin nicht auf die Idee gekommen, mich am Abend, bevor mich Dr. Walsh operierte, ins Nachtleben von Baltimore zu stürzen.

Ich durfte die Nacht von Montag auf Dienstag nicht im Krankenhaus verbringen – die Versicherungsgesellschaften achten darauf, daß der Klinikaufenthalt jedes Patienten auf das absolute Minimum beschränkt bleibt. Statt dessen erwartete man mich am Dienstag morgen um 7 Uhr mit gepackter Tasche im Johns Hopkins. Ich sollte gleich in die Chirurgie gehen. Mein Zimmer sollte ich erst sehen, wenn ich nach der Operation aus der Intensivstation kam. Von Montag mittag an durfte ich nur noch Flüssigkeit zu mir nehmen – Wasser, Preiselbeersaft (es dürfte vielleicht von Interesse sein, daß Orangensaft, ebenso wie Joghurt, nicht als Flüssigkeit gilt) oder Wackelpeter. Vor Mitternacht sollte ich mir selbst einen Einlauf machen, den ich noch erhalten würde, einen zweiten am nächsten Morgen. Nach Mitternacht war auch Trinken verboten. Falls ich Durst bekam, sollte ich mir mit einem Eiswürfel die Lippen einreiben.

Wie groß meine Angst war, läßt sich daran ermessen, daß ich am Sonntag einen Anfall bekam, eine Art Mini-Nervenzusammenbruch. Normalerweise habe ich alles bestens im Griff, doch an diesem Tag kam ich aus irgendeinem Grund zu der Überzeugung, daß ich die Tage verwechselt hätte und daß wir schon längst auf dem Weg nach Baltimore hätten sein müssen. Und zu allem Überfluß konnte ich unsere Tickets nicht finden. Am Ende lagen alle meine sorgfältig geordneten Papiere verstreut auf dem Boden im Arbeitszimmer, und ich stand zitternd und heulend daneben. Tränen liefen mir über die Wangen, während Margaret mich im Arm hielt und mich zu beruhigen versuchte. Natürlich hatte ich mich nicht im Tag geirrt, und natürlich tauchten die Tikkets wieder auf, aber dies war nur ein Vorwand für meinen Gefühlsausbruch gewesen. Ich hatte eine halbe Ewigkeit auf den Moment der Wahrheit gewartet – so jedenfalls kam es mir vor –, und jetzt, wo er unmittelbar bevorstand, bekam ich es mit der Angst zu tun.

Margarets Bedenken hinsichtlich meiner Rückreise aus Baltimore wurden durch die Hinreise bestätigt. Kaum eine Unannehmlichkeit, die bei Flugreisen auftreten kann, blieb uns erspart. Zunächst verpaßten wir wegen mehrerer Verkehrsstaus beinahe unsere Maschine, dann gerieten wir in das Chaos und Durcheinander auf dem La Guardia, wo anscheinend ständig gebaut wird, und schließlich hatte auch noch der Flug nach Pittsburgh Verspätung, und als wir endlich dort landeten, konnten wir aus unerfindlichen (und nicht genannten) Gründen erneut nur mit mehrstündiger Verzögerung nach Baltimore weiterfliegen, wo wir schließlich gegen Mitternacht eintrafen, erschöpft und hungrig, da unterwegs kein Essen serviert worden war. Margaret hatte recht gehabt. Selbst ich konnte mir nicht vorstellen, wie ich sechs oder sieben Tage nach der Operation, einen Foley-Katheter im Penis und einen Urinbeutel am Bein, diese Strapazen durchstehen sollte.

Wir trafen mit erstaunlich viel Gepäck im Hotel ein. Was Margaret anging, so war das verständlich, denn alle möglichen Freunde hatten versprochen, nach Baltimore zu kommen, ihr Gesellschaft zu leisten und sie abends zum Essen auszuführen. Dick Snyder, mein alter Freund und ehemaliger Chef, hatte ein Zimmer reserviert, Rod Barker, ein lieber

Freund und Autor, flog mit dem Flugzeug eigens aus New Mexico herüber, Avi Offit und ihr Mann Sidney wollten kommen, wenn ich mich soweit erholt hatte, daß ich Besuch empfangen konnte ... Kaum eine Rechtfertigung gab es hingegen für mein umfangreiches Gepäck, die Bücher, den Laptop und die Umschläge mit liegengebliebener Arbeit, die ich nachholen wollte. (Wie sich später herausstellte, benötigte ich einen Morgenmantel, Slippers, eine Zahnbürste und einen Elektrorasierer, mehr nicht.)

Wir aßen in unserer Suite in Baltimore den obligatorischen Krabbenkuchen, sahen uns im Fernsehen einen alten Film an und schliefen unruhig Arm in Arm. Von Natur aus Optimist (und ein Mensch, der immer mehr leistet, als von ihm erwartet wird), hatte ich sogar meine Joggingschuhe und einen Trainingsanzug mitgebracht, da ich am Morgen laufen wollte, doch als ich aufwachte, regnete es in Strömen. Es war ein trostloser, trüber Tag, und meine Stimmung paßte zum Wetter, also beschloß ich, daß mein Herz-Kreislauf-System ausnahmsweise einmal alleine zurechtkommen mußte. Ich ließ Margaret lange schlafen. Nach dem Frühstück gingen wir nach unten und schlugen die Zeit tot. Ständig sahen wir auf die Uhr. Wir waren nicht hungrig, doch Essen schien die einzige Möglichkeit, die Zeit herumzubringen, die uns inzwischen sehr lang wurde. Zum Lunch gingen wir in eines der Hotel-Restaurants. Margaret stocherte in ihrem Essen, und ich aß eine Hühnerbrühe, danach eine Schale Wackelpeter und redete mir ein, dies sei eine normale Mahlzeit. Schließlich gingen wir in die Lobby und baten den Portier, uns ein Taxi zu rufen.

Wohin? fragte er. Zum Johns Hopkins, antwortete ich. Er nickte wissend. Ein Blick genügte, und er wußte, wer von uns beiden der Patient war – wahrscheinlich stiegen etliche Hotelgäste nur deshalb hier ab, weil man in einer Viertelstunde im Johns Hopkins war. Der Portier wußte Bescheid.

»Viel Glück«, sagte er düster, wie ein Mann, der sich von einem Häftling verabschiedet, der auf dem Weg zur Guillotine ist. Er gab mir feierlich die Hand, bevor er die hintere Tür des Taxis öffnete und versprach, Margaret jeden Morgen ein Taxi zu besorgen.

Bei meinem letzten Besuch im Johns Hopkins vier Wochen zuvor hatte ich Antworten auf meine Fragen gesucht. Das Krankenhaus war mir weder bedrohlich erschienen, noch hatte ich mich als ein Teil von ihm gefühlt – ich war ein Besucher gewesen, der noch am selben Tag nach New York zurückkehren sollte. Diesmal jedoch kam ich als Patient, und bald würde diese Klinik, die zu den größten der Welt gehört, ihre unerschöpflichen, unvorstellbaren Mittel ganz in den Dienst meiner Gesundheit stellen. Ich kam mir vor wie früher, wenn ich durch das Tor einer neuen Schule getreten war, oder wie damals, als ich in Zivil, einen Koffer in der Hand, vor dem Wachlokal der Kaserne stand, in der ich meine Grundausbildung absolvieren sollte. Ich wußte, daß ich hier nicht so lange bleiben würde wie in diesen anderen Einrichtungen, aber das Gefühl war dasselbe. Ich war ein »Neuer«. Ich würde neue Regeln und Gepflogenheiten lernen und ungewohnte Anweisungen befolgen müssen.

Auch der Nachmittag erinnerte mich an meine Militärzeit. Hetzerei und Warterei lösten einander ab. Hinzu kam der endlose Formularkrieg, der in Krankenhäusern ebenso üblich ist wie in der Armee. Als Margaret und ich von Büro zu Büro zogen, wäre ich nicht überrascht gewesen, wenn mir plötzlich jemand einen Stapel Uniformen über den Tresen zugeschoben hätte – ohne die orangefarbene Plastikkarte, die mich als Patient des Johns Hopkins auswies, hätte ich ebensogut ein Rekrut sein können. Schließlich hatten wir unseren Hindernislauf durch die Verwaltung beendet – ich hatte den Vorgang, so gut ich konnte, beschleunigt, indem ich der Klinik im voraus alle erforderlichen Informationen gefaxt hatte, eine Maßnahme, die ich im Umgang mit Krankenhäusern nur wärmstens empfehlen kann. Man nahm mir zum x-ten Mal Blut ab, überprüfte meine Unterlagen und heftete meinen *living will* an meine Krankenakte – für den Fall, daß er gebraucht wurde. Dann schickte man uns nach oben, wo ich gründlich untersucht wurde. Hinterher wurden wir aufgefordert, im Marburg Building zu warten, wo uns Dr. Walsh oder einer seiner Assistenten darüber informieren würde, was uns am nächsten Tag erwartete. Wir sollten auf gar keinen Fall herumlaufen, denn nun, da ich im Computer als einer der Patienten gespeichert war, die Dr. Walsh am nächsten Morgen operierte (»Wie viele Operationen führt er am Tag eigentlich durch?« fragte Margaret), war es plötzlich von allgemeinem Interesse, wo ich mich aufhielt.

Das Johns Hopkins ist so riesig, daß uns der Weg nach »Marburg«, wie Dr. Walshs Station genannt wurde, endlos erschien. Wir erklommen Treppen, benutzten Förderbänder, fuhren mit Aufzügen und Rolltreppen und folgten Wegweisern durch Korridore, in denen es von Ärzten und Krankenschwestern wimmelte, bis wir schließlich in einem kleinen, düsteren und nur spärlich möblierten Wartezimmer landeten. Eine Schwester erschien, hakte meinen Namen auf ihrer Liste ab und bat uns, Platz zu nehmen und zu warten. Bis dahin hatte ich mich ganz leidlich gefühlt oder mich zumindest ruhig in mein Schicksal ergeben, vielleicht weil ich etwas zu tun gehabt hatte, auch wenn es nur darin bestand, pünktlich die nächste Anlaufstelle auf unserer Liste zu erreichen. Doch jetzt plötzlich – es war schon fast früher Abend – fühlte ich mich erschöpft. Hierher, ins Marburg Building, sollte ich morgen aus der Intensivstation gebracht werden, in eines dieser Zimmer. Ich spähte den Korridor hinunter. Eine gebeugte Gestalt in einem karierten Morgenmantel schlurfte, einen Infusionsständer vor sich herschiebend, in Slippern auf und ab. Über Kunststoffschläuche war der Mann an eine Art kleinen Computer angeschlossen. Er ging langsam und nicht besonders gleichmäßig. Eine Klingel schrillte durch die Station. Ich kam mir wie ein Eindringling vor.

Ich setzte mich neben Margaret und ergriff ihre Hand.

Eine Glocke ertönte, und die Tür des Fahrstuhls ging auf. Zwei Pfleger rollten ein Bett heraus, in dem ein Mann mittleren Alters lag, der an Monitore und Infusionsbehälter angeschlossen war. Er reckte mühsam den Daumen nach oben, als er an uns vorüber zu seinem Zimmer geschoben wurde. Im spärlichen Neonlicht hatte sein Gesicht eine käsige Farbe mit einem leichten Stich ins Blaue. »Mein Gott!« sagte ich.

Margaret drückte fest meine Hand. »Alles wird gut«, sagte sie bestimmt.

»So wird es mir morgen ergehen.«

»Er sah doch ganz gut aus, findest du nicht?«

»Er sah aus wie der aufgewärmte Tod. Und was waren das für blaue Dinger, die um seine Beine gewickelt waren?« Die »Dinger« hatten ausgesehen wie dicke Gamaschen oder wie die Wickel, die man Pferden beim Transport zum Schutz um die Beine legt. Sie waren an ein kleines Gerät angeschlossen, das ein leises, schnaufendes Geräusch von sich gegeben hatte.

»Keine Ahnung, aber wir werden es schon noch erfahren.«

»Mir wäre lieber, ich hätte ihn nicht gesehen.«

»Immerhin ging es ihm so gut, daß er den Daumen hob. Ich wette, das tust du auch.«

Ich war mir da nicht so sicher. So warm es im Wartezimmer war, hatte es mich beim Anblick des Mannes, der nach der Operation in sein Zimmer gerollt wurde, doch eiskalt überlaufen. Ich bekam eine ungefähre Vorstellung davon, wie sich ein Verurteiler fühlen mußte, jemand, der in der Falle saß und einem Schicksal ausgeliefert war, das er nicht mehr beeinflussen konnte. Natürlich traf das auf mich nicht zu. Ich hätte jederzeit das Krankenhaus verlassen und mit dem nächsten Zug nach New York fahren können, aber ich wußte, daß ich das nicht tun würde.

Dann erschien ein weiteres Paar. Die beiden wirkten ängstlich und etwas nervös, und er umklammerte einen Umschlag aus Manilapapier, der genauso aussah wie meiner. Ein Mitpatient, keine Frage. Wir machten uns miteinander bekannt. Die beiden hießen Ned und Gladys Mynatt, kamen aus Tennessee und machten, wie wir sicherlich auch, den Eindruck von Leuten, die mit ihren Kräften am Ende waren. Ned und ich tauschten leutselig unsere PSA-Werte und Gleason-Scores aus. Er hatte ungefähr die gleichen Werte wie ich, und auch er hatte sich beim ersten Gespräch sofort für Dr. Walsh entschieden.

Ned war ein zurückhaltender, höflicher und etwas schüchterner Mann, Gladys war etwas kontaktfreudiger. Ned war morgen als erster dran, vor mir. Ich fragte mich, was besser war. Mußte Dr. Walsh wie ein Sportler erst »warm« werden, oder war er bei der ersten Operation am Morgen noch frisch und bei der nächsten schon etwas müder? Ned und ich diskutierten darüber, um uns das Warten zu verkürzen, aber er war nur halb bei der Sache. Er hatte weit aufgerissene Augen wie ein Tier, das von den Scheinwerfern eines herannahenden Autos geblendet wird. Während Gladys und Margaret ruhig in einer Ecke plauderten, erklärte mir Ned, warum wir warten mußten. Es wurde ein dritter Patient erwartet, der von einem Kollegen Dr. Walshs operiert werden sollte. Sein Flugzeug hatte wegen schlechten Wetters Verspätung (ich hatte den ganzen Nachmittag im John Hopkins verbracht und ganz vergessen, daß es in der Welt da draußen in Strömen geregnet hatte), und da niemand seine Zeit damit verschwenden wollte, die Einweisung zweimal vorzunehmen, sollten wir hier sitzen bleiben, bis er kam. Ich machte einen Ausflug in die Cafeteria und kam mit einer Flaschen Apfelsaft zurück, da ich langsam Hunger bekam.

Ich bot Ned einen Schluck an, doch er schüttelte den Kopf. »Wie fühlen Sie sich?« fragte er.

»Ich habe Angst«, antwortete ich. »Und es wäre mir lieber, ich hätte alles schon hinter mir, so oder so. Die Warterei bringt mich um.«

Meine Wortwahl war nicht besonders glücklich, aber Ned nickte. »Mich auch«, sagte er.

Ich fragte Ned, wie er nach der Operation nach Hause kommen würde, und erfuhr, daß er und Gladys die Absicht hatten, einfach dieselbe Strecke zurückzufliegen, die sie gekommen waren. Dr. Walsh hatte ihnen versichert, daß dies in Ordnung sei. Ned fragte mich, ob ich mit meinem Urologen zu Hause einen Termin für die Entfernung des Katheters nach drei Wochen vereinbart hätte. Dr. Walsh habe ihm dazu geraten. Daran hatte ich überhaupt nicht gedacht. Ich war so damit beschäftigt gewesen, mich mit allem Nötigen zu versorgen und mit den Pflegediensten zu sprechen, daß ich es versäumt hatte, mich im Dutchess County für die Genesungszeit nach einem Urologen umzusehen. Wenn Komplikationen auftraten, konnte ich schlecht jedesmal nach New York zu meinem Urologen fahren. Ich fragte mich, was ich sonst noch vergessen hatte, und bat Margaret, einen in unserer Nachbarschaft wohnenden Arzt anzurufen und sich jemanden empfehlen zu lassen.

Ich mochte Ned auf Anhieb. Er war von jener spontanen Freundlichkeit, die in New York und Los Angeles so selten, sonst aber weit verbreitet ist. Er konnte es immer noch nicht recht begreifen, daß er tatsächlich hier, im Johns Hopkins, war und unters Messer kommen sollte. Er hatte sich gut gefühlt – und fühlte sich immer noch gut. Keinerlei Symptome hatten sich bei ihm gezeigt, nichts hatte auf eine Erkrankung hingedeutet. Er hatte nie an seine Prostata gedacht, die ihm, anders als meine, nicht die geringsten Probleme bereitet hatte, niemals, und so traf es ihn völlig unvorbereitet, als sein Urologe anrief und ihm mit düsterer Stimme mitteilte, daß sein PSA-Wert erhöht sei.

Das lange Warten in dem kleinen, dunklen Raum am Ende des Korridors, gegenüber dem Aufzug, ließ unseren Angstpegel rapide steigen. Ich fühlte mich wie eine Figur in Sartres *Bei geschlossenen Türen*, dazu verdammt, den Rest der Ewigkeit in einem engen Zimmer mit drei anderen Menschen zu verbringen. Von Zeit zu Zeit erschien eine Schwester und teilte uns mit, daß Dr. Walsh »bald« kommen werde. Schließlich ließ sie uns wissen, daß nicht Dr. Walsh, sondern der Oberarzt mit uns sprechen werde. Zuvor werde uns die Oberschwester einweisen – sobald sie da sei. In der Zwischenzeit, so sagte sie, sollten wir das lesen, und drückte uns einen Stapel Papiere in die Hand. In der Hauptsache handelte es sich um Formulare, in denen wir über unsere Rechte aufgeklärt wurden, andere warnten vor den schlimmen Folgen bestimmten Fehlverhaltens, wozu auch die Einnahme von Aspirin gehörte. Zum Glück hatte mir Dr. Walsh eingeschärft, daß ich in den Wochen vor der Operation kein Aspirin nehmen dürfe, da es die Blutgerinnung hemme. Wie ich noch feststellen sollte, waren andere nicht so gründlich informiert worden. Ein Mann, mit dem ich gesprochen habe, war zu seiner Operation (nicht im Johns Hopkins) gekommen und wurde, schon auf dem Weg in den OP, gefragt, ob er Aspirin genommen habe. Er bejahte und wurde sofort zurückgerollt. Er erhielt seine Straßenkleidung wieder und wurde nach Hause geschickt, wo er vier Wochen warten mußte, bevor er operiert werden konnte. Niemand hatte mit ihm über Aspirin gesprochen. Eine weitere Lehre, dachte ich mir: immer Fragen stellen, so naheliegend die Antworten auch scheinen mögen, und sich nicht darauf verlassen, daß der Arzt schon an alles denken wird.

Schließlich erschien die Oberschwester, obwohl der fehlende Patient noch nicht da war. Sie ging mit uns durch, was uns morgen erwartete. Nach der Anmeldung sollten wir gleich in die Chirurgie gehen – sie gab uns einen Plan. Wir sollten unsere Koffer mitbringen, man werde sie in unsere Zimmer schaffen. Sobald wir uns entkleidet und das Operationshemd angezogen hätten, würden wir eine Infusion bekommen. Danach würde uns der Anästhesist, sobald es Zeit sei, einen Periduralkatheter anlegen. Durch den Periduralkatheter werde vor und während der Operation das Anästhetikum und hinterher das schmerzstillende Mittel injiziert. Brillen, Uhren und so weiter sollten wir unseren Frauen geben. Noch irgendwelche Fragen?

Ich hob die Hand. Ich hätte höllische Angst vor dem Periduralkatheter, sagte ich. Sei das schmerzhaft? Die Schwester schüttelte den Kopf und versicherte mir, daß ich nichts spüren würde. Ich sollte aber dem Anästhesisten sagen, daß ich Angst hätte, dann würde er mir wahrscheinlich Valium geben. Sie machte sich eine Notiz auf ihrem Klemmbrett.

Nach dem Aufwachen in der Wachstation, fuhr sie fort, würden wir feststellen, daß unsere Beine in Antithrombosestrümpfen steckten – sie hielt glänzende weiße Strümpfe mit einem Loch für den großen Zeh in die Höhe. Diese Strümpfe umschließe eine dickere Umhüllung, die mit einem Kompressionsgerät verbunden sei, das die Beine in regelmäßigen Abständen sanft zusammenpresse, um die Durchblutung anzuregen und Embolien vorzubeugen. Das waren die himmelblauen Wickel, die ich bei dem Patienten gesehen hatte, der aus dem Aufzug geschoben worden war. Das Kompressionsgerät blieb etwa vierundzwanzig Stunden angeschlossen. Die Stützstrümpfe wurden vier Wochen lang getragen, und vor unserer Entlassung aus dem Krankenhaus würde man uns zeigen, wie man sie anzieht.

Außerdem würde man uns in der Handhabung des Foley-Katheters unterweisen, der in den kommenden drei Wochen oder länger unser ständiger Begleiter sein sollte. Wir würden einen normalen Beutel erhalten – sie hielt einen in die Höhe, und er sah aus wie ein schlaffer Luftballon – und einen zweiten, mit dem wir gehen könnten – sie zeigte uns einen kleinen, rechteckigen Kunststoffsack, mit Schläuchen oben und unten sowie zwei Gurten mit Klettverschluß, mit denen er knapp über dem Knie am Oberschenkel befestigt wurde. Noch irgendwelche Fragen?

Ich hatte viele, aber keine, die ich hier ansprechen wollte. Wie fühlte man sich nach dem Aufwachen in der Wachstation? Hatte man starke Schmerzen? Wie fühlte sich der Katheter an? Was spürte man, wenn man im OP lag, und, noch einmal, tat es weh, wenn der Periduralkatheter eingeführt wurde? Statt dessen schüttelten Ned und ich gleichzeitig den Kopf, als wüßten wir alles, was wir wissen wollten.

Die Tür des Aufzugs ging auf, und ein großer, korpulenter, falstaffisch gebauter Mann mit rotem Gesicht trat heraus, seine Frau im Schlepptau. Er hieß Bob Smith und kam aus South Carolina. Er hatte eine laute, kräftige Stimme und einen herzhaften Händedruck, Eigenschaften, die Leute von der Ostküste fälschlicherweise für Kennzeichen des Texaners halten, und beherrschte mit seiner Gegenwart sofort den Raum. Gail Smith war eine kleine, hübsche Blondine, um einiges jünger als ihr Mann und piekfein gekleidet. Das Flugzeug der beiden hatte sich verspätet, und obendrein war ihr Gepäck verlorengegangen. Als komme er zu spät zu einer Party, erklärte Bob mit dröhnender Stimme, daß er schon befürchtet habe, es nicht mehr zu schaffen, aber jetzt sei er da und hoffe, daß es bald losgehe. Er verströmte einen kameradschaftlichen Geist und wirkte eine Idee zu großspurig oder vergnügt, vielleicht weil er im Unterschied zu uns, die wir auf ihn gewartet hatten, nicht stundenlang in einem engen, stickigen Raum geschmort hatte. Nun, da er endlich aufgetaucht war, rief seine Anwesenheit eine leichte Verstimmung hervor. Doch bei näherem Hinsehen wurde deutlich, daß Bob bei allem Gepolter ebenso ängstlich war wie Ned und ich.

Und wenigstens gab er es offen zu, was man von mir nicht behaupten konnte. »Ich habe eine Scheißangst, Leute«, sagte er. Wenig später wußten wir alles über ihn: Nicht genug damit, daß er Krebs hatte, sein Arzt hatte sich auch noch geweigert, ihn zu operieren, solange er nicht abgespeckt hatte, und so hatte er eine Radikalkur gemacht und 24 Pfund abgenommen. Er war Geschäftsmann und züchtete nebenher Rinder. Er konnte es immer noch nicht fassen, daß ihm so etwas passiert war, und ich spürte, daß er die ganze Sache persönlich nahm, als müsse irgend jemand für den Mist verantwortlich sein und die Folgen tragen. Bobs ehrliche, unkomplizierte Art, seine Angst zuzugeben, und sein Bedürfnis nach Trost gaben Ned und mir irgendwie ein Gefühl der inneren Ausgeglichenheit, obwohl wir wußten, daß wir innerlich wie Wackelpeter zitterten. Nichts lindert den eigenen Kummer so wie der Kummer anderer Leute.

Ned und ich setzten Bob ins Bild wie alte Sträflinge einen neuen Gefangenen, während Margaret und Gladys mit Gail über das abhanden gekommene Gepäck sprachen. Auch Bob hatte wenig Krankenhauserfahrung und war von dem, was er bisher erlebt hatte, alles andere als angetan. Er war von einem Büro zum anderen gehetzt und hatte verzweifelt versucht, alle seine Papiere in Ordnung zu bringen, während er überall, wohin er kam, von Lautsprechern dringend in den Marburg Pavillon gerufen wurde. Sein Gesicht war knallrot vor Anstrengung, und er sah aus, als benötige er die Hilfe eines Herzspezialisten, bevor er sich in die Obhut eines Urologen begeben konnte.

Eine Schwester erschien und überzeugte sich, daß Bob inzwischen eingetroffen war. Sie wedelte mit einem Stück Papier. Wenn wir einen Fernseher wollten, sagte sie, müßten wir morgen früh bei unserer Ankunft im Krankenhaus einen beantragen, sonst sei er noch nicht aufgestellt, wenn wir in unsere Zimmer kämen. Fernsehen war das letzte, was mich im Moment interessierte, aber aus irgendeinem Grund hielt es Margaret für wichtig, daß ich ein Gerät bekam. Sie versprach mir, sich selbst darum zu kümmern, und riß der Schwester den Antrag aus der Hand, als hänge mein Leben davon ab.

Eine halbe Ewigkeit verging, dann endlich erschien ein richtiger, leibhaftiger Arzt. Er trug einen grünen Operationsanzug und wirkte noch erschöpfter als wir. Er stellte sich vor.

Der Oberarzt sah aus wie ein Football-Trainer, als er sich gegen einen Pfeiler lehnte und uns Instruktionen für den nächsten Tag gab. Er hatte einen angenehmen spanischen Akzent und ein natürliches, gewinnendes Lächeln. Wir sollten darauf achten, sagte er, daß wir alle unsere Unterlagen bei uns hätten – den Anforderungen der Bürokratie müsse

Genüge getan werden. Sofern wir einen *living will* ausgefüllt hätten, müsse er den Unterlagen für den Chirurgen beigefügt werden. Er erinnerte uns daran, daß wir nur Flüssigkeit zu uns nehmen dürften und daß er unter »Flüssigkeit« keine alkoholischen Getränke verstehe. Ab Mitternacht sollten wir überhaupt nichts mehr zu uns nehmen. Falls wir Durst bekämen, sollten wir uns die Lippen mit einem Eiswürfel benetzen. Er erinnerte uns eindringlich an den Einlauf. Morgen früh, zur vereinbarten Zeit, werde jeder von uns mit seinen Anästhesisten zusammentreffen, bevor es in den OP gehe. Jeder erhalte zunächst eine Infusion. Danach würden uns die Anästhesisten (im Johns Hopkins traten sie offenbar nur in Rudeln auf) in Dr. Walshs OP bringen und einen Periduralkatheter anlegen. In Bobs Fall werde etwas anders verfahren, da sein Chirurg im Gegensatz zu Dr. Walsh mit Vollnarkose arbeite.

Ich blickte neidisch auf Bob. Bob würde völlig weg sein – so unempfänglich für seine Umgebung wie ein Ochse, der gerade mit einer Axt erschlagen wurde –, und das erschien mir erstrebenswerter. Doch der Oberarzt war anderer Meinung. Seines Erachtens bestand zwischen den beiden Methoden kein großer Unterschied. Die Periduralanästhesie sei vielleicht ein klein wenig sicherer, und der Patient erhole sich wohl etwas schneller, aber weder im einen noch im anderen Fall spüre der Patient etwas. Er selbst teile – was mich keineswegs überraschte – Dr. Walshs Ansicht, daß die Periduralanästhesie für diese Operation besser geeignet sei. Dann führte er uns noch einmal die Antithrombosestrümpfe vor, die wir beim Erwachen in der Wachstation an den Beinen tragen würden. Zudem sollten wir uns darauf gefaßt machen, daß wir auf einer Seite der Operationswunde einen Drain im Bauch haben würden. Der Drain sei mit einem Stopfen versehen, damit in regelmäßigen Abständen Flüssigkeit und Blut abgeleitet werden könne. Wir würden ihn fünf Tage behalten. Er werde vor unserer Entlassung aus der Klinik zusammen mit den Klammern entfernt. Beides nehme wenig Zeit in Anspruch und verursache keinerlei Schmerzen.

Am Tag nach der Operation würden wir unsere erste Mahlzeit erhalten. Es sei uns aber nicht freigestellt, sie zu essen. Wir müßten sie aufessen, auch wenn wir keinen Hunger hätten. Nach einem größeren Eingriff sei es sehr wichtig, den Verdauungsapparat anzuregen, und wir dürften das Krankenhaus erst verlassen, wenn wir unseren ersten Stuhlgang gehabt hätten. Unter Umständen könnten uns Blähungen Beschwerden verursachen, obwohl Blähungen an sich eher ein gutes als ein schlechtes Zeichen seien. Wir sollten den Schwestern Bescheid sagen, wenn wir Blähungen hätten – dagegen könne man etwas tun. Doch je früher wir aufstünden und uns bewegten, desto schneller würden die Blähungen verschwinden. Und je früher wir einen richtigen Stuhlgang hätten, desto früher könnten wir an unsere Entlassung denken. Noch irgendwelche Fragen?

Ich hob die Hand und wies erneut auf meine Angst vor der Periduralanästhesie hin.

Er nickte aufmunternd – oder auch geduldig, wie um einen Geistesgestörten zu beruhigen. Es bestehe kein Grund, Angst zu haben, sagte er in bestimmtem Ton. Man werde mir Valium geben, bevor man den Katheter einführe. Ich würde es überhaupt nicht mitbekommen und allenfalls ein leichtes Stechen spüren.

Ich dankte ihm, aber mir wurde ganz flau im Magen. »Ein leichtes Stechen« klang beruhigend, aber was hieß das schon, wenn es aus dem Mund eines Chirurgen kam?

Er sah auf seine Armbanduhr und entließ uns. »Schlafen Sie gut«, sagte er, als ob das möglich gewesen wäre. »Wir werden uns morgen wiedersehen, wenn Sie nach der Operation wohlbehalten in Ihren Zimmern liegen.«

»*Hasta la vista,* Baby«, hörte ich einen von uns in der Manier Arnold Schwarzeneggers sagen, aber der Scherz kam nicht an. Keinem von uns war zum Lachen zumute.

An diesem Abend bestellten wir beim Zimmerservice für Margaret den üblichen Krabbenkuchen und für mich eine Flasche Mineralwasser. Wir saßen da und unterhielten uns, bis der Tisch weggeräumt wurde, dann gingen wir zu Bett. Wir lagen nebeneinander da, lasen in unseren Büchern und hielten uns an der Hand. Für Margaret und mich hatten Hotelzimmer immer etwas Erotisches, vielleicht weil wir damals, als wir eine Affäre miteinander hatten und noch mit anderen Partnern verheiratet waren, viel Zeit in solchen Zimmern verbrachten. Aber vielleicht finden alle Leute Hotelzimmer erotisch, wer weiß?

Wie auch immer, jedenfalls stopften wir uns mit Schlaftabletten voll (die waren nicht verboten), löschten das Licht und liebten uns auf eine seltsame, fast leidenschaftslose Art, denn in Wahrheit waren wir beide nicht sehr erregt – die Angst war einfach zu groß. Ich mußte unwillkürlich daran denken, daß ich diesen vertrauten Akt, der seit der Pubertät eine so große Rolle in meinem Leben spielte und der mir oft als der Mittelpunkt des Lebens vorgekommen war, als der einzige Teil, der einen Sinn ergab, heute vielleicht zum letzten Mal vollzog. Zumindest würde er nie wieder so sein, das wußte ich. Ich würde nie wieder die vertraute Erregung bei der Ejakulation spüren, das Herausspritzen des Samens, den tiefen Frieden, der sich mit dem Orgasmus einstellt, und das Gefühl für die eigenen Körperflüssigkeiten.

Was auch immer mit mir geschehen mochte, der Erguß der Samenflüssigkeit würde nie wieder Teil meines Lebens sein. Vielleicht war das gar kein so großer Verlust, sagte ich mir. Es konnte noch schlimmer kommen, und wahrscheinlich würde es das auch mit der Zeit. Aber irgendwie ist Sex untrennbar mit Flüssigkeit und Feuchtigkeit verbunden, wie jeder Pornograph weiß – nicht von ungefähr ist die Fähigkeit, reichlich zu ejakulieren, für eine Karriere als Pornostar eine ebenso wichtige Voraussetzung wie die Größe des Penis, wie wir aus Richard Rhodes *Making Love* wissen. Geschlechtsverkehr ist eine schmutzig-feuchte Angelegenheit – gerade das macht ja einen Teil des Vergnügens aus.

Mir war zum Heulen zumute, aber ich wußte, daß das nichts helfen und Margaret nur aufregen würde, die in diesem Moment ohnehin große Mühe hatte, die Selbstbeherrschung nicht zu verlieren, und so taten wir, was wir konnten, hielten uns unter der Decke an der Hand und warteten darauf, daß die Schlaftabletten wirkten. »Danke«, sagte ich zu Margaret und küßte sie auf die Schulter, doch sie war schon in einen unruhigen Schlaf gesunken. Ich legte ihr Buch zur Seite und schloß die Augen.

Ich hatte ihr für vieles zu danken, nicht zuletzt dafür, daß mir diese Nacht ebenso lebhaft in Erinnerung bleiben sollte wie unsere leidenschaftlichsten Nächte, als wir frisch verliebt waren und die kompliziertesten und unwahrscheinlichsten Geschichten erfanden, um eine der seltenen Nächte miteinander verbringen zu können.

Natürlich fehlte in dieser Nacht in Baltimore diese Art der Erregung, aber ich werde mich bis an mein Lebensende tiefbewegt an jede Einzelheit erinnern – auch wenn ich das zum damaligen Zeitpunkt noch nicht wußte, was wahrscheinlich ebensogut war.

Endlich schlief ich ein, und als ich am nächsten Morgen erwachte, war meine Angst vor dem Periduralkatheter nicht kleiner geworden.

13

Der Dienstag war grau und trostlos. Ich fühlte mich merkwürdig – ich war hungrig und durstig, und dennoch fühlte ich mich sehr wohl. Es kam mir wie ein Irrtum vor, daß dieser scheinbar gesunde Körper operiert werden sollte. Würde ich jemals wieder mit einem so guten Gefühl aufwachen? Um auf andere Gedanken zu kommen, ging ich ins Badezimmer und machte mir einen letzten Einlauf, ziemlich stolz darauf, daß ich das mittlerweile recht gut beherrschte.

Kann es eine unerquicklichere Art geben, den Tag zu beginnen, als in exakt derselben Haltung auf dem Marmorfußboden eines Hotelbadezimmers zu liegen, die das androgyne Modell auf der Packung des Einlaufs vormacht? Wie ein Schulbub hatte ich Angst davor, bei Dr. Walsh in Ungnade zu fallen und nach Hause geschickt zu werden, weil ich es nicht geschafft hatte, meinen Dickdarm sauber genug zu bekommen (ich wäre nicht der erste gewesen). Deshalb behielt ich die Flüssigkeit solange wie möglich in mir, und das war kein leichtes Unterfangen, denn je kälter der Einlauf ist, desto besser funktioniert es, und meiner war wirklich eiskalt. Auf der Seite liegend, die Knie angezogen, den Inhalt des Einlaufs in meinem Darm, preßte ich die Schließmuskeln mit aller Kraft zusammen und versuchte dabei, die *New York Times* zu lesen. Als ich es nicht länger halten konnte, kroch ich unbeholfen zur Toilette und hoffte, daß Dr. Walsh mit mir zufrieden sein würde. Ich jedenfalls war es. Ich fühlte mich so sauber und leer wie nie zuvor.

Ich legte die *New York Times* weg, bestellte das Frühstück für Margaret, rasierte mich, putzte mir die Zähne (wobei ich mich ständig fragte, ob das alles eine Rolle spielt) und nahm ein Bad. Zumindest würde ich der sauberste Patient sein, den Dr. Walsh jemals operiert hatte. Ich erinnerte mich an eine Geschichte über den berühmten Urologen Harold Lear in Martha Lears Buch *Heartsounds.* Dr. Lear sagte, daß er, wenn ein Patient ihn wegen Beschwerden anrufe, ihm immer rate, ein langes, heißes Bad zu nehmen. Und das helfe? fragte ihn ein Student. Nein, antwortete Lear, aber zumindest sei der Patient dann sauber, wenn er am nächsten Tag in seine Sprechstunde komme!

Wir zogen uns an, gingen hinunter in die Lobby und schlugen dort die Zeit tot. Ich sah unentwegt auf meine Uhr und fragte mich, ob ich vergessen hatte, sie aufzuziehen. Schließlich wurde es Zeit für einen letzten feierlichen Akt. Ich überreichte Margaret meine Uhr, meine Aktentasche mit allen Papieren darin, meine Brieftasche, meine Schlüssel und meine Kreditkarten. »Jetzt übernimmst du für eine Weile das Steuer«, sagte ich scherzhaft.

Margaret nickte. Sie lachte nicht. Wie sich herausstellte, sollte sie länger am Steuer bleiben, als wir beide ahnten, doch obwohl sie sich glänzend aus der Affäre zog, fand sie kein bißchen Gefallen daran.

Ich nahm meine Tasche, vollgepackt mit den Sachen, die ich im Krankenhaus zu benötigen glaubte, und wir machten uns Hand in Hand auf den Weg zum Johns Hopkins.

Inzwischen, so dachte ich, waren meine Freunde Ned und Bob bereits operiert.

In den höhlenartigen Hallen des Johns Hopkins füllte ich die üblichen Formulare aus, ließ mir Blut abnehmen (wozu eigentlich? fragte ich mich, die müßten inzwischen doch alles über mein Blut wissen), wartete in Schlangen und arbeitete mich von Stockwerk zu Stockwerk. Natürlich waren wir früher gekommen als nötig, doch auch so ließ sich die Zeit herumbringen, und ich hatte ausgiebig Gelegenheit, das Wort Krebs auszusprechen, wenn ich nach dem Grund meines Hierseins gefragt wurde. Inzwischen war es mir so vertraut, daß es mir ebenso leicht über die Lippen ging wie mein Name oder meine Sozialversicherungsnummer.

Wir wollten gerade in den Aufzug steigen und zu den Operationssälen hinauffahren, da erinnerte sich Margaret an das Fernsehgerät und eilte davon, um im voraus dafür zu bezahlen. Ich spürte, daß ihr das aus irgendeinem Grund wichtig war. Sie erwartete von mir, daß ich diese Sache ernst nahm und ihre Bemühungen honorierte. Und dann kam mir der Gedanke, daß Fernsehen natürlich Normalität bedeutete, ein Stück Alltag – wenn ich *NYPD Blue* oder *Emergency Room* nicht verpassen wollte, sagte sie mir später, so sei das ein Zeichen dafür, daß ich auf dem Weg der Besserung sei und meine Aufmerksamkeit wieder auf die Dinge richten könne, die uns vertraut seien.

Dennoch war Fernsehen das letzte, was mich interessierte, als wir in den Aufzug stiegen – einen beunruhigend großen Aufzug, der genug Platz für ein Krankenbett bot –, nach oben fuhren und einen kleinen, beengten Warteraum in der Chirurgie betraten, der voller trauriger, unglücklicher Menschen war. Einige, die darauf warteten, daß sie zu ihrer Operation gerufen wurden, waren in Begleitung ihrer kompletten Familie, darunter alte Großmütter, die Gebete murmelten, korpulente Onkel mit Goldkettchen, muskulöse Jungs in Sportsweatshirts und dick geschminkte junge Mädchen mit schwül-erotischem Blick. Ein junger Football-Spieler, der einer Knieoperation entgegensah, hatte seine Mannschaftskameraden mitgebracht, die vergnügt lärmten wie auf einer Party.

Der Raum war überheizt und stickig, und die vielen dikken Wintermäntel taten ein übriges, doch es gab kein Entrinnen. Am einen Ende war der Aufzug, am anderen die Tür, die zur Operationsschleuse führte – ich kam mir vor wie im Vorzimmer der Hölle.

Ich sah für mich nur eine Möglichkeit, das durchzustehen: Ich zog einen Band von A. J. P. Taylor mit Essays über die europäische Geschichte des 19. Jahrhunderts hervor und vertiefte mich in die Bismarcksche Außenpolitik. Wie langsam die Zeit verging! Endlich, nachdem sich der Raum fast geleert hatte, erschien eine Schwester und rief uns herein.

»Was jetzt?« flüsterte Margaret, als wir einen großen Saal betraten, der durch Vorhänge in einzelne Kabinen von der Größe eines Bettes unterteilt war, von denen eine mir gehörte.

Ich schüttelte den Kopf. Ich hatte keine Ahnung. Da standen zwei Stühle, und wir setzten uns.

»Wie fühlst du dich?« fragte Margaret.

Gut, antwortete ich, und das stimmte, doch langsam kroch die Angst in mir hoch. Mir war klar, daß die Warterei daran schuld war, aber Warten gehörte nun einmal dazu. Ich hoffte, daß der Mut – oder was immer es war, was mich aufrecht hielt – mich nicht verließ, wenn sie mich wegbrachten.

Schließlich kam ein Assistenzarzt, und es konnte losgehen. Er zog meine Akte hervor, und wir vergewisserten uns, daß mein *living will* an den Deckel geheftet war. Wir gingen alle Formulare durch, um sicherzustellen, daß ich auch die richtige Person war – eine durchaus vernünftige Vorsichtsmaßnahme in einer großen Klinik –, dann reichte er mir ein weiteres Formular, das bereits Dr. Walshs Unterschrift trug. Ich sollte darin bestätigen, daß man mich vor den möglichen Folgen der Operation wie Tod, Impotenz und/oder Inkontinenz gewarnt hatte und daß ich über verschiedene alternative Behandlungsmethoden wie Bestrahlung oder Hormontherapie aufgeklärt worden war, sie jedoch abgelehnt hatte. Ich unterzeichnete schwungvoll. Mittlerweile wollte ich die Sache nur noch hinter mich bringen.

»Ich habe große Angst vor der Periduralanästhesie«, sagte ich zu dem Assistenzarzt, einem ernsthaften jungen Mann, der sich seine Art, mit Patienten umzugehen, anscheinend von dem jungen Carter, seinem Kollegen in der Fernsehserie *Emergency Room*, abgeschaut hatte. Assistenzärzte, so sollte ich bald herausfinden, wußten vielleicht nicht viel, doch im allgemeinen waren sie viel geduldiger als ihre Chefs. »Ich habe einfach eine innere Sperre dagegen, daß etwas in mein Rückgrat gestochen wird«, sagte ich.

Er blickte in die Akte. »Ja«, sagte er, »hier ist es vermerkt. Hören Sie, es ist nicht schlimm, aber ich sage dem Anästhesisten, daß er mit Ihnen reden soll, sobald er Zeit hat. Jetzt ziehen Sie sich aus und schlüpfen in das Operationshemd. Ihre Sachen wird man in ihr Zimmer bringen.«

Ich entkleidete mich und zog das formlose weiche Baumwollhemd an. Ich fröstelte und fühlte mich nun, da meine Kleider, das letzte, was mich vom Patientenstatus getrennt hatte, fortgebracht wurden, noch verletzlicher. Ich erhielt Slipper aus Papier. Ich schlüpfte hinein, nahm wieder Platz und bedauerte mich selbst zutiefst.

Bald kam jedoch eine sympathische junge Krankenschwester und legte mir die Infusion. Sie schloß mich an einen Tropf mit Kochsalzlösung an, der an einem verchromten Ständer mit Rädern hing, so daß ich das Ganze herumschieben konnte. An meinem freien Handgelenk befestigte sie eine Kennkarte aus Plastik. Es ging voran. Ich erwähnte meine Angst vor der Periduralanästhesie. Sie antwortete, ich solle mir keine Sorgen machen.

Ich fragte sie, wann man mich rasieren werde. Sie lachte. »Erst, wenn Sie weg sind«, sagte sie. »Dann ist es einfacher.«

Margaret und ich saßen ruhig da, während die Kochsalzlösung tropfenweise in meine Vene floß. Hinter dem Vorhang, der uns von der Nachbarkabine trennte, verabschiedete sich ein Mann gerade von seiner Frau, die auf ihre Operation wartete. Ihre drei kleinen Kinder schrien und zankten, während sie ihn alles aufzählen ließ, was er für die Kleinen zu erledigen hatte.

»Ich würde sie auf dem Heimweg ertränken«, stieß Margaret zwischen den Zähnen hervor. Hin und wieder streckte eines der Kinder, ein Junge, den Kopf unter dem Vorhang hindurch in meine Kabine und schnitt uns eine Grimasse. Irgendwann machte ich ebenfalls eine Grimasse, da brach er in Tränen aus.

Die Oberschwester erschien und teilte uns mit, daß ich bald an der Reihe sei. Ich wies noch einmal auf meine Angst vor der Periduralanästhesie hin, dann fragte ich sie, ob ich auf die Toilette gehen könne.

Sie runzelte die Stirn. »Auf die Toilette? Sie können jeden Moment kommen, um Sie zu holen.«

»Ich muß mal. Ich sehe nicht ein, warum ich mit einer vollen Blase in den Operationssaal gehen sollte.«

Anscheinend war das nicht üblich. Ich schob meinen Infusionsständer den Flur hinunter und pinkelte zum letzten Mal für viele, viele Monate, wie mir bewußt war, ganz normal. Als ich zu meiner Kabine zurückkam, war die Frau neben mir verschwunden. Ich genoß die Stille, doch gleich darauf wurde der Vorhang zurückgezogen und zwei gutaussehende, freundliche junge Männer in hellblauer Arztkluft traten ein und grinsten. »Sind Sie also der Mann, der sich vor der Periduralanästhesie fürchtet?«

Ich bejahte und betete noch einmal meinen Spruch herunter.

Er blickte auf sein Klemmbrett. »Da haben wir's«, sagte er, »Wir sind Ihre Anästhesisten. Hier steht: Patient sagt, er habe Angst vor der Periduralanästhesie. Sie wollen es also aus berufenem Mund hören? Gut, bei mir werden Sie nichts spüren. In Ordnung?«

»Nichts ist in Ordnung«, antwortete ich. »Ich glaube Ihnen nicht.«

»Großes Ehrenwort. Bisher hat sich keiner beklagt. Ich mach' Ihnen einen Vorschlag: Ich gebe Ihnen so viel Valium, daß Sie nicht einmal den Einstich spüren.«

Ich nickte. Ich weiß nicht, ob es an der Infusion lag, aber allmählich wurde ich entspannter. »Wann geht's los?« fragte ich.

»Sofort«, antworteten sie. Der ältere Arzt blickte wieder auf sein Brett. »Wir können dafür sorgen, daß Sie ganz weg sind. Wir können Sie aber auch so bei Bewußtsein halten, daß Sie die Operation verfolgen können. Das ist das Schöne an der Periduralanästhesie. Sie werden überhaupt nichts spüren, aber Sie können sehen, was vor sich geht. Ganz wie Sie wollen.«

»Am liebsten wäre ich ganz weg, wenn es recht ist. Ich möchte nichts sehen und mich auch an nichts erinnern.«

Er kritzelte eine kurze Notiz. »Wie Sie wollen. Sie verpassen eine hochinteressante Operation, aber es ist Ihre Entscheidung. Am besten, Sie verabschieden sich jetzt von Ihrer Frau.«

Ich küßte Margaret, gab ihr meine Brille und sagte, sie solle zusehen, daß sie ein Mittagessen bekomme. Dann bugsierten sie mich, außerhalb ihrer Sichtweite, in einen Rollstuhl und schoben mich rasch den Flur hinunter und durch eine Schwingtür in Dr. Walshs Operationssaal.

Im ersten Moment erschien er mir klein, beengt und dunkel. Ich hatte einen hell erleuchteten Raum erwartet, doch davon konnte keine Rede sein. Ich erblickte einen silbernen Operationstisch, an dem eine Art lange Armlehne angebracht war – oder war es eine Rückenlehne? Rechts standen zahlreiche elektronische Geräte, zweifellos die Ausrüstung der Anästhesisten, links ein großer verchromter Tisch, auf dem, sauber aufgereiht, Dr. Walshs funkelndes Operationsbesteck lag. Ich weiß nicht, ob Dr. Walsh im Raum weilte, doch ich hatte den vagen Eindruck, daß in einer dunklen Ekke mehrere Leute in OP-Kleidung zusammenstanden und einen Plausch hielten.

Ich wurde aufgefordert, mich über das Ding zu lehnen, das wie eine Armlehne aussah, mit dem Rücken nach oben. Der gefürchtete Augenblick war gekommen. Jetzt sollte der Periduralkatheter gelegt werden. »Normalerweise bin ich nicht so«, sagte ich zu dem Anästhesisten, als er mir eine Injektion gab. »Ich will damit sagen, daß ich in meinem Leben schon einiges erlebt habe, medizinisch gesprochen. Ich war 1956 in einem Krankenhaus in Budapest, zur Zeit des Aufstands. Ich habe gesehen, wie sie Verletzte ohne jede Betäubung operiert haben, weil ihnen die Anästhetika ausgegangen waren ... Amputationen, Bauchschüsse, was Sie wollen ...«

»Das muß ja was gewesen sein«, sagte er und ließ mich plappern. Mir kam in den Sinn, daß er 1956 wahrscheinlich noch gar nicht geboren war und wahrscheinlich auch noch nie vom Ungarischen Aufstand gehört hatte.

»Ich will damit sagen, daß ich nicht empfindlich bin«, erklärte ich ihm behutsam. »Ich habe einfach eine irrationale Angst vor dem Periduralkatheter.«

»Ich weiß«, sagte er. »Das steht in meinen Unterlagen.«

»Wann kommt er rein?« fragte ich.

»Er ist schon drin«, antwortete er, und das war das letzte, woran ich mich erinnere, bis ich ein paar Stunden später in die Wachstation kam.

14

Sechs Monate nach der Operation ging ich mit einer Literaturagentin zum Lunch, die bekannt dafür ist, daß sie alles, was man ihr erzählt, an die Presse weitergibt – eine schlechte Angewohnheit, derentwegen ich mich in ihrer Gegenwart normalerweise bedeckt halte. Doch als sie mich nach meiner Operation fragte, legte ich los – sechs Monate nach der Operation trifft man selten jemanden, dem man seine Geschichte nicht schon mindestens einmal erzählt hat, und so ist ein neuer Zuhörer stets willkommen. Natürlich war das ein Fehler. Schon am nächsten Morgen rief mich ein Journalist vom *New York Observer* an und fragte, ob es wahr sei, daß ich ein Sterbeerlebnis gehabt hätte. Ich verneinte ziemlich ungehalten, doch als ich später noch einmal darüber nachdachte, kam ich zu dem Ergebnis, daß vielleicht doch etwas Wahres dran war.

In der Tat kam das Erwachen aus der Betäubung für meine Begriffe einem »Sterbeerlebnis« sehr nahe. Ich nahm schwach ein Licht wahr, Geschäftigkeit, Bewegungen um mich herum, aber ich konnte mich nicht darauf konzentrieren, als würde ich in die Bewußtlosigkeit zurückgezogen, als würde ich ertrinken, ohne aber dagegen anzukämpfen, ohne Atemnot oder Panik – ein friedliches Ertrinken, wenn es denn so etwas gibt.

Ich weiß nicht, wie lange dieses Gefühl anhielt, aber allmählich dämmerte mir, daß die Bewegung um mich herum nicht, wie ich zunächst angenommen hatte, der Geisterwelt entsprang, sondern meiner eigenen. Ich sah alles nur verschwommen, aber ich merkte, daß Schwestern um mich herum arbeiteten, und ich spürte, wie angekündigt, ein sanftes Pumpen an meinen umwickelten Beinen. Ich meinte Margaret zu sehen und fragte mich, wie sie hierhergekommen war, wo immer »hier« sein mochte. »Lebe ich?« krächzte ich, überrascht, wie schwer es mir fiel, einen Laut hervorzubringen.

»Aber natürlich«, antwortete sie und streichelte mir sanft die Hand.

Ich war beruhigt und zufrieden. Ich erinnerte mich, daß man Professor Martin geraten hatte, nach dem Katheter an seinem Penis zu tasten. War er da, so hieß das, daß die Operation vollständig durchgeführt worden war - mit anderen Worten, daß der Chirurg in den Lymphknoten und im angrenzenden Gewebe keinen Krebs gefunden hatte, doch ich brachte es einfach nicht fertig, irgend etwas da unten anzufassen. Ich spürte, daß da zahlreiche Schläuche waren, spürte die Verbände und Klammern und schloß daraus, daß alles in Ordnung war. Im Grunde war es mir egal, so oder so. Ich wollte einfach nur in Ruhe gelassen werden.

Aber natürlich ist gerade daran nach einer größeren Operation in einem Krankenhaus nicht zu denken. Immer wieder traten Leute in mein Gesichtsfeld und fragten mich nach meinem Befinden, aber ich konnte nur murmeln. Jemand legte mir einen Eiswürfel auf die Lippen. In gewissen Abständen wurde der Beutel an meinem Infusionsständer ausgetauscht, weil er leer war. Schweißnaß fiel ich zurück in eine Art Dösen, in einen Zustand zwischen Wachen und Schlafen, beruhigt durch das rhythmische Tuckern und Knacken des Geräts, das meine Beine knetete. Normalerweise bin ich sehr geschäftig. Jetzt aber brauchte ich nirgends hinzugehen und nichts zu tun. Ich fühlte mich merkwürdig entspannt und frei von Verpflichtungen. Was auch immer vor sich ging, im Moment wurde nicht mehr von mir verlangt, als zu atmen, genau wie von einem Baby, das in seiner Wiege liegt. Es war kein unangenehmes Gefühl.

Zeit verging. Ich spürte einen Ruck, weitere Bewegungen, und als ich dann die Augen aufschlug, lag ich in einem anderen Raum, umgeben von Blumen, als sei ich diesmal wirklich tot. Ich erblickte Margaret, die auf mich herabsah, und sagte: »Hallo, ich liebe dich, ich lebe noch.« »Ich dich auch«, sagte sie. »Und jetzt sei still.« Sie drückte mir die Hand, und ich döste wieder ein.

Ich lag in einem Krankenzimmer, als ich wieder aufwachte. Zu meiner Linken standen ein Nachttisch und ein Infusionsständer. Zu meiner Rechten erblickte ich ein Gewirr aus Kabeln und Schläuchen sowie zwei Kunststoffkolben von der Größe eines Softballs, gefüllt mit einer blutigen Flüssigkeit – meine Drains funktionierten anscheinend tadellos. Ich gewahrte ein Fenster, das auf eine Steinmauer hinausging, ein Fernsehgerät, das auf ein Metallgestell geschraubt war, und soviel Blumen, daß sie für eine Gangsterbeerdigung gereicht hätten.

»Wie fühlst du dich?« hörte ich Margaret fragen.

»Schrecklich«, antwortete ich. Nicht daß ich starke Schmerzen gehabt hätte. Vielmehr spürte ich ein großes Unbehagen, als erwachten ganze Regionen meines Körpers wieder zum Leben und versuchten, mir bewußt zu machen, daß etwas Furchtbares passiert war. Mir fiel ein, daß ich mich wenige Stunden zuvor noch kerngesund gefühlt hatte. Es war ein deprimierender Gedanke.

»Lieg still«, sagte Margaret, aber still daliegen war zufällig das einzige, was ich jetzt konnte, alles, worauf meine Konzentration gerichtet war.

Zeit verging. Ich hielt Margarets Hand. Von Zeit zu Zeit trafen Blumen ein, und sie las mir die Namen auf den Karten vor. »Du fühlst dich sehr heiß an«, sagte sie. »Bist du in Ordnung?«

Ich fand das seltsam. In Wahrheit war mir nämlich so kalt, daß ich mit den Zähnen klapperte. »Mach das Fenster zu«, brachte ich mühsam hervor, aber das Fenster *war* zu. Margaret sagte, daß es im Zimmer drückend heiß sei.

Eine Schwester beugte sich herüber und inspizierte meinen Urinbeutel – inzwischen hatte ich es geschafft, den Foley-Katheter auszumachen. Wieder wurden Blumen gebracht, diesmal ein riesiger Strauß weißer Rosen. Die Schwester hielt inne und bewunderte sie. Mir war nicht nur eiskalt, ich hatte auch das merkwürdige Gefühl zu sinken. So müssen sich Menschen fühlen, die extremer Kälte ausgesetzt sind und an Unterkühlung sterben, stellte ich mir vor – ein langsames Dahingleiten, einem friedvollen Ende entgegen. Tatsächlich empfand ich außer der betäubenden Kälte überhaupt nichts.

Ich nahm eine plötzliche Geschäftigkeit wahr. Margaret hatte die Schwester gepackt und von den Blumen weg an mein Bett gezogen. »Er gefällt mir gar nicht«, sagte sie. »Sein Gesicht ist weiß wie ein Laken. Seine Lippen und seine Fingernägel sind weiß wie ein Laken, um Gottes Willen! Fühlen Sie mal sein Gesicht. Er glüht!«

Ich spürte ein Spannen am Arm, als mein Blutdruck gemessen wurde. Es war ein kritischer Moment, auch wenn ich mir dessen, glücklicherweise vielleicht, nicht bewußt war. Die Schwester hatte es nämlich versäumt, den Schlauch von der Manschette an das Meßgerät anzuschließen, und konnte deshalb keinen Wert ablesen. Margaret machte sie auf den Fehler aufmerksam, dann überschlugen sich die Ereignisse. Weitere Schwestern erschienen, dann Ärzte – zuerst Assistenzärzte, dann der Stationsarzt, alle in grünen Anzügen, dann ein Oberarzt in einem weißen Kittel. Ich sollte später erfahren, was geschehen war: Mein Blutdruck war jäh abgefallen. Dies ist bei dieser Art von Operation nicht ungewöhnlich, aber deswegen nicht weniger beunruhigend. Da man von den anderthalb Litern Blut, die man mir abgenommen hatte, einen bei der Operation verbraucht hatte, war nur noch ein halber Liter übrig. Die Konserve wurde aus dem entlegenen Winkel der Klinik, wo das Blut gelagert wurde, herbeigeschafft und an meinen Infusionsschlauch angeschlossen. Ich erinnere mich, daß ich mit einer Art distanziertem Interesse zu dem Beutel mit dem Blut hinaufsah und bemerkte, wie langsam der Flüssigkeitsspiegel absank, während der Beutel sich damals, bei der Entnahme, ziemlich rasch gefüllt hatte. Und genau darin lag das Problem. Das Blut kam direkt aus dem Kühlraum – es war kalt und zähflüssig, so daß es lange dauerte, bis es in meinen Körper gelangte. Ein weiteres Problem war, daß mir davon noch kälter wurde. Über mir türmten sich alle Decken, und obendrauf lag mein Morgenmantel – eine Gewohnheit, die ich monatelang beibehalten sollte –, und immer noch zitterte ich und klapperte mit den Zähnen.

Dennoch war ich wieder hellwach und konnte verstehen, was mit mir geschah – sobald es mir jemand erklärte. Und das wertete ich als ein gutes Zeichen. Sterbende sind nicht an Erklärungen interessiert, noch fühlt sich jemand bemüßigt, ihnen etwas zu erklären. Langsam bekam ich Schmerzen. Ich beklagte mich deswegen.

Der Arzt in dem weißen Kittel nickte. Er glaube zwar nicht, daß die Schmerzen allzu schlimm werden würden, doch die Verabreichung schmerzstillender Mittel sei im Moment etwas problematisch. Schmerzmittel senkten den Blutdruck. Und mein Blutdruck sei im Moment noch sehr, sehr tief – er steige zwar, gewiß, doch er sei noch lange nicht hoch genug. Bis sich mein Blutdruck stabilisiert habe, würde ich ohne Schmerzmittel auskommen müssen.

Mein erster Gedanke war: Das darf doch nicht wahr sein! Aber natürlich war es wahr. Ich wollte wissen, wie lange ich auf Schmerzmittel verzichten mußte. Voraussichtlich zwei Stunden, lautete die Antwort. Wahrscheinlich nicht länger. Das könnte zwar etwas unangenehm werden, aber da müßte ich einfach durch.

Ich mußte daran denken, daß im 18. und 19. Jahrhundert verwundete Soldaten auf eine Bleikugel bissen, um zu verhindern, daß sie vor Schmerz schrien (Zivilisten bekamen einen Lederriemen zum Draufbeißen). Ich hatte mich immer gefragt, wie jemand solche Schmerzen aushalten konnte (nicht daß ich meine mit ihren vergleichen würde), doch allmählich kam ich dahinter. Wenn es keine Alternative zu den Schmerzen gibt, hört man auf, gegen sie anzukämpfen, und wenn man aufhört, gegen sie anzukämpfen, werden sie mit einem Mal erträglicher. Vielleicht sind Schmerzen dann besonders schrecklich, wenn man weiß, daß es ein Mittel gegen sie gibt. Wenn man weiß, daß es kein Mittel gegen sie gibt, findet sich der Körper irgendwie mit ihnen ab. Die Schmerzen lassen nicht nach, der Geist gibt sich einfach geschlagen. Meiner tat es jedenfalls.

Inzwischen war mir wieder warm geworden – ich schwitzte sogar vor Anstrengung. Schmerzen aushalten ist wie schwere körperliche Arbeit. Die Schmerzen kamen schubweise. »Wie geht es dir?« fragte Margaret leise. »Am liebsten wäre ich tot«, antwortete ich und bereute es schon im nächsten Moment.

»So etwas will ich nie wieder von dir hören«, sagte Margaret streng.

Ich entschuldigte mich mit einem leisen Krächzen. Meine Kehle war ausgetrocknet. Ich begriff, daß Margaret jeden Todeswunsch von meiner Seite als Verrat betrachtete. Wenn ich sterben wollte, so hieß das für sie, daß ich mich von ihr abwendete, daß ich mich fortstahl in eine Welt, in die sie mir nicht folgen konnte (jedenfalls vorläufig nicht). In ihren Augen war das böswilliges Verlassen, und das gab sie mir deutlich zu verstehen.

Es wurde dunkel. Der Tag neigte sich dem Ende zu. Margaret verließ den Raum und kehrte mit Neuigkeiten zurück, um mich zu zerstreuen: Ned hatte alles gut überstanden und saß bereits in seinem Bett und trank ein Glas Orangensaft. Auch Bob war in guter Verfassung und sah zusammen mit Gail fern. (Auch ihr Gepäck hatte sich inzwischen wieder gefunden). Er war begeistert über seine Vollnarkose und hatte gegen seine Schmerzen Morphium bekommen, das ausgezeichnet wirkte. In einem Zimmer gegenüber lag ein Mann, dem es schlechter ergangen war als mir. Er hatte gleich nach der radikalen Prostatektomie an der Gallenblase operiert werden müssen. Obwohl er seine Chancen sehr pessimistisch beurteilte, sah auch er fern – zumindest lief sein Gerät. Ich merkte, daß Margaret enttäuscht war, weil ich den Fernseher nicht ausprobierte. Immerhin hatte sie eine Anzahlung geleistet und dafür gesorgt, daß er angeschlossen worden war. Aber ich konnte mir einfach nicht vorstellen, in die Röhre zu glotzen. Die Welt in meinem Bauch war die einzige Welt, die mich im Moment wirklich interessierte.

Ich konnte hören, wie Margaret mit den Schwestern stritt. Offensichtlich waren sie für die Verabreichung von Schmerzmitteln nicht zuständig. Wie es schien, gab es dafür irgendwo in der Klinik Spezialisten, die dem Patienten schmerzstillende Mittel verabreichten, sobald er aus der Betäubung erwachte. Mir wurde nicht klar, wem »sie« unterstanden und wo »sie« sich aufhielten, doch offensichtlich hatte man »sie« verständigt und konnte bis zu ihrem Eintreffen nichts tun. Diese Antwort war nicht dazu angetan, Margaret zufriedenzustellen, denn sie war schon immer der Auffassung, daß Wünschen unverzüglich nachgekommen werden muß, insbesondere, wenn es um die Linderung von Schmerzen geht.

Immer wieder im Lauf des Abends vernahm ich ein paar Brocken dieser Diskussion, die mal im Flüsterton neben mir, mal lauter draußen auf dem Korridor geführt wurde.

Schließlich erschienen die »Schmerzspezialisten«, wie Margaret sie nannte. Sie schoben einen Handwagen, als seien sie Verkäufer, und untersuchten meinen Fall. Sie gingen mit sich zu Rate. Anscheinend waren sie nicht davon überzeugt, daß Schmerzmittel meinen Blutdruck nennenswert senken würden – jedenfalls waren Schmerzen ihr Fachgebiet, und sie gaben nicht viel darauf, was Ärzte und Schwestern sagten. Sie waren aber auch nicht sonderlich daran interessiert, von Margaret zu hören, wie gut das Morphium bei Bob wirkte. Morphium, so befanden sie, wäre in meinem Fall völlig verkehrt und komme überhaupt nicht in Frage. Warum, erklärten sie freilich nicht.

»Möglicherweise wissen sie ja, wovon sie reden«, sagte ich.

Margaret war empört. »Von wegen. Morphium hilft. Das weiß doch jeder. Du solltest Bob sehen. Du mußt darauf bestehen.«

Doch ich war nicht in der Lage, auf irgend etwas zu bestehen, zudem war ich der Ansicht, daß die Spezialisten wissen mußten, wovon sie redeten. Wahrscheinlich hätte eine Diskussion ohnehin zu nichts geführt, selbst wenn ich dazu in der Lage gewesen wäre. Die Spezialisten vertraten dieselbe Haltung wie Spezialisten in aller Welt: Niemand begriff, wovon sie sprachen, der Patient nicht, der behandelnde Arzt nicht und die Frau des Patienten schon gar nicht.

Ein zweiter Beutel, der ein Schmerzmittel enthielt, wurde an meinen Infusionsständer gehängt und mit einem kleinen Kunststoffventil an meinem Infusionsschlauch befestigt. Ein kleiner Computer regulierte den Zufluß. Dies war die berühmte »Schmerzmedikation nach Bedarf«, von der ich schon so viel gehört hatte. An meinem Operationshemd wurde ein Knopf angebracht, den ich jedesmal, wenn mir die Schmerzen zu stark wurden, drücken konnte, worauf mir sofort eine Dosis Schmerzmittel zugeführt wurde. Zwar konnte ich mir nur alle zehn Minuten eine Dosis geben, doch das, so wurde mir versichert, sei völlig ausreichend. Ich drückte den Knopf, der Computer blinkte, und ich spürte eine Linderung. Eine prompte Reaktion, wie bei einem Pawlowschen Hund. Ich war zutiefst erleichtert und dankte den Schmerzspezialisten, als sie ihre Geräte zusammenpackten und gingen.

Sie waren kaum fort, da kehrten die Schmerzen schubweise zurück. Ich drückte den Knopf so fest ich konnte – und so oft, wie es der Computer meines Erachtens zuließ –, doch ohne jede Wirkung. Die Schwestern fühlten mit mir, konnten mir aber nicht helfen, was ich mittlerweile verstand – die Apparatur war aufgebaut, und sie waren nicht dafür zuständig. Sie rieten mir, längere Pausen zwischen den Dosen einzulegen. Auch das half nicht, doch ich sah von weiteren Klagen ab, aus Angst, für eine Memme gehalten zu werden – schließlich bekam ich ja mein Schmerzmittel, und möglicherweise waren meine Schmerzen ja normal, auch wenn sie mir sehr stark vorkamen. Margaret war anderer Ansicht. Ned, so berichtete sie, mochte es nicht besonders gut gehen, doch er habe bei weitem nicht solche Schmerzen wie ich. Und Bob, der Morphium bekomme, sei so munter wie ein Fisch im Wasser, sehe fern und führe Telefonate. Hätte ich doch nur darauf bestanden, Morphium zu bekommen...

Ich tat ihren Einwand ab. Diese Leute müßten doch wissen, was sie täten, sagte ich zwischen zwei tiefen Atemzügen, denn mittlerweile wurden die Schmerzen immer schlimmer, ganz gleich, wie oft ich den verfluchten Knopf drückte.

Es wurde spät. Ich fragte mich, ob Margaret über die Besuchszeit hinaus bleiben würde. In Anbetracht ihrer augenblicklichen Laune war es unwahrscheinlich, daß jemand versuchen würde, sie zu vertreiben. Jedenfalls schlichen die Schwestern inzwischen auf Zehenspitzen um sie herum und blickten zornig zur Seite.

Bald jedoch nahm die Geschäftigkeit auf der Station spürbar zu. Überall herrschte reges Treiben. Der Zeitpunkt für Dr. Walshs Visite rückte näher.

15

Den ganzen Tag über hatten wir von Schwestern und sogar von Ärzten auf unsere Fragen häufig die Antwort bekommen: »Da müssen Sie Dr. Walsh fragen, wenn er seine Visite macht.« Jetzt rückte dieser Moment näher. Überall in der Station wurden Betten gerichtet, Urinbeutel geleert, die Flaschen der Drainagen gesäubert, Patienten zurechtgemacht, verschmutzte Krankenhaushemden gewechselt. Die Tür stand offen – aus irgendeinem Grund begann ich, unter einer leichten Klaustrophobie zu leiden –, und ich erhaschte flüchtige Blicke von Dr. Walshs Gefolge aus grün gekleideten Ärzten, die in keilförmiger Formation von Tür zu Tür eilten, mit ihm selbst an der Spitze, strahlend in seinem gestärkten weißen Kittel über einem sauberen Hemd und geschäftsmäßiger

Krawatte, so dynamisch und frisch, wie er zweifellos am frühen Morgen gewesen war. Der Mann wurde anscheinend nie müde.

Dennoch trat er vorsichtig ins Zimmer. Bestimmt hatte er gehört, daß es hier Probleme gab – mit einem unzufriedenen Patienten und einer empörten Ehefrau. Obwohl halb apathisch, bewunderte ich, wie er die Situation meisterte. Daß er Margaret ignoriert hätte, wäre zuviel gesagt, doch er richtete seine ganze Aufmerksamkeit auf mich. Sein Blick war freundlich, aber entschlossen und hatte einen leicht vorwurfsvollen Ausdruck, als hätten wir Ärger gemacht. Durch seine Haltung gab er zu verstehen: Wenn es Mißverständnisse gegeben hat, dann werden wir sie jetzt ausräumen, dazu bin ich hier. Doch zuerst teilte er mir die gute Nachricht mit. Ich hätte allen Grund, glücklich zu sein, sagte er. Die Operation sei glänzend verlaufen. Mehrere Kollegen hätten zugesehen und seien tief beeindruckt gewesen. Er wolle dem pathologischen Bericht, der erst in einiger Zeit vorliegen werde, nicht vorgreifen, doch habe er nicht den geringsten Zweifel, daß er den Krebs völlig entfernt habe. Es habe keine Anzeichen dafür gegeben, daß er auf die pelvinen Lymphknoten oder umliegendes Gewebe übergegriffen habe. Er habe mir eine gute Operation versprochen, und genau die hätte ich bekommen.

Ich sprach ihm benommen meinen Dank aus. Eigentlich hätte ich begeistert sein müssen – und ich war es auch –, doch der Tag hatte mich so zermürbt, daß mir nur noch wichtig schien, was in meinem Körper geschah. Ich hatte festgestellt, daß es mir besser ging, wenn ich mich auf die Seite drehte und die Knie leicht anzog, als wollte ich meine Schläuche und Drains schützen, doch diese Lage erschwerte mir das Sprechen und ich bekam einen Krampf in der rechten Schulter, die ich mir bei einem meiner zahllosen Unfälle verletzt hatte.

Margaret schilderte Dr. Walsh die Ereignisse des Tages, und er hörte mit einem starren, freundlichen Lächeln zu. Er sei über alles im Bild, schien er zu sagen, aber das sei nicht wichtig. Wichtig sei nur, daß die Operation optimal verlaufen und mein Krebs entfernt sei – darauf sollten wir uns konzentrieren. Schließlich hob er die Hand und bat um Ruhe: »Margaret«, sagte er mit sanfter, aber gebieterischer Stimme, »es gibt in diesem Krankenhaus eine Regel für Ehefrauen, und nach dieser Regel müssen Sie um sieben Uhr in Ihr Hotel zurückkehren. Sie werden sofort verständigt, falls ernste Komplikationen auftreten.«

Ich schloß die Augen. Ich hörte Margaret mit gerechtem Zorn sagen: »Ich verlasse dieses Krankenhaus erst, wenn mein Mann sich wohl fühlt und keine Schmerzen mehr hat.«

Stille trat ein. Als ich die Augen wieder öffnete, war Dr. Walsh verschwunden.

»Ich glaube nicht, daß wir uns hier beliebt machen«, sagte ich.

»Das ist mir egal.«

Einige Augenblicke später trat der Oberarzt ein und setzte sich mit einem leisen Seufzer. Er trug immer noch seinen grünen Operationsanzug und ließ, anders als Dr. Walsh, Anzeichen von Müdigkeit erkennen. Er hatte dunkle Ringe unter den Augen und rieb sich von Zeit zu Zeit die Lider. »Wo liegt das Problem?« fragte er.

Wir berichteten ihm, was am Nachmittag und am Abend geschehen war. Er nickte bedrückt. Auch er sei von den Schwestern informiert worden – wahrscheinlich stand alles in verkürzter Form in meiner Krankenakte. Die Schmerzen im unteren Bauchbereich, über die ich klagte, sagte er, rührten höchstwahrscheinlich daher, daß die Blase heftig auf den kleinen Ballon reagiere, der meinen Foley-Katheter in der Blase fixiere, und dies habe starke Kontraktionen der Blasenwand zur Folge. Einige Patienten bekämen sie, andere nicht. Irgendwann werde sich die Blase an den Fremdkörper in ihrem Innern gewöhnen und sich beruhigen. Motrin helfe in solchen Fällen, da es aber Blutungen fördere, komme es im

Moment nicht in Frage. Wenn es morgen nicht besser sei, werde er es mit Valium versuchen, das muskelentspannend wirke.

Im übrigen habe er sich meine Schmerzmittelverordnung angesehen und in der Tat keinen Fehler feststellen können. Er werde mir etwas geben, damit ich schlafen könne, und falls ich morgen noch Beschwerden hätte, werde er anordnen, daß die Schmerzambulanz noch einmal nach mir sehen solle.

Jetzt solle ich versuchen zu schlafen. Und Margaret auch. Er appellierte an das Gute in ihr – im Unterschied zu Dr. Walsh, der einen herrisch und gebieterisch anblickte, hatte er sanfte, flehende Augen. Er schien sagen zu wollen: »Machen Sie mir das Leben nicht noch schwerer und gehen Sie nach Hause.«

Würde ich mich dann besser fühlen? fragte ich.

Er zuckte mit den Schultern. Wahrscheinlich. Er werde sein Bestes tun. Margaret gab mir einen Kuß und legte die TV-Fernbedienung in meine Reichweite, nur für den Fall, daß ich mir plötzlich *NYPD Blue* ansehen wollte. Der Doktor hielt ihr die Tür auf. Dann sah er mich an. »Die erste Nacht ist gewöhnlich die schlimmste«, sagte er. »Danach wird es besser.«

16

Mein Freund Ken Aretsky hatte großen Optimismus verströmt, als er mir von seinen Erfahrungen berichtete. Gleichwohl hatte er, wenn auch eher beiläufig, erwähnt, daß er am dritten Morgen auf dem Tiefpunkt gewesen sei. Die zweite Nacht, so hatte er gesagt, sei die schlimmste. Danach gehe es bergauf. Ich hoffte zwar, daß der Oberarzt recht hatte, doch mein Vertrauen in Kens Urteil war größer. Chirurgen wissen nicht unbedingt, wie sich derjenige fühlt, der alles ausbaden muß. Patienten können das besser beurteilen.

Daran mußte ich die ganze erste Nacht denken, in der es mir, wie angekündigt, sehr schlecht ging. Ich hatte häufig heftige Blasenkrämpfe. Meine Blase fühlte sich an wie ein wütendes wildes Tier, das in meinem Bauch gefangen war und versuchte, sich einen Weg in die Freiheit zu beißen. Oft lag es für eine Weile still da, dann entdeckte es wieder den Ballon des Katheters und wich erschreckt vor ihm zurück. Ich lag auf der rechten Seite und rührte mich nicht, um es nicht unnötig zu reizen.

Von Zeit zu Zeit kam ein Pfleger – ein großer junger Mann, sehr fürsorglich und freundlich –, maß meine Temperatur und meinen Blutdruck, kontrollierte meine Infusionsbeutel, leerte meinen Katheterbeutel und entfernte sorgfältig die blutige Flüssigkeit, die durch meine Drains abgeleitet worden war. Ich bat ihn, die Tür offenzulassen. Irgendwie fühlte ich mich sicherer, wenn ich auf den hellerleuchteten Flur hinaussehen konnte, statt allein im Dunkeln zu liegen. Ich glaube, er sah weit häufiger nach mir, als üblich war, und ich war ihm dafür dankbar. Ich schlief nicht. Aus allen Teilen der Station ertönte das laute Piepsen, das Infusionspumpen von sich geben, wenn sie leer sind, oder das noch durchdringendere, hartnäckigere Klingeln, wenn Patienten nach dem Pfleger riefen.

Dr. Walsh ließ keine Privatschwestern und -pfleger auf seiner Station zu, vermutlich, weil sie den routinemäßigen Ablauf gestört hätten und vielleicht auch, weil er wollte, daß alle Mitarbeiter ihm unterstanden und eine Ausbildung genossen hatten, die *seinen* Anforderungen genügte. Bislang hatte mir das eingeleuchtet, doch jetzt war ich mir da nicht mehr so sicher. David, der junge Mann, der nach mir sah, hätte nicht netter sein können, aber er war völlig überlastet. Wie ich mir später überlegte, ist mir nie ein Pfleger und eine Schwester begegnet, die ich nicht bewunderte und mochte, aber es waren einfach zu wenig – und das in einer der besten und wohlhabendsten Kliniken der Welt.

Gegen Morgen wurde David (und mir) klar, daß die

Schmerzmittel, die ich bekam, nicht wirkten. Er versprach mir, die Schmerzambulanz zu informieren, bevor er seinen Dienst beendete. In der Zwischenzeit half er mir beim Waschen, gab mir eine Zahnbürste und etwas Zahnpasta und ließ mich an einem Glas Saft nippen. Dann kam das Frühstück. Ich aß es, obwohl ich überhaupt keinen Hunger hatte, langsam und ganz sicher ohne Vergnügen, aber man hatte mir ja eingeschärft, wie wichtig es war, daß der Verdauungsapparat wieder in Gang kam. Das Kauen war nicht so schlimm, nur das Schlucken fiel mir schwer.

Am Morgen kamen unerwartete Besucher, zuerst der Krankenhauskaplan der Episkopalkirche, dessen Neugier zweifellos durch den Umstand geweckt worden war, daß ich in den Formularen »anglikanisch« als Konfession angegeben hatte. Er ließ mir mehrere Broschüren da, wußte aber keinen Rat gegen meine Schmerzen. Etwas später erschien ein gutgekleideter älterer Herr, der sich als ehemaliger Patient vorstellte. Er sagte, er sei mehrere Jahre zuvor operiert worden und mittlerweile »völlig sauber« – wie ich in Bälde sicherlich auch. Er hatte die Augen eines Vertreters, und ich fragte mich, was er wohl verkaufte. Wie sich herausstellte, verteilte er Anmeldeformulare für die Friends of Patrick Walsh, eine Organisation, die Spenden für die Prostatakrebs-Forschung am Johns Hopkins sammelte. Er zeigte mir eine hilfreiche Tabelle, die exakt darüber Auskunft gab, wieviel Steuern ich sparen konnte, wenn ich 50 000, 100 000 oder 1 Million Dollar über soundsoviel Jahre verteilt spendete. Ich versprach ihm, darüber nachzudenken, merkte ihm aber an, daß er damit nicht zufrieden war. Er wollte eine Zusage, wenigstens eine Unterschrift, aber ich schützte Müdigkeit vor, bis es mir endlich gelang, ihn loszuwerden, zumindest für den Moment. Ich war überzeugt, daß er wiederkommen würde.

Dann kam der aufregendste Teil des Morgens: Ich durfte aufstehen. Man half mir in meinen Morgenmantel und meine Slipper und schickte mich hinaus auf den Flur, wo ich,

Arm in Arm mit einer Schwester und den Infusionsständer vor mir herschiebend, schwerfällig auf- und abschlurfte. Das Gehen strengte mich sehr an – jeder Schritt schien mir übermenschliche Kräfte abzuverlangen. Trotzdem war es ein gutes Gefühl, wieder auf den Beinen zu sein. Ich kam an Ned vorüber. Er trug einen karierten Morgenmantel und schlurfte in die entgegengesetzte Richtung. Er sah gut zwanzig Jahre älter aus als bei unserer letzten Begegnung, und ich vermute, daß dasselbe auch für mich galt. Ich spähte in Bobs Zimmer. Er sah fern, vergnügt und mit rotem Gesicht – eine lebende Hommage an das Morphium.

Inzwischen war mein Bett frisch gemacht, und man half mir hineinzuschlüpfen. Ich war erschöpft. Ich dürfte nicht länger als zehn Minuten im Schneckentempo gegangen sein, aber ich fühlte mich wie nach einem Marathonlauf. Und schlimmer noch, die Schmerzen waren unvermindert stark. Gegen Mittag, als Margaret kam, stocherte ich gerade lustlos in meinem Essen. Allmählich begann ich zu verzweifeln. Es hatte nicht den geringsten Effekt, wenn ich den Knopf drückte, und niemand schien mir zu glauben. Die Leute von der Schmerzambulanz hatten sich nicht blicken lassen, obwohl ich die Tagesschwester mehrfach gebeten hatte, nach ihnen zu rufen. Margaret eilte ins Schwesternzimmer und schlug meinetwegen Krach, ohne jeden Erfolg.

Es war bereits später Nachmittag, als sie endlich aufkreuzten, vergnügt, wie nur Spezialisten es sein können. Ein Blick genügte, und sie wußten, wo das Problem lag. Der Computer, der das Schmerzmittel dosierte, war nicht richtig programmiert. Deshalb tat sich nichts, wenn ich den Knopf drückte. Gestern, als sie gingen, sei alles in Ordnung gewesen, sagten sie. Wahrscheinlich hätten die Schwestern an den Knöpfen herumgespielt. Das passiere ständig.

Ich war nicht in der Stimmung für Revierkämpfe – ich wußte mittlerweile, was die Schwestern ihrerseits von den Schmerzspezialisten hielten. Stellen Sie es einfach nur richtig ein, bat ich. Der Chef der Schmerzambulanz zuckte mit den

Schultern. Kein Problem, das sei kinderleicht. Es sei total einfach, wenn die Schwestern doch nur die Finger davon ließen...

Er fummelte an dem Kasten herum. Ich drückte den Knopf, und praktisch im nächsten Moment ließen die Schmerzen endlich nach.

Irgendwie kam ich mir betrogen vor. Am anderen Ende des Korridors schwebte Bob seit seiner Operation vergnügt auf einer Morphiumwolke. Neds Dosierungsapparat hatte tadellos funktioniert. Seit vierundzwanzig Stunden war ich an meinen angeschlossen, ohne daß ich irgendeinen Nutzen davon gehabt hatte. Ich verlangte das Valium, das man mir gegen die Blasenkrämpfe versprochen hatte, doch auch das erwies sich als Problem. Eine entsprechende Anweisung war zwar ergangen, konnte aber nicht ausgeführt werden, weil das nur ein Arzt durfte. Wiederholte Bitten bewirkten nichts und sorgten nur für böses Blut, was ich unbedingt vermeiden wollte. Margaret hätte eigentlich ins Hotel zurückkehren können. Ich saß hier fest und war dem Pflegepersonal ausgeliefert. Schließlich entdeckte Margaret zwei junge Assistenzärzte, die in grünen Operationsanzügen im Schwesternzimmer herumlümmelten, und erklärte ihnen, daß ich Valium brauchte. Sie ließen sich in ihrer Unterhaltung nicht stören. Das war wohl der Tropfen, der das Faß zum Überlaufen brachte. Mit der Wut einer Frau, die nicht beachtet wird, schrie sie die beiden an: »Ich will Valium für meinen Mann, und zwar sofort!«

Ich hörte sie vom Bett aus und war nicht überrascht, daß ich fünf Minuten später mein Valium bekam, etwa vierundzwanzig Stunden später als versprochen. Es wirkte ebenfalls. Binnen kürzester Zeit hörten die Blasenkrämpfe auf. Am Abend konnte ich sogar eine Portion Hackbraten mit Soße und Kartoffelbrei essen. Auch der Hackbraten war nicht schlecht, wie Hackbraten eben so schmeckt. Was reingeht, muß auch wieder raus, betete ich.

Wie sich herausstellte, hatte Ken Aretsky die Lage zutreffender geschildert als jeder andere. Er hatte mir gesagt, daß die zweite Nacht die schlimmste sei und daß er persönlich seinen absoluten Tiefpunkt am dritten Morgen nach der Operation erreicht habe. Er hatte vollkommen recht.

Teilweise hing das, glaube ich, damit zusammen, daß die Krise überwunden war. Ich war offensichtlich nicht mehr in Gefahr. Und mein Krebs war zweifellos beseitigt. Aus diesem Grund wurde ich nicht länger durch Adrenalin oder das Gefühl geschützt, daß etwas Dramatisches vor sich ging – mein Körper erwachte allmählich aus dem schrecklichen Trauma, in das er gestürzt worden war. Gleichzeitig quälten mich nun, da ich wieder aß, neue und noch heftigere Schmerzen: Darmgase, derer ich mich noch nicht entledigen konnte, blähten und drückten gegen meine Nähte und Stiche, eine unbewegliche Ansammlung von Luft, die mir so unsägliche Schmerzen bereitete, daß ich mich krümmte und mir mit Tränen in den Augen den Bauch hielt. Man hatte mir erklärt, daß man Patienten unter anderem deshalb zum Aufstehen drängte, weil die Gase beim Gehen in Bewegung kamen, doch meine rührten sich nicht, obwohl ich herumging und Mineralöl und Magnesiummilch zu mir nahm, und solange sie sich nicht rührten, tat es höllisch weh.

In der zweiten Nacht, die mir endlos lang erschien, fühlte ich mich einsam. Ich vermißte David, der keinen Dienst hatte, und seinen persönlichen Zuspruch. Ich lag steif da, unwillig, mich zu bewegen, umklammerte das Bettgestell, bis mir die Knöchel schmerzten, starrte auf den Korridor hinaus, lauschte dem Piepsen der Infusionspumpen und den Summern und wartete darauf, daß der Morgen graute.

Schlaf zu finden ist im Krankenhaus schwierig, um es einmal gelinde auszudrücken. Glocken schrillen, Menschen stöhnen und ächzen, und immer dann, wenn man gerade eingedöst ist, kommt mit Sicherheit jemand, um Temperatur und Blutdruck zu messen, den Infusionsbeutel zu wechseln oder die Drainage-Flaschen und den Katheterbeutel zu leeren. Jeder erzählt das über Krankenhäuser, und im großen und ganzen stimmt es auch. Was in aller Regel nicht erwähnt wird, ist, daß die meisten Schwestern und Pfleger sich nach Kräften bemühen, dem Patienten den Aufenthalt so angenehm wie möglich zu gestalten.

Wenn es in modernen Kliniken eine Sache gibt, die wirklich funktioniert, so ist es – neben der Technik selbst – die Krankenpflege. Obwohl Schikanen ausgesetzt, hoffnungslos überarbeitet und in aller Regel schlecht bezahlt, waren die Schwestern und Pfleger stets freundlich und hilfsbereit. Wenn sie mich sahen, wie ich, den Infusionsständer vor mir herschiebend, über den Flur ging, riefen sie immer fröhlich: »Kopf hoch!« Denn es war nicht gut, wenn man mit gesenktem Kopf und hängenden Schultern vor sich hin latschte. Man mußte so flott wie möglich ausschreiten und den Kopf heben, wollte man dem Verdauungstrakt eine Chance geben zu arbeiten. Von Zeit zu Zeit hielt eine Schwester ein Stethoskop an meinen Bauch und horchte hoffnungsvoll auf Verdauungsgeräusche. Je mehr Lärm im Gedärm, desto günstiger die Prognose für einen Stuhlgang oder dafür, daß sich überhaupt etwas tat. Doch bislang herrschte bei mir nur Stille.

Die frühen Morgenstunden scheinen sich im Krankenhaus ewig hinzuziehen. Man liegt da, im schwachen Licht, das vom Flur hereinfällt, allein mit sich und seinen Ängsten, seinem Unbehagen und seinen sinnlosen Überlegungen. (Warum hat ausgerechnet mir das passieren müssen? Warum habe ich mich für die Operation entschieden? Womit habe ich das verdient?)

Die Stunden kriechen dahin, und dann ist es Zeit für die Nachtschwestern, die Patienten für die Übergabe fertigzumachen, und das Leben kommt wieder auf Touren. Die Patienten werden gewaschen, erhalten eine Zahnbürste und ein Glas zum Ausspülen, ihren Elektrorasierer. Infusionsbeutel werden gewechselt, Katheterbeutel und Drainage-

Flaschen geleert. Keiner kann jetzt mehr schlafen oder düsteren Gedanken nachhängen. Das Personal ist damit beschäftigt, Ordnung zu machen, Fieberkurven zu vervollständigen, die Patienten so gut es geht aufzumuntern und dazu zu bewegen, sich aufzusetzen. Das große Reinemachen beginnt.

Einige Dinge sind leichter zu reinigen als andere. Der Foley-Katheter war ein Mistding – und alles andere als wartungsfrei. Natürlich mußte der Urinauffangbeutel von Zeit zu Zeit geleert werden, aber auch der Katheterschlauch mußte häufig und regelmäßig gereinigt, mit Alkoholtupfern sterilisiert und mit Neomycin-Salbe bestrichen werden. Dann wurden der Penis und die ersten Zentimeter des aus der Harnröhre ragenden Schlauches mit Mull umwickelt, darüber kam eine Saugkompresse. Am Ende wurde das Ganze mit Heftpflaster befestigt. Ich war gezwungen, bei der Prozedur aufmerksam zuzusehen, denn bald würde ich alles selbst tun müssen – was endlich auch erklärte, warum man mir geraten hatte, zu Hause einen so umfangreichen Vorrat an Ärztebedarf anzulegen.

Zu meinem Entsetzen war mein Katheter nicht dicht. Einige Katheterschläuche, so wurde mir erklärt, paßten besser in die Harnröhre als andere. Hinzu kam, daß die Blase, insbesondere wenn sie von Krämpfen befallen wurde, stärker preßte als nötig und somit den Urin schneller nach draußen beförderte, als ihn der Katheter ableiten konnte. Die überschüssige Menge trat in Form eines stetigen Tröpfelns oder eines gelegentlichen Schwalls aus der äußeren Harnröhrenöffnung aus.

In meinem Fall kam, wie von Dr. Walsh vorausgesagt, erschwerend hinzu, daß die Blase infolge der Vergrößerung meiner Prostata kräftiger und muskulöser war als eigentlich nötig. Bislang war sie gezwungen gewesen, den Urin durch eine verengte Harnröhre zu pressen. Nun war nichts mehr da, was den Urinfluß blockierte oder behinderte, aber die Blase konnte das nicht wissen. Ihre Wände – ihre sozusagen durch jahrelanges Training gestärkte Muskulatur – preßten so kräftig wie immer.

Durch Reinigen ließ sich das Leck natürlich nicht stopfen. Das störte mich nicht übermäßig, solange ich im Bett lag, aber wenn ich aufstand und ging, hinterließ ich eine Spur aus blutigem Urin auf dem Fußboden. Dem Pflegepersonal machte das anscheinend nichts aus. Schließlich waren wir hier in der Urologie, und blutiger Urin auf dem Boden war ganz normal. Mir hingegen machte es sehr wohl etwas aus. Es beleidigte meinen Sinn für Reinlichkeit, und von dem konnte ich mich nicht so ohne weiteres trennen. Irgendwie fühlte ich mich beschämt, gedemütigt, besudelt, nicht mehr wie ein erwachsener Mensch, der seine Körperfunktionen unter Kontrolle hat. Und was die Sache noch schlimmer machte: Weder Ned noch Bob hatten anscheinend unter diesem Problem zu leiden. Ich gewann den deprimierenden Eindruck, daß jedes Bemühen um Sauberkeit in den nächsten Wochen oder gar Monaten von vornherein aussichtslos war. Ekel vor dem engen Kontakt mit den eigenen Körperausscheidungen ist normal, sogar gesund – uns allen ist das im Verlauf der Sauberkeitserziehung eingebleut worden, so daß es fest in unserem Unterbewußtsein verankert ist. Doch so langsam gelangte ich zu der Überzeugung, daß jeder, der sich einer radikalen Prostatektomie unterzieht, diesen Ekel so schnell wie möglich überwinden sollte.

Was auch geschehen mochte, eines war klar: Ich würde in einen engen Kontakt mit meinem Urin kommen wie seit meiner frühen Kindheit nicht mehr.

Die Vorstellung gefiel mir ganz und gar nicht.

Das Frühstück bescherte mir den einzigen Moment am Tag, an dem mir eine Entscheidung abverlangt wurde: Ich mußte meine Wahl für das Mittag- und Abendessen treffen. Über Krankenhauskost wird gern gewitzelt, doch jeder, der sich einer solchen Operation unterzogen hat, kann bezeugen, daß der bloße Gedanke, essen zu *können* und so viel Interesse am Essen aufzubringen, daß man eine Wahl trifft, ein Riesenschritt zurück in die Normalität ist.

Während ich bedächtig meine Cornflakes mampfte, las ich mit liebevoller Aufmerksamkeit die Speisekarte für den Tag. Daß der »Gartensalat-Teller« meist aus welkem Eisbergsalat bestand, mit einem Plastikbeutel italienischem Dressing daneben, was spielte das für eine Rolle? Ich kreuzte diese Spalte an, glücklich, daß ich wählen konnte. Und daß der Rinderbraten lauwarm war und direkt aus der Dose kam, wen kümmerte das? Wenigstens war hier etwas, das eine Entscheidung verlangte, etwas *Normales* – und was konnte normaler sein, als aus einer Speisekarte auszuwählen? Ich mochte keine Kontrolle über meinen Darm haben, der nach wie vor wie verstöpselt war, oder über meinen Urin, der herauströpfelte, sowie ich aufstand, aber ich konnte mich für Rinderbraten entscheiden und wußte, daß er auf meinem Tablett serviert wurde, auch wenn es schlaffe grüne Bohnen und klebrigen Kartoffelbrei dazu gab. Die Speisekarte war für mich eine Art Verbindung zum Leben, und obwohl ich nicht im geringsten hungrig war, so hätte ich dem Küchenchef doch mit Freuden meine Komplimente ausrichten lassen. Außerdem bin ich mit »Kindertagesstätten-Essen« aufgewachsen und fühlte mich durch die Krankenhauskost an alte Zeiten erinnert. Wo sonst findet man heutzutage noch Wackelpeter, Reisauflauf und Bananen auf der Speisekarte?

Daß ich überhaupt wieder in der Lage war, ans Essen zu denken – was mir sehr viel leichter fiel, als tatsächlich zu essen –, war ein gutes Zeichen und in meinen Augen der Beweis, daß ich genau in Ken Aretskys Zeitplan lag, und das wiederum bedeutete, daß ich das Schlimmste hinter mir hatte.

Und so war es auch. Ich fühlte mich zwar immer noch miserabel, aber irgendwann im Verlauf des dritten Tages schaffte ich es tatsächlich, aufzustehen, selbständig auf die Toilette zu gehen und einen Stuhlgang zu haben, bei dem ich soviel Gas freisetzte, daß Hoffnung bestand, nun wenigstens von diesen Schmerzen weitgehend verschont zu bleiben. Genau diesen Moment feierte Professor Martin in seinem Buch, und nun verstand ich auch, warum – er ist das erste Anzeichen dafür, daß sich *etwas* bessert, sozusagen eine erste Anzahlung auf die Fahrkarte nach Hause.

17

Der dritte Tag war insofern bemerkenswert, als es erneut zu einem Wortwechsel mit Dr. Walsh kam. Diesmal wurde er von einer befreundeten Ärztin ausgelöst, die mit ihrem Mann aus New York nach Baltimore gekommen war, um mich zu besuchen und mit Margaret zu Abend zu essen. Unsere Freundin hatte von Margaret gehört, daß ich Probleme mit der Schmerzbehandlung hatte. Fest davon überzeugt, daß ich völlig unnötig litt, hatte sie am Morgen versucht, mit Dr. Walsh zu sprechen und zu klären, welche Schmerzmittel ich bekommen sollte, ihn aber nicht erreichen können. Sie wußte daher nicht, daß das Problem inzwischen gelöst war, und da ich schlief, konnte ich es ihr nicht sagen.

Seit seinem Zusammenstoß mit Margaret betrachtete Dr. Walsh den Besuch bei mir bestimmt nicht als den erfreulichsten Teil seiner Visite. Um so bedauerlicher war es, daß an jenem Abend, als er seine Visite machte – ich war gerade erst aufgewacht –, meine Freundin und ihr Mann im Zimmer weilten, um anschließend mit Margaret Krabbenkuchen essen zu gehen. Nach dem obligatorischen Händedruck wie zwischen zwei Boxern im Ring kam unsere Freundin gleich zur Sache. Nun, da sie schon mal hier sei, sagte sie, würde sie gern wissen, was gegen meine Schmerzen unternommen werde. Dr. Walsh versuchte, die Sache auf die leichte Schulter zu nehmen, doch sein Gesicht war wie versteinert. »Sie können sich glücklich schätzen«, sagte er zu mir. »Ich habe noch nie erlebt, daß ein Arzt eigens aus New York anreist, um einen Hausbesuch zu machen.« Ich lächelte nervös und kam mir wie ein Verräter vor.

Doch meine Freundin ließ sich nicht mit einem Scherz abwimmeln. Sie wolle wissen, sagte sie, welche Schmerzmittel er gegen meine Schmerzen verordnet habe, denn nach dem, was sie gehört habe, glaube sie nicht, daß ich sie bekommen hätte. Ja, sie frage sich, ob die Schmerzambulanz seine Anweisungen befolgt habe.

Die Andeutung, daß er möglicherweise nicht wisse, was in seinem Krankenhaus vorging, trieb Dr. Walsh kurz die Zornesröte ins Gesicht und ließ seine Augen kampflustig funkeln. Die beiden Ärzte standen einander gegenüber, er mit dem Vorteil, daß er größer war und gewissermaßen ein Heimspiel hatte, sie mit der Zähigkeit einer Bulldogge, gepaart mit einer scheinheiligen Freundlichkeit, die ich gar nicht an ihr kannte. Als Ärzte waren sie natürlich an die Spielregeln ihrer Zunft gebunden, und die verlangten von ihnen, daß sie, so frostig die Begegnung auch war, vor Laien höflich miteinander umgingen. Dr. Walsh wies darauf hin, daß er die Verantwortung trage und daß die Operation, wie versprochen, ein voller Erfolg gewesen sei. Man dürfe nicht das wirklich Wichtige aus den Augen verlieren. Sie entgegnete, daß dies zweifellos richtig sei, jedoch nicht darüber hinwegtäuschen könne, daß bei der Schmerzbehandlung Fehler gemacht worden seien und daß Dr. Walsh sich darum zu kümmern habe.

Mit einer gewissen Entrüstung in der Stimme wandte sich Dr. Walsh direkt an mich. Ob ich irgendeinen Grund zur Unzufriedenheit hätte? Wenn ich Beschwerden hätte, sollte ich mich direkt an ihn wenden, nicht an andere Ärzte. Hätte ich irgendwelche Beschwerden? Mich jetzt wie ein kompletter Feigling fühlend, sagte ich kleinlaut, daß ich zufrieden sei. Meine Freundin bedeutete mir zu schweigen. Ich sei momentan nicht in der Lage, für mich selbst zu sprechen. Die Operation sei zweifellos ein Erfolg gewesen, das habe sie nie bestritten, doch es gebe Probleme bei der Schmerzbehandlung, und dem müsse nachgegangen werden.

An diesem Abend schlichen die Schwestern buchstäblich

auf Zehenspitzen um mein Bett herum, als hätte ich eine Art medizinische Majestätsbeleidigung begangen. Einige der freimütigeren brachten eine gewisse verhaltene Bewunderung für meine Freundin, die Ärztin, zum Ausdruck, vielleicht weil das Pflegepersonal in der Urologie meist aus Frauen besteht (Davi war eine Ausnahme), während die Ärzte fast ausnahmslos Männer sind. Im Krankenhaus herrscht eine Hierarchie, die im normalen Leben außerhalb des Militärs nahezu unbekannt ist, und kein Arzt ist es gewohnt, in Frage gestellt zu werden, schon gar nicht ein so berühmter und einflußreicher wie Patrick Walsh. Zum Glück für mich wurde die gesamte Schuld an dem Vorfall der Schmerzambulanz zugeschoben, die, da sie aus der normalen Beziehung Arzt-Schwester-Patient herausfiel und, auf Schritt und Tritt von ihren Piepsern verfolgt, in der weitläufigen Klinik ständig von einer Station zur anderen zog, ohne ihr Wissen für alles verantwortlich gemacht werden konnte, was schiefging.

Die Schmerzspezialisten trugen mir die Sache sicherlich nicht nach, wenngleich unsere nächste Begegnung aus meiner Sicht etwas enttäuschend verlief. Sie erschienen am folgenden Morgen mit ihrer gesamten Ausrüstung in meinem Zimmer, fröhlich und lächelnd wie immer, und überbrachten mir die gute Nachricht, daß meine Schmerzbehandlung nun, da sie zufriedenstellend funktioniere, abgesetzt werden müsse.

Ich protestierte schwach (Margarets Protest fiel weit weniger schwach aus), aber vergebens. Immerhin, so argumentierte ich, hätte ich länger als vierundzwanzig Stunden ohne Schmerzbehandlung auskommen müssen. Daher stehe mir noch ein Tag zu, wenigstens ein halber. Aber nein. Der Zeitplan müsse streng eingehalten werden, und laut Zeitplan müsse der Periduralkatheter in meinem Rücken jetzt entfernt werden, ob ich Schmerzen hätte oder nicht.

Ich war über diese Ungerechtigkeit so empört, daß ich

nicht einmal spürte, wie der Periduralkatheter entfernt wurde, obwohl ich mich davor fast ebensosehr gefürchtet hatte wie vor dem Anlegen des Katheters. Er wurde einfach herausgezogen, wie ein Pfeil aus einer Dartsscheibe, und das war's.

Die Spezialisten von der Schmerzambulanz gingen und nahmen die »Schmerzbox« und alle Schläuche mit, an die sie mich angeschlossen hatten. Ich empfand eine merkwürdige Mischung aus Wut und Erleichterung – Wut über die mangelnde Flexibilität des Krankenhausapparats und den Witz, daß die »Schmerzbox« just in dem Moment abgebaut wurde, als sie so funktionierte, wie sie sollte, und Erleichterung, weil ich ein weiteres Gerät, das mich an das Krankenhaus fesselte, los war.

Am vierten Tag begann ich, wieder mehr auf mein Äußeres zu achten – fraglos ein gutes Zeichen. Von Anfang an hatte ich mich immer rasiert, doch nun konnte ich es kaum erwarten, mich morgens im Bett zu waschen und ein frisches Krankenhaushemd anzuziehen. Nur höchst widerwillig schlüpfte ich in meinen Morgenmantel und meine Pantoffeln, die beide voller Blut- und Urinflecke waren.

Das Gehen fiel mir immer noch schwer, doch wenn ich nach ein paar Minuten zum Bett zurückkehrte, keuchte und zitterte ich nicht mehr, und ich konnte ohne fremde Hilfe hineinschlüpfen, ja irgendwie gelang es mir sogar, meine Beine ins Bett zu schwingen. Ich konnte eine halbe Stunde und länger herumgehen, auch wenn ich immer noch dazu neigte, den Kopf hängenzulassen, was Margaret und die Schwestern energisch korrigierten. Kopf hoch, Schultern zurück, Bauch rein, riefen sie mir ständig zu, und sie hatten recht, auch wenn es mir schwer fiel, ihre Anweisungen zu befolgen.

Ich hatte mich daran gewöhnt, die engen Antiemboliestrümpfe zu tragen und die Beine auf ein Kissen zu legen. Das war wichtig. Inzwischen konnte ich sogar alleine auf die Toilette gehen, auch wenn es überaus lästig war, den

Urinbeutel, die Drains und Schläuche mitzuschleppen, die sich ständig mit dem Kabel der Klingel und der Telefonschnur verhedderten. Wenn ich auf der dunklen und tristen kleinen Toilette saß, fürchtete ich, ich könnte nicht mehr allein aufstehen und ins Bett zurückkehren, und manchmal trieb mir die schiere Frustration Tränen in die Augen, doch jeder kleine Sieg bei diesem Kampf um mehr Selbständigkeit war mir sehr wichtig.

Mehr als alles andere sehnte ich meine Entlassung herbei – ein gutes Zeichen, wie ich meine. Denn nur wer wirklich krank ist, will im Krankenhaus bleiben – so krank, daß er woanders nicht zurechtkommen oder überleben kann. Ich gehörte nicht mehr zu dieser Kategorie.

Dr. Walsh hatte angedeutet, daß ich »planmäßig« in zwei Tagen entlassen werden würde. Falls nötig, müßte ich noch eine zusätzliche Nacht im Hotel in Baltimore verbringen und am nächsten Morgen vor meiner Heimreise noch einmal zu einer letzten Untersuchung in die Klinik kommen. Aber das war natürlich das letzte, was ich wollte. Ich wußte zwar noch nicht, wie ich nach Hause kommen sollte, aber wenn ich die Klinik erst einmal verlassen hatte, wollte ich nicht in einem Hotelzimmer in Baltimore herumhängen und wie auf glühenden Kohlen sitzen.

Während ich auf dem Flur auf- und abschlurfte, mich immer noch in meinen Plastikschläuchen verheddernd, versuchte ich mir vorzustellen, wie ich auf dem Flughafen von Pittsburgh auf mein Flugzeug wartete (das wahrscheinlich mit mehrstündiger Verspätung landete) und stundenlang in einer Maschine saß, die wegen schlechten Wetters über dem La Guardia kreiste. Gut, ein Gepäckträger würde mich im Rollstuhl durch den Flughafen schieben, trotzdem konnte ich mir nicht vorstellen, wie ich das durchstehen sollte.

In bezug auf die Heimreise machte Dr. Walsh widersprüchliche Aussagen. Ich hatte es für eine gute Idee gehalten, den Problemen des Fliegens aus dem Weg zu gehen und einfach einen Wagen mit Chauffeur zu mieten, der mich im

Krankenhaus abholte und bis vor die Haustür fuhr. Doch mit diesem Vorschlag hatte ich keine Chance. Um einer Embolie vorzubeugen, durfte ich nicht länger sitzen als unbedingt nötig. Warum konnte ich mich nicht einfach auf dem Rücksitz ausstrecken und die Beine hochlegen? wollte ich von Dr. Walsh wissen, und er antwortete, daß man im Auto zu sehr durchgerüttelt werde. Das fand ich absolut einleuchtend – ich wollte selbst nicht durchgerüttelt werden –, aber war es denn so viel besser, wenn ich mit dem Taxi vom Johns Hopkins zum Flughafen von Baltimore fuhr, möglicherweise einen unruhigen Flug mitmachte (zwei unruhige Flüge, um genau zu sein), dann vom La Guardia nach Hause fuhr – eine zweistündige Fahrt über Straßen, von denen einige die tiefsten Schlaglöcher im gesamten Nordosten der Vereinigten Staaten hatten?

Mit jeder Stunde, die verging, beschäftigte mich das Problem mehr. Einerseits sagte ich mir, ich müßte mich einfach auf den Weg machen und die Zähne zusammenbeißen, bis ich zu Hause war. Andererseits konnte ich mir nicht einmal vorstellen, den ersten Schritt zu tun. Margaret, die ihre Tage damit zubrachte, mir bei meinen Gehversuchen auf dem Krankenhausflur zu helfen, zweifelte noch mehr an meiner Reisefähigkeit als ich selbst. Schließlich rief sie Richard und Roxanne Bacon zu Hause an und sprach mit ihnen darüber. Richard erzählte ihr von einer Nichte, die als Krankenschwester an Bord eines Rettungsflugzeugs arbeitete. Kaum hörte ich davon, legte sich meine Angst. Die Leute von der Rettungsgesellschaft, so stellte sich heraus, würden die ganze Reise organisieren. Ein Krankenwagen würde mich im Johns Hopkins abholen und zum Flughafen von Baltimore fahren, und ein kleines Flugzeug mit einer Tragbahre und einer ausgebildeten Schwester an Bord würde uns zu dem kleinen Flughafen in der Nähe unseres Wohnortes bringen, wo mich eine zweite Ambulanz abholte und nach Hause chauffierte, was vielleicht zwanzig Minuten in Anspruch nehmen würde. Zum ersten Mal hatte ich wieder das Gefühl, über mein

Schicksal selbst zu bestimmen und Vereinbarungen zu treffen. Ich telefonierte, gab die Nummer meiner Kreditkarte durch und vereinbarte Termine, wobei ich ziemlich hysterisch geklungen haben dürfte – und das um so mehr, als meine Stimme nur noch ein heiseres atemloses Pfeifen war. (Irgendwann hatte ich einfach die Fähigkeit verloren, normal zu sprechen. Zwar versicherten mir alle, daß sich das wieder einrenken würde, doch bis dahin mußte jeder, der lauter als im Flüsterton mit mir sprach, den Eindruck gewinnen, daß ich nicht an Prostatakrebs, sondern an Lungenkrebs erkrankt war.)

Bislang hatte ich Angst davor gehabt, wie es mir nach der Entlassung aus dem Krankenhaus ergehen würde. Jetzt hatte ich nur noch Angst davor, daß das Wetter unseren Abflug verzögern oder daß Dr. Walsh anordnen könnte, ich müßte noch einen weiteren Tag in Baltimore bleiben.

Aber Dr. Walsh tat nichts dergleichen – und war, wie mir später in den Sinn kam, vielleicht sogar froh, Margaret und mich endlich loszuwerden. Ich durchlief Schritt um Schritt die übliche Entlassungsprozedur, wobei der erste der schwerste war, denn vor allem anderem mußten zunächst einmal meine Drains und Klammern entfernt werden. Von dem Infusionsschlauch hatte man mich bereits befreit, und zur festgesetzten Zeit erschien ein Assistenzarzt, der für meinen Geschmack viel zu jung aussah. (Hatte er das schon mal getan? Wie oft? Kannte er sich damit aus?) Ich fragte ihn, ob es wehtun würde. Nein, antwortete er, er glaube nicht, daß mir das Abnehmen der Klammern Schmerzen bereiten würde. Einigen Patienten sei es unangenehm, wenn man die Drains herausziehe, aber in einer Sekunde sei alles vorbei.

Ich erinnerte mich, daß Professor Martin in seinem Buch *My Prostate and Me* einen Freund zitiert hatte, der diesen Augenblick als »den scheußlichsten« seines gesamten Krankenhausaufenthalts bezeichnet hatte. Es habe sich angefühlt, als »ziehe man ihm den Darm heraus«. Nach Auskunft einer

Schwester verglichen es die meisten Männer mit dem Gefühl, das man verspürt, wenn »man den Finger in die Steckdose steckt«. Das klang nicht verlockend.

Der Assistenzarzt untersuchte meine Operationswunde. Bislang hatte ich der Versuchung widerstanden, sie zu betrachten, doch nun sah ich sie mir an. Ich erblickte eine Reihe glänzender Metallklammern, die von meinem Bauchnabel zu meinem Penis führte und einen Schnitt zusammenhielt, der schnurgerade wie eine Autobahn war. Ich hatte eigentlich erwartet, daß mir beim Anblick meines wie eine Rinderhälfte aufgeschnittenen Fleisches schlecht werden würde. Doch zu meiner Überraschung empfand ich nicht viel, nur daß mir die schiere Größe des Schnittes vor Augen führte, wie »groß« der chirurgische Eingriff war, dem ich mich unterzogen hatte. Der junge Mann bewunderte ihn mit leuchtenden Augen. »Pat Walsh«, sagte er und schüttelte ehrfürchtig den Kopf. »Saubere Arbeit.«

Er löste flink eine Klammer nach der anderen, wobei er oben begann, und ließ jede schwungvoll mit einem hellen Klirren in eine Schale fallen. Sobald er eine entfernt hatte, klebte er einen schmalen Streifen Heftpflaster auf die kleinen Löcher. Die Streifen würden erst nach einiger Zeit abgehen, versicherte er mir, und wenn, dann sollte ich es ruhig geschehen lassen.

Als er fertig war, forderte er mich auf, die Augen zu schließen. Ich gehorchte, und dann spürte ich ein schnelles, merkwürdiges Ziehen tief in meinem Innern. Es tat nicht eigentlich weh, aber irgendwie war mir, als werde in meinem Bauch ein Baum entwurzelt. Da drinnen wurde an Dingen gezerrt, wurden Dinge verdreht und bewegt, die eigentlich in Ruhe gelassen werden sollten – genauer kann ich das Gefühl nicht beschreiben, und obwohl es längst nicht so schlimm war, wie ich befürchtet hatte, möchte ich diese Erfahrung auf keinen Fall ein zweites Mal machen. »Das war's«, sagte der Assistenzarzt fröhlich. »Fertig.«

Ohne die Drains fühlte ich mich gleich viel freier. Am besten war, daß ich sie nicht mehr die ganze Zeit sehen mußte, diese blutige Flüssigkeit, mit der sie sich in regelmäßigem Abstand füllten und die mich allzu lebhaft daran erinnerte, worum es bei der Operation gegangen war.

Zum ersten Mal glaubte ich wirklich an meine baldige Entlassung.

18

Am Abend des letzten Tages, den ich ganz im Krankenhaus verbrachte, erhielt ich eine gute Nachricht. Ich konnte auf direktem Wege nach Hause zurückkehren – ich würde keine weitere Nacht in Baltimore verbringen müssen. Andererseits war für den folgenden Tag schlechtes Wetter vorausgesagt – Graupel, Schnee, Nebel, Glatteis. Beunruhigt rief ich die Leute von der Rettungsgesellschaft an. Keine Sorge, sagten sie. Am späten Nachmittag werde in Baltimore eine Maschine bereitstehen, bei jeder Witterung. Ich stieß einen Seufzer der Erleichterung aus.

Am nächsten Morgen erhielten wir unsere letzten Anweisungen. Mein Urologe zu Hause sollte in drei Wochen den Katheter entfernen. (Wie würde sich das anfühlen? fragte ich mich.) Falls sich der Katheter lockerte, sollte ich mich sofort in die Notaufnahme der nächsten Klinik begeben, damit er wieder fixiert werden könne. Damit es gar nicht erst dazu kam, sollte ich das Klebeband, mit dem der Schlauch an meinem Oberschenkel befestigt sei, regelmäßig erneuern. Bei plötzlich auftretendem Fieber sollte ich umgehend einen Arzt rufen. Die Schwestern zeigten Margaret und mir, wie die Antiemboliestrümpfe angelegt wurden – das wichtigste war, daß man die Beine kräftig einpuderte, bevor man versuchte, die Strümpfe überzuziehen, denn sie saßen wirklich sehr eng. Ich bekam drei Paar. Dann wurde mir gezeigt, wie der Urinbeutel geleert und wie der große durch einen kleineren, flachen Beutel ersetzt wurde, den man am Bein trug und mit dem man spazieren oder ins Kino gehen konnte. (Ins Kino gehen? Wer hätte gedacht, daß ich jemals wieder ins Kino würde gehen können wie ein normaler Mensch?) Außerdem lernte ich, wie die Katheterbeutel gereinigt wurden, und erhielt eine Art Anfängerausrüstung: Alkoholtupfer, Neomycin, Heftpflaster und sterile Kompressen sowie eine antibiotikumhaltige Salbe zur Infektionsvorbeugung. Ich wurde eindringlich daran erinnert, auch weiterhin jeden Abend Magnesiummilch und Mineralöl zu mir zu nehmen, denn angestrengtes Pressen beim Stuhlgang könne zum Platzen der feinen Nähte in meinem Bauch führen – dies sei eine ernste Sache, wurde betont, und ich nahm sie auch ernst. Nach dieser Ermahnung half man mir in meine Straßenkleidung, während mein Bett abgezogen und für den nächsten Patienten vorbereitet wurde.

Doch noch hatten wir die Sache nicht überstanden. Als seien wir in eine Art schwarze Komödie geraten, konnten wir nun, da wir zum Gehen bereit waren, das Johns Hopkins nicht einfach verlassen. Die Ambulanz war zu Margarets Hotel gefahren und seitdem unauffindbar. Ich ging, den Urinbeutel hinter mir herziehend, schwerfällig im Flur auf und ab und versuchte, mit meinem Handy jemanden zu erreichen, egal wen. Die Stunden krochen dahin. Es war ein seltsames Gefühl. Ned und Gladys, Bob und Gail hatten sich bereits verabschiedet und waren gegangen, und eine neue Schicht von Krankenschwestern hatte den Dienst angetreten. Ich gehörte nicht mehr zu dieser kleinen Gemeinschaft. Ich war weder Patient noch Besucher, ich war plötzlich unsichtbar. Die Schwestern waren zwar noch freundlich, aber ich ging sie nichts mehr an.

Endlich kehrte der Krankenwagen zurück. Ich wurde in einen Rollstuhl gesetzt und trat, den Beutel in meinem Schoß, eine Marathonreise durch das Johns Hopkins an. Es war spät und bereits dunkel, als wir den Haupteingang erreichten. Ich hatte gehofft, am Tag zu fliegen – der Flugplatz in der Nähe unseres Wohnortes ist nicht gerade ein Acker, aber der La Guardia ist er auch nicht, und die Vorstellung, ihn bei Dunkelheit und Schneeregen anzufliegen, hätte mir normalerweise nicht sonderlich behagt, aber inzwischen war mir alles egal.

Beim Krankenwagen angekommen, wurde ich hineingehoben und auf einer Bahre festgeschnallt. Dann fuhren wir durch den Regen zum Flugplatz. Zu meinem Leidwesen verfuhr sich der Fahrer. Wir rasten über leere Straßen, hielten an, wendeten und fuhren in die andere Richtung, ohne Erfolg. Von Zeit zu Zeit gelangten wir tatsächlich zum Flughafen, nur um dann festzustellen, daß wir in der internationalen Güterabfertigung oder in irgendeiner finsteren oder hellerleuchteten Sackgasse gelandet waren. Einmal überquerten wir sogar ein Rollfeld, und ich sah uns schon frontal mit einer Boeing 737 zusammenstoßen. Der Fahrer schaltete das Warnlicht an, dann sogar die Sirene, doch je schneller wir fuhren, desto hoffnungsloser verfranzten wir uns.

Langsam bekam ich es mit der Angst zu tun. Würde das Flugzeug auf mich warten? Würde ich ins Krankenhaus oder ins Hotel zurückkehren und es morgen früh noch einmal versuchen müssen? Würde ich jemals nach Hause kommen? Der Pfleger – ein großer, freundlicher Schwarzer – hielt meine Hand und beruhigte mich, indem er alle paar Minuten meinen Blutdruck maß, während wir wie Bankräuber um den Flughafen von Baltimore kurvten. Schließlich erreichten wir das Vorfeld für den privaten Flugverkehr und hielten mit quietschenden Reifen vor einem kleinen Flugzeug.

Ich spähte aus dem Fenster. Ein Eisregen ging nieder. Minuten später lag ich, in eine Decke gewickelt, in der kleinen Maschine. Wir waren in der Luft und wurden von den Turbulenzen hin und her geworfen und durchgeschüttelt – genau das, was Dr. Walsh verboten hatte, dachte ich mir. Auch die Schwester an Bord maß regelmäßig meinen Blutdruck, und das ist merkwürdig beruhigend, vielleicht weil es einem das Gefühl gibt, daß sich jemand um einen kümmert und aufpaßt, auch wenn es gar nicht nötig ist.

Wenn ich den Kopf drehte, konnte ich Margaret und den

Piloten vorne sitzen sehen, wo Regen und Schnee gegen die Windschutzscheibe peitschten. »Nicht sehr viel Platz da unten«, rief der Pilot fröhlich.

»Ist mir egal«, sagte ich. »Ich will heute nacht auf jeden Fall in meinem eigenen Bett schlafen.«

»Amen«, sagte der Pilot, und wenig später stießen wir durch Wolken und Nebel und landeten mit einem Platsch auf der überfluteten Rollbahn unseres Flugplatzes, wobei wie bei einem Wasserflugzeug die Gischt zur Seite spritzte.

Ein Krankenwagen wartete – diesmal waren die Jungs aus der Gegend und kannten den Weg. Ich sah Richard Bacon, der uns besucht hatte, und winkte ihm müde. Das nächste, woran ich mich erinnere, ist, daß mich die beiden Sanitäter in die Mitte nahmen, auf ihren Armen die Stufen hinauftrugen und auf meinem Bett absetzten.

Ich war zu Hause.

Ich wußte es nicht, aber der schwierige Teil lag noch vor mir.

Erholung

19

Solange Sie im Krankenhaus sind, liegt Ihre Erholung in fremden Händen, doch sowie Sie nach Hause kommen, müssen Sie sich selbst darum kümmern.

Ich gebrauche bewußt das Wort *Erholung*, denn hier geht es darum, die Folgen der Operation zu überwinden und in Leben und Beruf zurückzukehren. *Genesung* ist ein anderer und langwierigerer Prozeß, in körperlicher wie seelischer Hinsicht. Von ihm wird später die Rede sein.

Gleich bei unserer Ankunft bekam ich eine ungefähre Vorstellung davon, was in der Erholungsphase auf mich zukommen würde: Die Krankenschwester vom Pflegedienst erwartete mich, um nach mir zu sehen. Sie war zu diesem Besuch nicht verpflichtet, und ich beglückwünschte mich dazu, daß ich soweit vorausgedacht hatte.

Die Ärzte hatten meine Fragen über häusliche Pflege bei allen Gesprächen vor der Operation als unwichtig abgetan: Sie brauchen keine Krankenschwester, sagten sie, Sie und Ihre Frau bekommen alles alleine in den Griff, mit häuslicher Pflege wird nur Geld und die kostbare Zeit einer Krankenschwester vergeudet und so weiter. Ich war in dieser Hinsicht von Anfang an skeptisch gewesen, denn ich fragte mich, ob Ärzte überhaupt eine Vorstellung davon haben, wie ihre Patienten tatsächlich im Alltag lebten. Zudem war meine Versicherung ohne weiteres bereit, mir zwei Monate lang regelmäßige Besuche einer Krankenschwester und die häusliche Pflege durch eine Schwesternhelferin zu bezahlen. Daß dieselbe Versicherung verlangte, meinen Krankenhausaufenthalt auf maximal vier Tage zu beschränken – was Dr. Walsh im übrigen so empört hatte, daß er ihr aufgebracht schrieb, er halte fünf Tage für das absolute Minimum –, wertete ich als deutlichen Hinweis darauf, daß die Hilfe der Krankenschwester vonnöten sein würde. Schließlich kommen Versicherungen heutzutage nicht leichtfertig für überflüssige Leistungen auf.

Laura Mansfield, die Krankenschwester, war eine adrette junge Frau, sympathisch, freundlich, tüchtig und mit einem unverwüstlichen Humor ausgestattet. Im Gegensatz zum »mütterlichen« Typ verströmte sie eine gewisse »rauhe Herzlichkeit«, und das war genau das, was ich jetzt brauchte. Sie maß (zum x-ten Mal an diesem Tag) meinen Blutdruck und meine Temperatur und wechselte meine Verbände. Dann erklärte sie, sie werde jetzt jeden Morgen kommen, um meinen Blutdruck usw. zu messen und meinen Arzt über alle etwaig auftretenden Komplikationen informieren. Im Notfall könnte ich Tag und Nacht ihren Pflegedienst anrufen, der würde sie dann anpiepsen. Am folgenden Morgen werde sie meine Schwesternhelferin genau einweisen. Die Schwesternhelferin werde um acht Uhr morgens kommen und bis zum frühen Nachmittag bleiben, mir beim Waschen, Anziehen, bei der Reinigung des Katheters und bei den Übungen helfen. Gegebenenfalls könne sie auch einkaufen gehen und kleine Mahlzeiten zubereiten, aber in dieser Hinsicht solle ich keine allzu hoch gespannten Erwartungen hegen. »Brauchen Sie Hilfe beim Fußnägelschneiden? Dann sagen Sie ihr Bescheid.«

Ich erklärte, daß ich das wahrscheinlich alleine könne, denn irgendwie kam ich mir plötzlich wie ein Simulant vor. So krank war ich doch nun wirklich nicht! Als ich jedoch genauer darüber nachdachte, wußte ich nicht so recht, wie ich mir zu gegebener Zeit die Fußnägel schneiden sollte. Ich konnte mich ja nicht einmal vorbeugen, nicht mit einem rund zwanzig Zentimeter langen Schnitt im Bauch. Welchen anderen kleinen, gewöhnlichen Verrichtungen, an die ich nicht einmal gedacht hatte, würde ich nicht nachgehen können? Haarewaschen kam mir in den Sinn. Konnte ich die Hose über die Bandagen, die Verbände und den Katheterschlauch ziehen? Ich begriff, daß mir eine schwere Zeit bevorstand.

Laura begutachtete die Veränderungen, die Richard Bacon und unser Freund Dot Burnett im Haus vorgenommen hatten – den Badewannensitz im Bad, die Handläufe und die Handbrause, die gummierten Matten, die überall, wo ich gehen würde, auf den Teppichen lagen – und hieß alle gut. Wie sie uns erzählte, dachten viele Menschen vor der Operation nicht an solche Maßnahmen, und wenn sie aus dem Krankenhaus kamen, war es schon zu spät. Dann fragte sie mich, ob ich unterwegs etwas getrunken hätte.

Ich schüttelte den Kopf. Ich hatte es absichtlich vermieden, allzuviel Flüssigkeit zu mir zu nehmen – je mehr man trinkt, um so häufiger muß man auch pinkeln, und ich wollte meine Reise nicht noch komplizierter machen, als sie ohnehin schon war. Außerdem hatte ich keinen Durst gehabt.

Laura war schockiert. Ob mir denn niemand gesagt habe, daß ich soviel wie möglich trinken müsse? *Mindestens* fünf oder sechs Liter täglich, und zwar ohne Ausnahme, fügte sie streng hinzu. Ferner sollte ich genau Buch darüber führen, wieviel Flüssigkeit ich zu mir nahm und wieviel sich im Katheterbeutel ansammelte, bevor ich ihn ausleerte. Die Ausscheidung sei genauso wichtig wie die Aufnahme. Und keine Mogeleien! Sie werde die Werte täglich überprüfen.

Obwohl ich erschöpft und völlig durcheinander war, ließ mich das aufhorchen. Abgesehen von der allgemein gehaltenen Empfehlung, viel zu trinken, hatte mich im Johns

Hopkins niemand darauf hingewiesen, daß Flüssigkeitsaufnahme und Urinausscheidung von großer Bedeutung seien und sorgfältig beobachtet werden müßten. Ich hatte bei meiner Entlassung lediglich ein Merkblatt erhalten – einen Brief von Dr. Walsh, den ich jetzt aus der Brieftasche zog. Darin warnte er davor, in den ersten sechs Wochen nach der Operation Lasten von mehr als fünf Kilogramm zu heben (das könne zu einer Narbenhernie führen oder gar die Anastomose, die Verbindung, die zwischen Harnröhrenstumpf und Blase um den Katheterhals gelegt worden war, auseinanderreißen), und erinnerte noch einmal an die erhöhte Emboliegefahr in den ersten vier bis sechs Wochen. Außerdem sollte ich nach dem Eingriff zwei Monate lang nicht Auto fahren.

Der dritte Absatz erregte meine besondere Aufmerksamkeit, denn er enthielt die unterstrichene Aufforderung »Lassen Sie sich nicht entmutigen!« Zum Thema Inkontinenz hieß es dort: »Nach der Entfernung des Katheters haben die Patienten gewöhnlich Probleme, den Urin zu halten.« Die Kontrolle über die Harnentleerung stellte sich nach Dr. Walsh jedoch in drei Phasen wieder ein: Zunächst blieb der Patient nachts, wenn er lag, trocken, dann beim Herumgehen und schließlich, in der letzten Phase, auch beim Aufstehen aus einer sitzenden Haltung. Um die Wiedererlangung der Kontinenz zu beschleunigen, sollte er im Stehen den Harnfluß unterbrechen und wieder in Gang setzen, indem er die Gesäßmuskeln fest zusammenzog. Er sollte diese Übung aber nur beim Urinieren machen, um den Schließmuskel nicht zu ermüden, keinesfalls bei anderen Gelegenheiten.

Ferner ging Dr. Walsh in seinem Brief genauer darauf ein, was der Patient nach der Entfernung des Katheters tragen sollte. Er empfahl Depends-Inkontinenz-Slips oder Confidence-Vorlagen, von denen ich mir bereits einen Vorrat angelegt hatte, warnte jedoch vor Inkontinenz-Hilfsmitteln wie Kondom-Urinalen (was war denn das?) oder Klemmen

(Klemmen?). Der Patient sollte möglichst keine »übertriebenen Mengen Flüssigkeit« zu sich nehmen und den Alkohol- und Koffeingenuß beschränken.

In freundlicherem Ton versprach Dr. Walsh eine allmähliche Wiedererlangung der Erektionsfähigkeit, mahnte jedoch zur Geduld. Manche Männer seien erst zwei Jahre nach der Operation wieder potent. Der Patient werde feststellen, daß »visuelle und psychogene Stimuli« weniger wirksam seien als »taktile Empfindungen«. Darüber mußte ich erst einmal nachdenken! Ich verstand das so, daß Pornographie und sexuell erregende Situationen nicht so leicht zu einer Erektion führten wie unmittelbare körperliche Berührung und Stimulation des Penis. Das hörte sich gar nicht so schlecht an.

Es stand noch mehr in dem Brief, auch wenn es in meiner damaligen Verfassung für mich nur von entferntem Interesse war. So etwa, daß es beim Orgasmus nicht zum Samenerguß kam. Das wußte ich bereits. Neu für mich war, daß bei vielen Männern die Erektion nachließ, wenn sie den Orgasmus erreichten. Dagegen empfahl Dr. Walsh Leukopor-Streifen von etwa einem Zentimeter Breite (»die kleben nicht an den Haaren fest«). Sie sollten um die Peniswurzel gelegt werden und so das Blut stauen. Diese Pflaster waren in Drogerien und Apotheken erhältlich, woraus ich schloß, daß sie nicht nur von Männern verwendet wurden, die sich einer radikalen Prostatektomie unterzogen hatten.

Dr. Walsh gab den Patienten neben seiner dienstlichen auch seine private Telefonnummer, für den Fall, daß am Wochenende Komplikationen auftraten. Das beeindruckte mich. Ich hatte bereits einen Termin für mein erstes Telefongespräch – in knapp zwei Monaten. Weitere Gespräche sollten folgen, im ersten Jahr im Abstand von jeweils vier Monaten, danach einmal oder zweimal im Jahr. Abschließend wünschte er mir viel Glück und fügte hinzu: »Ihre Operation ist erfolgreich verlaufen, und Sie werden sich gut erholen.«

Ich fand es interessant, daß Dr. Walsh vor übertriebener

Flüssigkeitsaufnahme warnte, und erzählte Laura davon. Sie nahm den Brief und las ihn. Dann gab sie ihn mir zurück und spottete: »Ärzte! Was wissen die schon?«

Ärzte könnten zwar operieren, fuhr sie fort, aber von dem, was danach komme, hätten sie keine Ahnung! Es sei lebenswichtig, viel Flüssigkeit aufzunehmen! Ebenso widersprach sie Dr. Walsh hinsichtlich der Übungen. Je mehr ich nach der Entfernung des Katheters meinen Schließmuskel trainierte, meinte sie, um so schneller würde ich auch meine Kontinenz wiedererlangen. Sie gab mir eine Broschüre über die nach einem gewissen Dr. Walter Kegel benannten »Kegel-Übungen«. Die Verfasserin war natürlich eine Krankenschwester. »Lesen Sie das aufmerksam«, sagte sie. »Sie müssen schon selbst etwas für Ihre Erholung tun.«

Margaret hatte mir beim Ausziehen geholfen, mich gewaschen und ins Bett gelegt – keine leichte Aufgabe, wie sich herausstellte. Ich mußte sicher auf einer wasserdichten gummierten Bettschutzeinlage liegen und mich mit einer zweiten zudecken, damit weder das Laken unter mir noch die Decke über mir naß wurden. Mein Katheterbeutel mußte so auf dem Boden stehen, daß niemand drauftreten und ich nicht darüber stolpern konnte. Meine Beine wurden eingepudert, damit ich die Antiemboliestrümpfe anziehen konnte, dann mit Hilfe zweier harter Kissen hochgelegt. Ich hatte mir fast schon zwanghaft angewöhnt, mich mit meinem Bademantel zuzudecken, so daß ich eingepackt war wie in einen Kokon. Aus irgendeinem Grund, der möglicherweise in meiner Kindheit wurzelte, fand ich das beruhigend. Wenn ich endlich zum Schlafen fertig war, konnte ich mich kaum noch rühren – ich war regelrecht eingeklemmt. Und doch mußte ich mich bewegen, wenn zuviel Urin durchsickerte oder wenn mein Katheterbeutel vollgelaufen war. Letzteres war bisher noch nicht vorgekommen, doch Laura hatte mir versichert, daß ich es »sofort merken« würde, denn wenn der Beutel voll sei, würde der Urin in meine Blase zurückdrükken. Das hörte sich nicht sehr gut an, und wie ich noch am eigenen Leib verspüren sollte, hatte sie damit genau ins Schwarze getroffen.

Ich schlief unruhig, während Margaret, die sonst eher einen leichten Schlaf hat, vor lauter Erschöpfung und Streß wie ohnmächtig neben mir auf der ungeschützten Seite des Bettes lag. Es war unsere erste gemeinsame Nacht seit jener vor der Operation, und ich mußte unwillkürlich an die Veränderung meiner Lage denken. Damals waren wir eng umschlungen eingeschlafen, nachdem wir uns geliebt hatten. Jetzt schliefen wir auf getrennten Seiten des Bettes. Ich lag unbequem zwischen wasserdichten Schutzeinlagen, und der Katheterschlauch verband mich mit dem großen Urinbeutel aus Plastik, der auf dem Boden neben meinen Hausschuhen stand. So hatte ich mir mein Leben bei der Feier meines sechzigsten Geburtstages, die nur wenig mehr als ein Jahr zurücklag, nicht vorgestellt.

Ich hatte mich auf allerhand gefaßt gemacht, nur nicht darauf, daß auch hier, zu Hause, die banalsten und alltäglichsten Körperfunktionen mein Leben bestimmen und alles andere weit in den Hintergrund drängen würden. Im Krankenhaus hatte ich einen Vorgeschmack davon bekommen, aber dort rechnet man ja auch damit – Schläuche, Drainagen, Katheter, Bettpfannen und Urinflaschen sind dort etwas ganz Normales und gehören einfach dazu.

Nicht so zu Hause. Zu Hause kann man das frühere Leben mit dem jetzigen vergleichen. Urin war jetzt mein Hauptproblem, um ihn würde sich mein Leben drehen – für wie lange? Die Fußböden waren mit Matten ausgelegt, teils damit ich nicht ausrutschte, gewiß, aber hauptsächlich um die Teppiche vor Urintropfen zu schützen. Der wasserdichte Matratzenschoner und die gummibeschichteten Schutzeinlagen über und unter mir sollten verhindern, daß das Bett bei einem »Unfall« oder »Problem« naß wurde. Im Badezimmer lag ein Notizblock, auf dem ich genau notieren sollte, wieviel Urin der Katheterbeutel beim Entleeren enthielt. Bis zur Entfernung des Katheters sollte der Beutel mein intimster und vertrautester Begleiter sein.

Niemand, der einen Katheter hat, ist wirklich inkontinent, denn durch den Katheter wird die Blase ununterbrochen und ganz von alleine entleert. Dennoch wurde mir die volle Bedeutung des Wortes Inkontinenz erst jetzt richtig bewußt. Oh, natürlich hatte ich gewußt, was Inkontinenz bedeutete, sie aber am eigenen Leib zu erfahren, war etwas ganz anderes, und der Katheter gab mir davon einen gewissen Vorgeschmack, weniger im körperlichen als im psychischen Sinne. Für einen inkontinenten Mann gibt es weder nachts noch tagsüber auch nur einen Augenblick, in dem er sich nicht seines Urins *bewußt* ist oder an ihn denkt. Er lebt in der ständigen Furcht, daß Urin tröpfeln oder durchsickern könnte oder daß andere Menschen etwas riechen, auch wenn er sich noch so oft wäscht, den Katheterschlauch mit Alkoholtupfern abreibt und überall Lysol versprüht… Hat Urin bisher ganz unten auf der Liste der Dinge gestanden, an die man täglich denken muß, so rückt er nun an die zweite oder dritte Stelle vor, wenn man Krebs an die erste Stelle setzt und auch Impotenz in die Liste aufnimmt.

Abgesehen vom Krebs selbst hatte ich mich vor der Operation am meisten davor gefürchtet, impotent zu werden, doch in Wirklichkeit war Inkontinenz in mancher Hinsicht schlimmer. Jedenfalls fragte ich mich nun, was ich von meiner Potenz hatte, wenn ich noch inkontinent war. Welche Frau will schon mit einem Mann schlafen, der seine Blase nicht unter Kontrolle hat – dem jeden Moment Urin abgehen kann? Ich konnte mir keinen besseren Liebestöter vorstellen…

Ich sagte mir immer wieder, daß es schlimmere Dinge gab, *viel* schlimmere. Der Krebs hätte in die Lymphknoten oder, Gott bewahre, in die Knochen streuen können; und leider konnte das ja immer noch geschehen. Ich kannte die Statistiken, und die belegten trotz Dr. Walshs optimistischer Prognosen, daß es keine Garantien gab. Wenn der Prostatakrebs erst einmal die Knochen erreicht hat, kommt der Tod in seiner grausamsten Form. Die Knochen des Patienten können schon brechen, wenn er nur vorsichtig im Bett bewegt wird. Er leidet am ganzen Körper unter unsäglichen Schmerzen, und die Körperfunktionen können vollkommen lahmgelegt werden ... Du mußt die Sonnenseiten des Lebens sehen, sagte ich mir, du darfst kein Selbstmitleid haben, du mußt dir immer vor Augen halten, daß es in erster Linie darum geht, den Krebs zu besiegen.

Doch mitten in der Nacht ist es schwierig, die Sonnenseiten des Lebens zu sehen. Ich sagte mir wieder: Niemand hat dir irgendwelche Garantien gegeben, du hast gewußt, worauf du dich einläßt, du hast die möglichen Folgen der Operation gekannt, du hast das sogar mit deiner Unterschrift bestätigt, bevor die Anästhesisten dich in den OP gebracht haben. Inkontinenz ist eine dieser möglichen Folgen, und die meisten Männer leiden nach der Operation bis zu einem bestimmten Grad an ihr, ebenso wie an Impotenz. Und meistens überwinden sie beides, mehr oder weniger.

»Lassen Sie sich nicht entmutigen!« gab Dr. Walsh seinen Patienten als Rat mit nach Hause, und ich war fest entschlossen, mich nicht entmutigen zu lassen. Geduldig mußte man sein, das verstand ich wohl. Langsam, aber sicher wirst du deine Kontinenz wiedererlangen, sagte ich mir, und später wird auch deine Potenz zurückkehren. Das mochte vielleicht erheblich länger dauern und nicht jedem Patienten vergönnt sein, aber wie immer im Leben gehörte natürlich auch etwas Glück dazu. Ich erinnerte mich an Professor Martins Buch: Er war fast gar nicht inkontinent gewesen, sein Katheter hatte kein bißchen getropft, und er hatte noch im Krankenhaus mit eingelegtem Katheter eine Erektion gehabt! Ich selbst hatte in meinem Leben eigentlich immer viel Glück gehabt, vor allem in gesundheitlicher Hinsicht. Warum also sollte ich nicht zu den Glücklichen gehören, die gleich nach der Entfernung des Katheters kontinent wurden und ihre Potenz früher als gewöhnlich wiedererlangten?

Schweißgebadet und unruhig schlief ich unter all meinen Decken ein und träumte ausgerechnet, daß ich in der Männertoilette eines Restaurants vor einem Pissoir stand und verzweifelt zu pinkeln versuchte. Um mich herum standen Männer, von denen mir manche bekannt vorkamen, und sogar Frauen, die mir Ratschläge gaben, wie man die Sache in Fluß bringen könnte. Jemand drehte alle Wasserhähne auf in der Hoffnung, das Rauschen des Wassers könnte mir helfen, ein anderer betätigte die Toilettenspülung – doch nichts geschah. Ich spürte, wie der Urin in mir hochstieg, als sei meine Blase zum Bersten voll, *als müßte ich gleich platzen!*

Ich schreckte aus dem Schlaf auf und stellte fest, daß die Beschwerden kein Traum waren. Ich hatte wirklich Schmerzen. Ich faßte nach unten und tastete nach dem Katheterbeutel auf dem Boden. Er war prall gefüllt mit warmem Urin. Die Schwester hatte recht gehabt: Wenn er voll war, merkte man es sofort.

Von dem Wunsch beseelt, mir meine Selbständigkeit zu beweisen, schlug ich die Decken zurück, schwang die Beine aus dem Bett und rappelte mich auf. Die Unterlagen waren tropfnaß. Ich raffte sie zusammen, legte mir den Morgenmantel über die Schulter, nahm den Katheterbeutel, der erstaunlich schwer war, und wankte ins Badezimmer. Unten am Katheterbeutel war eine Art kleiner Wasserhahn angebracht. Ich notierte, wieviel Milliliter Urin der Beutel enthielt, hielt ihn über die Toilette, drehte den Hahn auf und entleerte ihn. Augenblicklich nahm das Druckgefühl in meiner Blase ab. So weit, so gut.

Ich schaute nach unten. Die Verbände waren dort, wo der Katheter aus der Harnröhre kam, vollgesogen. Ich mußte sie also wechseln. Ich entfernte das Heftpflaster, die nasse Polsterung und die Verbände, reinigte den Schlauch mit Alkohol, schmierte ihn mit Neomycin ein, legte neue Verbände an und befestigte sie mit so viel Heftpflaster, daß die Aktien der Herstellerfirma Johnson & Johnson vermutlich um einen Punkt stiegen. Dann merkte ich, daß ich in einer Urinpfütze stand. Ich hatte vergessen, den Hahn des Katheterbeutels zu schließen.

Nun schwankte ich zwischen Ärger über meine eigene Dummheit und einer wachsenden Besorgnis, die meine Hände zittern ließ. *War es soweit mit mir gekommen? Würde es so mit mir weitergehen? Und wie lange? Wie hatte mir das passieren können?*

Ich wollte Margaret nicht wecken, denn sie brauchte ihren wohlverdienten Schlaf. Also setzte ich mich auf die Toilette, wischte den Boden mit Papiertüchern, räumte alles so gut es ging weg und wusch meine Hände erneut mit antiseptischer Seife. Ich stolperte erschöpft zum Bett zurück, legte mich auf die Unterlage, bedeckte den Verband mit zwei frischen Saugeinlagen, breitete eine gummierte Bettschutzeinlage darüber, zog mir den Morgenmantel bis über die Ohren und versuchte, wieder einzuschlafen.

Mein letzter Gedanke vor dem Einschlafen war, daß kein Mensch mich vor all dem gewarnt hatte. Professor Martin und Dr. Rous hatten es in ihren Büchern ebensowenig erwähnt wie Dr. Walsh in seinem Merkblatt. Offensichtlich gehörte zum Erholungsprozeß wesentlich mehr, als nur darauf zu warten, daß der Körper, sofern überhaupt, wieder normal wurde. Und was hieß denn »normal«? Würde ich wieder meine volle Kontinenz erlangen? Oder nur 75 Prozent? Selbst wenn alles nach Wunsch lief, so würde ich doch in körperlicher und vielleicht auch in seelischer Hinsicht ein ganz anderer Mensch sein als zuvor.

Zum ersten Mal kam mir der Gedanke, daß die Zeit *vor* der Operation möglicherweise weniger schwierig ist als die Zeit *danach*. Solange der Krebs – und die Operation, von der man sich Rettung erhofft – das Problem sind, wird die Situation von einer gewissen Dramatik, einer wenn auch unwillkommenen Aufregung beherrscht. Eine Krise verleiht Kraft, rückt den Krebspatienten in den Mittelpunkt des Interesses und verläuft nach einem bestimmten Schema: 1. Akt – Diagnose. 2. Akt – Behandlung. 3. Akt (so hofft man) – Heilung.

Dann ist die Krise überwunden. In der Erholungsphase fehlt dies alles – sie ist naturgemäß ein ungeordneter und undramatischer Vorgang ohne jeden Zeitplan oder Rhythmus. Wer weiß schon, wie lange sie dauern wird? Wer weiß, wann sie endet? Wer kann sagen, wann sich der Patient vollkommen erholt hat? Wer kann beurteilen, ob er sich wirklich erholt hat oder ob er nur genug hat und beschließt, sich mit seinem jetzigen Zustand abzufinden? Zwischen der erfolgreichen Erholung und dem resignierten Sichabfinden mit neuen Grenzen liegt eine Grauzone, und niemand außer dem Patienten kann ermessen, wieviel Gepäck er auf der Reise über Bord geworfen hat, bevor er schließlich im Hafen einläuft.

Noch drei Wochen bis zur Entfernung des Katheters, sagte ich mir.

Wie sollte ich die durchstehen?

Die Verbände wurden schon wieder naß. Ich hatte sie vermutlich zu locker festgeklebt. Zum Teufel damit, sagte ich mir und schlief wieder ein. Sollte sich die Schwesternhelferin morgen darum kümmern, wer auch immer sie sein mochte.

Als die Schwesternhelferin am nächsten Morgen pünktlich um acht erschien, erlebte ich eine Überraschung: Vor mir stand Emory Smith, ein untersetzter, freundlicher junger Mann mit weißer Kleidung, Brille und dem Bürstenhaarschnitt eines Soldaten. Wie sich herausstellte, war Emory tatsächlich Soldat. Als Leutnant im Sanitätskorps der Army hatte er sogar den Golfkrieg mitgemacht. Emory und ich tauschten uns schnell über unsere militärischen Laufbahnen aus und entwickelten bald eine Beziehung, die einen Außenstehenden veranlaßte, uns in Anspielung auf Jack Lemmon und Walter Matthau als »ein seltsames Paar« zu bezeichnen.

Ganz abgesehen davon, daß Männer, die gedient haben, eine Art internationales Freimaurertum bilden, brachte Emory einen frischen Wind in unser Leben. Auch wenn er kein Arzt war, so wußte er doch alles über Wunden, Narben und vor allem Katheter – bei den US-Streitkräften ist es schwierig, sich krankzumelden, ohne daß einem ein Katheter gelegt wird, auch wenn damit nur der Patient ruhiggestellt und die Macht der Pfleger demonstriert werden soll. Wichtiger war jedoch Emorys Bereitschaft, ja sogar sein Bedürfnis, mit mir zu reden. Er vermittelte mir – ganz im Gegensatz zu den Ärzten – ein realistisches, nüchternes Bild von dem bevorstehenden Prozeß und seiner voraussichtlichen Dauer. Außerdem konnte er mir von seinen früheren Prostatakrebs-Patienten und *deren* Problemen berichten.

Es schadete auch nicht, daß Emory, der im übrigen wunderbar Geschichten erzählen konnte, zahlreiche Menschen mit wesentlich schlimmeren Krankheiten gepflegt hatte, angefangen bei jungen Soldaten mit AIDS über Patienten mit amyotrophischer Lateralsklerose (ALS) und Tetraplegie, bis hin zu Menschen, die im Koma lagen. Ohne es jemals direkt anzusprechen, rückte er meine Ängste und Schwierigkeiten in die richtige Perspektive. »Sie werden sich wieder erholen«, sagte er, »vielleicht nicht vollständig, aber wenigstens zu 50 oder 60 Prozent.« Sein letzter Patient hatte beispielsweise ALS. Er konnte nicht mehr alleine essen und nur noch spezielle Nahrung zu sich nehmen, die nicht gekaut werden mußte. Es war nur noch eine Frage der Zeit, bis er den Kopf nicht mehr aufrecht halten konnte. »Versuchen Sie mal, damit zu leben.«

Emory kam offenbar mehr als andere mit schweren Fällen in Berührung – abends und nachts arbeitete er zusätzlich noch in einer katholischen Einrichtung für geistig behinderte und gewalttätige Kinder, von wo er jeden Morgen allerlei Horrorgeschichten mitbrachte. Und auch wenn die Kinder autistisch oder gewalttätig und die Patienten sterbenskrank waren, so bewahrte er sich doch seinen Optimismus, seinen Lebensmut und seine Gelassenheit.

Er nahm sofort das Heft in die Hand. Ich hatte mir keinerlei Gedanken über meinen Tagesablauf gemacht, und so paßte ich mich vom ersten Tag an seinem Rhythmus an. Er half mir aus dem Bett, sah mir beim Zähneputzen und Rasieren zu, setzte mich zum Duschen in die Badewanne, half mir beim Abtrocknen und überwachte so lange mit soldatischem Blick, wie ich den Katheter reinigte, bis es für mich zur Routine geworden war. Er half mir beim Anziehen, löste das Problem, wie ich die warmen Unterhosen, die mir Margaret gekauft hatte, über den Katheterschlauch bekam, und puderte flink meine Beine ein, so daß er mir ein frisches Paar Antiemboliestrümpfe überstreifen konnte. Dann zog er mir Pullover und Parka an, setzte mir eine Strickmütze auf und stülpte mir Handschuhe über, denn von Anfang an wollte ich jeden Morgen spazierengehen, bei jeder Witterung – und im Norden des Bundesstaates New York ist es im Dezember höchst selten mild. Ich kann nicht behaupten, daß Emory darüber in Begeisterung ausbrach – er war kein Frischluftfanatiker –, aber er war nicht umsonst Soldat: Einen Fuß vor den anderen zu setzen, das verstand er.

Alle außer Margaret, die mich und sich selbst besser kannte, hatten mich beschworen, nach Florida zu fahren. Am Pool liegen, Sonnenbäder nehmen, im lauwarmen Wasser schwimmen, unter den sich wiegenden Palmen spazierengehen – so erholst du dich mühelos, natürlich und vor allem *bequem*. Ich hatte mich von Anfang an dagegen gesträubt. Ich wollte daheim bleiben und nicht in einem Hotel oder Ferienhaus wohnen. Ich wollte so schnell wie möglich wieder ein normales Leben führen und arbeiten. Ich fühlte, daß ich mich so schneller erholen würde. In erster Linie war es mir darum getan, wenigstens über einen Teil meines Lebens wieder selbst zu bestimmen, und die einzigen Bereiche, wo mir das gelingen konnte, waren körperliche Bewegung und Arbeit. Eine Reise nach Florida wäre ein Schritt in die falsche Richtung gewesen, oder besser gesagt, ein zu großer Schritt in die richtige Richtung: Ich wollte zurück nach New York und meine Arbeit wieder aufnehmen.

Und so kam es, daß Emory, Margaret und ich, alle drei dick eingemummt, vom ersten Morgen an unter einem kalten, grauen Himmel die Straße vor unserem Haus entlangspazierten. In einer behelfsmäßigen Schlinge meinen Urinbeutel haltend und fest entschlossen, bis zur Grenze unseres Grundstücks durchzuhalten, das etwa vierhundert Meter entfernt war, hakte ich mich bei den anderen unter und schlurfte keuchend dahin, wobei ich mich so aufrecht wie möglich hielt. Wir gingen jeden Tag ein Stück weiter, und das jeden Morgen, auch wenn die Temperaturen unter die Frostbeulengrenze sanken. Ich war felsenfest davon überzeugt (und bin es noch heute), daß diese Spaziergänge mich letztlich vor der Hoffnungslosigkeit bewahrten, meine Genesung beschleunigten und mich schließlich wieder gesund machten. An einem Morgen war es so kalt, daß der Urin in meinem Beutel gefror, doch das machte nichts, wir gingen weiter. Der Morgenspaziergang war mehr als eine fixe Idee, er war meine Rettungsleine, nach der ich mit einer Verzweiflung griff, die nur Margaret wirklich verstand.

Wohlgemerkt, ich behaupte nicht, daß Wunden auf diese Weise rascher verheilen oder die Blase sich besser an den Katheter gewöhnt. Entscheidend ist, daß man spazierengehen *kann* und daß jeder Schritt in die richtige Richtung führt. Die Spaziergänge waren mein aktiver Beitrag zu meiner körperlichen und seelischen Erholung, und darauf wollte ich unter keinen Umständen verzichten.

Der Urinbeutel war eine strittige Angelegenheit. Dr. Walsh empfahl zum Gehen einen Beinbeutel, einen kleineren Behälter aus weichem Kunststoff von der Größe eines Taschenbuchs, der unter dem Knie ans Bein gebunden wurde. Das Dumme an diesem Beutel war nur, daß der Urin aus irgendeinem Grund zurückfloß und aus dem Katheter tropfte, so daß ich naß wurde. Deshalb beließ ich es bei einem einmaligen Versuch, der mir freilich als Warnung vor künftigen Problemen hätte dienen können. Emory und ich bastelten aus Klettband einen Griff, und ich nahm nun doch wieder den großen Beutel mit, der aussah wie jene Einkaufstaschen, mit denen ältere Franzosen morgens auf dem Markt ihr Baguette und ihre Flasche Wein einkaufen gehen.

Älter, das war natürlich das entscheidende Wort. Ich *fühlte* mich alt, als sei ich plötzlich um Jahre gealtert. Jetzt brauchst du dir nicht mehr vorzustellen, welche Gebrechen dich im Alter erwarten, sagte ich mir. Dich kann nichts mehr überraschen. Dein schlurfender Gang und deine Probleme beim Pinkeln sind ein erster Vorgeschmack. Hinzu kam, daß mir immer noch die Stimme versagte. Ich brachte nur ein leises, heiseres Flüstern hervor. Warum? Niemand konnte es mir sagen. Wann würde meine Stimme wieder kräftiger werden? Niemand wußte es. Zudem geriet ich sofort außer Atem, wenn ich Treppen stieg oder nachts aufstand, um den Urinbeutel auszuleeren – und wenn ich »außer Atem« schreibe, dann meine ich damit, daß ich keuchte, als sei ich gerade einen Kilometer bergauf gerannt.

Und ich fühlte mich nicht nur alt, ich sah auch alt aus, zumindest viel älter als vorher. Aus dem Spiegel blickte mir ein Fremder entgegen, ein alter, gebeugter Mann mit dunklen Ringen unter den Augen. Die Augen erinnerten mich an die meines Vaters ein oder zwei Jahre vor seinem Tod mit zweiundachtzig – sie hatten ihren Glanz verloren und starrten auf einen bestimmten Punkt, als blickten sie in die Ferne oder in die Ewigkeit. Gewiß, es waren meine Augen, aber was sie sahen, wollte ich nicht sehen.

Der Urinbeutel gehörte nun zu mir wie der Deckel zum Topf. Wenn ich saß, lag er auf dem Boden. Wenn ich von Zimmer zu Zimmer ging, trug ich ihn in der Hand. Wenn ich mich auf dem Badewannensitz niederließ, lag er neben der Wanne und der Katheterschlauch wand sich über den Rand der Wanne. Ich war von Gegenständen umgeben, die, wie die Handdusche, die Handläufe in der Badewanne und die Gleitschutzmatten auf dem Boden, direkt aus einem Katalog mit Artikeln für alte Menschen hätten stammen können – und das taten sie wahrscheinlich auch.

Mein Körper beanspruchte meine Aufmerksamkeit in einem solchen Maße, wie ich es mir vor der Operation kaum hatte vorstellen können. Wegen der Emboliegefahr mußte ich stets meine Beine hochlegen, und überall, wo ich mich eventuell hinsetzen konnte, lagen Gummimatten, falls mein Katheter leckte. Allmählich gewöhnte ich mich an alles. Ich hatte angenommen, daß ich mich gleich nach meiner Entlassung aus dem Krankenhaus auf die Bücher stürzen würde, die ich mir bestellt oder die Freunde mir geschickt hatten, ja daß ich vielleicht sogar ein bißchen arbeiten würde. Schließlich hatte Richard neben jedem Sitzplatz Anschlüsse installiert, so daß ich jederzeit meinen Laptop einstöpseln und mit dem Verlag und der ganzen Welt kommunizieren konnte, aber ich hatte nicht den Wunsch, es zu versuchen. Nicht einmal die *New York Times* interessierte mich: Weltgeschehen, Politik oder Buchrezensionen hätten mich nicht weniger interessieren können. Trotzdem las ich zu Margarets Verärgerung täglich die Todesanzeigen, um zu sehen, wer an Prostatakrebs gestorben war (durchschnittlich fünf pro Woche in der *New York Times*), und um mich am Unglück jener zu weiden, die, obwohl jünger als ich, bereits aus dem Leben geschieden waren. Margaret sagte, sie könne sich keinen Zeitvertreib vorstellen, der besser zum Alter passe, und ich konnte ihr nicht widersprechen.

Margaret weckte mich jeden Morgen mit einer Tasse Kräutertee – der ersten einer Unzahl von Tassen mit heißen und kalten Getränken, die ich im Verlauf des Tages trank, um eine hohe Flüssigkeitsaufnahme zu garantieren. Dann kämpfte ich mich durch mein kleines Programm, wobei ich es schon als Erfolg verbuchte, wenn ich mich allein rasieren und mir allein die Zähne putzen konnte, so daß ich fertig war, wenn Emory und Laura kurz vor acht kamen. Die Schwester ging wieder, nachdem sie Blutdruck, Puls und Temperatur gemessen hatte, und Emory half mir bei meinem morgendlichen Duschbad. Danach zog ich mich mit seiner und Margarets Hilfe an. Wenn ich gegen die Kälte verpackt war, unternahmen wir unseren täglichen Spaziergang. Anschließend leerte ich wieder meinen Katheterbeutel, reinigte mich und ruhte mich bis zum Mittagessen aus. Mein früherer Appetit war noch nicht zurückgekehrt, und so aß ich meist nur eine Suppe. Emory ging nach dem Essen, und ich machte auf dem Sofa in meinem Arbeitszimmer einen Mittagsschlaf. Später trank ich Tee mit Margaret, nahm ein leichtes Abendessen zu mir, sah ein bißchen fern, und schon mußte ich mich wieder gründlich waschen und für die Nacht richten. Wirklich ein ereignisreicher, ausgefüllter Tag! Ich zählte nie genau, wieviel ich schlief, aber es war beachtlich – mindestens acht oder neun Stunden nachts, dazu drei oder vier tagsüber. Mein Körper schien zu wissen, wieviel Schlaf er brauchte, und wenn er müde wurde, war es, als werde einfach ein Schalter ausgeknipst – die Augen fielen mir zu, und ich war weg.

Ich hatte mir vorgenommen, jedem zu danken, der angerufen, geschrieben oder Blumen geschickt hatte, und nicht nur aus Dankbarkeit und Höflichkeit, sondern auch weil das eine Aufgabe war, die ich in kleinen Etappen erledigen konnte. Ich lag auf der Couch im Arbeitszimmer, schrieb Karten und telefonierte hin und wieder. Margaret war besorgt, ich könnte übertreiben, aber dazu bestand kein Grund. Wenn ich müde wurde, hörte ich einfach auf, manchmal mitten im Satz. Ich konnte also gar nicht übertreiben, selbst wenn ich gewollt hätte.

Noch mehr interessierten mich die anderen Leute, die nicht angerufen oder geschrieben hatten, und zwar nicht, wie ich feststellte, weil ich ihnen gleichgültig gewesen wäre, sondern weil sie einfach nicht mit dem Thema Krebs konfrontiert werden wollten. Wenn es noch eines Beweises bedurfte, wie gefürchtet diese Krankheit ist, so lieferten ihn diese gebildeten Männer und Frauen, die das heikle Wort Krebs nicht einmal über die Lippen brachten. Ein alter Freund schickte mir zusammen mit einem Gedichtband ein

Briefchen, in dem er sich dafür entschuldigte, daß er nicht angerufen hatte – er habe vor Prostatakrebs eine solche Angst, daß er sich mit meiner Erkrankung überhaupt nicht habe auseinandersetzen können. Ein Ehepaar aus unserer Nachbarschaft, das wir schon jahrelang kannten, ließ zu meiner Überraschung nichts von sich hören. Schließlich ging Margaret auf sie zu und fragte sie nach dem Grund. Auch sie konnten mit Krebs nicht umgehen, wie sich herausstellte. Teilweise hingen diese Reaktionen mit meiner Person zusammen. Anscheinend galt ich unter meinen Freunden als jemand, dem niemals etwas Ernstes passieren konnte, oder zumindest als Glückspilz, und so hatten sie aus meiner Erkrankung den Schluß gezogen, daß nun wirklich jeder Krebs bekommen könne. Aber viel stärker war offenbar ihre Furcht vor der Krankheit selbst, als könne man sich dadurch vor ihr schützen, daß man niemals ihren Namen ausspricht.

Ich stellte fest, daß gerade die Menschen, die sich zwanghaft mit ihrer Gesundheit und ihrem seelischen Wohlbefinden beschäftigten, am schlechtesten mit dem Thema Krebs umgehen konnten. Anscheinend wollten sie glauben, daß man nur das Richtige tun und fest daran glauben müsse, um verschont zu bleiben. Da ich nie übergewichtig gewesen war, weder geraucht noch übermäßig getrunken hatte, mich gesund ernährt, Vitamine eingenommen und regelmäßig Sport getrieben hatte, lieferte ich den erschreckenden Beweis, daß all das keine Rolle spielte. Es war einfach nur Pech, wenn ein bösartiges Gen im DNA-Pool herumwütete – ganz ordinäres, dummes Pech.

Diejenigen, die ernsthaft an all die New-Age-Varianten von der »Macht des Geistes über die Materie« glaubten, wollten am wenigsten über Krebs nachdenken. Wenn negative Gedanken krank machen, wie diese Leute glauben, schlägt jeder Gedanke an Krebs gleichsam eine Bresche in den Verteidigungsring der Geistes. Schließlich gehören solche Gedanken zu den negativsten, die man haben kann. Besser man macht sich vor, daß er nicht existiert, daß nichts passieren kann. Om-Meditationen löschen ihn aus.

Aber Krebs kann man weder wegmeditieren, noch kann man ihn in den meisten Fällen wegerklären. Er trifft gute und schlechte Menschen, Vegetarier und Fleischesser, Gesundheitsbewußte und Stubenhocker. Natürlich ist es immer besser, Sport zu treiben, sich richtig zu ernähren und Streß abzubauen, aber bei Krebs gibt es keine Garantien, und schon das ängstigt die Menschen, selbst wenn die Krankheit als solche gar nicht so schrecklich ist. Ich verstand das, und deshalb hatte ich Verständnis dafür, daß sich manche nicht mit ihr auseinandersetzen konnten, und machte ihnen keine Vorwürfe. Schließlich geht jeder auf seine Weise mit den großen Lebensängsten um, und wer bin ich, jene zu kritisieren, die wie der Strauß den Kopf in den Sand stecken? Nur meine ich, daß das Problem so nicht gelöst werden kann, denn der Krebs verschwindet nicht, wenn man ihn ignoriert. Ich sprach viel mit jenen Freunden, die sich aus Angst noch nicht gemeldet hatten. Und Margaret führte noch mehr Gespräche.

In den Wochen vor Weihnachten kamen die ersten Besucher – die ersten, seit die Offits und Rod Barker mich im Johns Hopkins besucht hatten. Ich empfing sie wie ein türkischer Pascha: Ich lehnte mich im Morgenmantel auf dem Sofa im Arbeitszimmer zurück und verbarg den Urinbeutel diskret unter einem Handtuch. Ich genoß ihre Gesellschaft, nur wurde ich leider rasch müde. Margaret beklagte, daß ich die meisten Gespräche nach kurzer Zeit auf das Thema Prostatakrebs lenkte, als könne man sich nur darüber unterhalten. Ich mußte gestehen, daß sie recht hatte. Ich benahm mich wie ein Veteran, der ständig von seinen Kriegserlebnissen erzählt. Doch ich kam einfach nicht dagegen an. Der Krebs und die Operation nahmen in meinen Gedanken einen so breiten Raum ein, daß es mir schwerfiel, an etwas anderes zu denken oder darüber zu sprechen. Und doch wußte ich, daß ich erst dann wirklich auf dem Weg der Besserung war, wenn ich es mir verkneifen konnte, anderen ausführlich über meine gesundheitlichen Probleme zu berichten und, was nicht selten vorkam, ihnen mehr über Inkontinenz und Impotenz zu erzählen, als sie hören wollten.

Das Problem ist eben, daß der Krebs, wie der Krieg, ein so einschneidendes Erlebnis im Leben eines Menschen darstellt, daß er dazu neigt, alles andere für lange Zeit auszublenden. Wenn meine Besucher über ihre Arbeit, Filme oder sonstige Ereignisse in der Welt sprachen, hörte ich verwirrt zu, als ergebe das alles keinen Sinn. Demgegenüber empfand ich es als Wohltat, mit anderen Krebskranken zu sprechen, wie etwa unserer Freundin Dot Burnett, für deren Engelsgeduld ich äußerst dankbar bin, zumal sie eigene Probleme hatte. Selbst Weihnachten hatte für mich seinen Sinn verloren, abgesehen von der Tatsache, daß gleich nach den Feiertagen mein Foley-Katheter entfernt werden sollte.

Das interessierte mich am meisten, denn es war der erste Schritt zurück ins normale Leben. Obwohl ich schreckliche Angst davor hatte – die Berichte der Betroffenen reichten von »Das ist ein Klacks« bis »Das war der schlimmste Augenblick in meinem Leben« –, fieberte ich dem Tag voller Sehnsucht entgegen. Hätte Dr. Leslie Josephy, der Urologe aus Poughkeepsie, der meinen Fall inzwischen übernommen hatte, zu mir gesagt, er würde am Heiligabend durch den Schornstein kommen und mich von dem Katheter befreien – es wäre das schönste Weihnachtsgeschenk meines Lebens gewesen.

20

Tatsächlich hätte Dr. Josephy diese Rolle gut übernehmen können. Er war stämmig, hatte einen silbergrauen Bart und rötliche Wangen und hätte einen wunderbaren Weihnachtsmann abgegeben, wären da nicht die Augen hinter der kleinen, altmodischen Nickelbrille gewesen, die mich streng und durchdringend ansahen – richtige Chirurgenaugen. Er trug meistens ausgewaschene Jeans, Stiefel und ein zerknittertes Arbeitshemd und ähnelte ein wenig den Männern, die bei Konzerten von Grateful Dead als Techniker arbeiten, immer eine Rolle Isolierband zur Hand haben und dir gleich einen Joint anbieten. Trotz seines Rufes als geschickter Chirurg hatte er große Arbeiterhände mit dicken Wurstfingern. Dr. Josephy war tatsächlich genau das Gegenteil von Dr. Walsh: unordentlich, etwas ungehobelt und zwanglos. Er war die Fröhlichkeit in Person und freundlich wie der Weihnachtsmann.

Auch wenn in seinem Bücherregal zwei Ausgaben von Dr. Walshs mehrbändigem Handbuch der Urologie standen, so war er doch alles andere als ein unkritischer Bewunderer seines Kollegen.

Er machte sich kurz mit meiner Krankenakte vertraut und schaute die Unterlagen durch, die Dr. Walsh vom Johns Hopkins geschickt hatte. Er schien skeptisch und spottete sogar etwas, als ich ihm von meinen bisherigen Erfahrungen berichtete. »Nerverhaltend«, sagte er ungeduldig, »was ist daran so toll? Wir führen alle die gleiche Operation durch. Wenn ich die Nerven erhalten kann, dann tue ich es. Das ist keine Hexerei.«

Er warf wieder einen Blick in Dr. Walshs Bericht. »Wie auch immer, ich verstehe nicht, warum er eine solche Kanone sein soll. Er hat ja nicht einmal beide Nervenstränge erhalten. Hier steht, daß er nur einen erhalten konnte.«

»Wie? Er hat nicht beide erhalten?«

Ich war schockiert. Zum ersten Mal hörte ich, daß Dr. Walsh nicht beide Nervenstränge hatte erhalten können! Ich rief mir ins Gedächtnis, was ich gelesen hatte: 20 Prozent der Männer zwischen fünfzig und sechzig werden nach der Operation impotent, wenn beide Nervenstränge erhalten werden, und die Zahl steigt sogar auf 40 Prozent oder fast die Hälfte, wenn nur ein Nervenstrang erhalten wird. Keine rosigen Aussichten, wenn man darüber nachdachte, und genau das tat ich jetzt.*

»Sind Sie sich da ganz sicher?« fragte ich Dr. Josephy in der Hoffnung, er habe sich getäuscht.

Er war sich sicher, denn es stand schwarz auf weiß in Dr. Walshs Bericht:

> *Der rechte neurovaskuläre Strang konnte von Anfang an geschont werden. Auch der Strang links wurde zunächst geschont, doch als ich die Probe entnahm, wollte ich das Gewebe dahinter etwas genauer sehen und entfernte deshalb eine weitere Probe des angrenzenden Nervenstranges; dennoch konnten auch auf der linken Seite Reste des Stranges erhalten werden.*

»Ich hätte es vermutlich genauso gemacht«, erklärte Dr. Josephy. »Es geht doch in erster Linie darum, den Krebs zu entfernen. Ich sehe schon, Dr. Walsh macht viel Wirbel um die Erhaltung der Nerven, und deshalb gehen so viele Männer zu ihm. Aber das ist alles nur Reklame. Wenn es darauf ankommt, steht auch bei ihm der Krebs im Vordergrund.«

Ich wußte das, dennoch war ich wie vom Donner gerührt. Niemand hatte mir mitgeteilt, daß ich einen Nervenstrang, oder zumindest einen Großteil davon, verloren hatte. »Er hat es mir gegenüber nie erwähnt«, sagte ich.

»Sie haben ihn wahrscheinlich nie danach gefragt.«

Das stimmte. Ich kam mir wie ein Idiot vor, weil ich ihn nicht gefragt hatte. Dennoch war ich der Meinung, daß Dr. Walsh es mir von sich aus hätte mitteilen sollen.

Josephy seufzte. »Wer weiß, vielleicht hätte ich es Ihnen auch nicht gesagt. Wenn Sie wieder Erektionen haben können, sind Sie doch ein glücklicher Mann, oder? Und dann

* Diese Angaben stammen aus *The Prostate* von Patrick C. Walsh und Janet Farrar Worthington, Johns Hopkins University Press.

ist es egal, ob Sie einen oder zwei Nervenstränge haben. So ist das eben. Machen Sie sich deswegen nicht verrückt. Bei den meisten Männern klappt es wieder, mit einem oder mit zwei Strängen. Und wenn nicht, gibt es immer noch viele Möglichkeiten, Ihnen zu helfen.«

Ich ahnte, was er meinte – ich hatte die Abbildungen in Dr. Rous' Buch noch in lebhafter Erinnerung, auch wenn sie für mich zunächst nur von wissenschaftlichem Interesse gewesen waren. Dr. Josephy konnte seine Begeisterung nicht verbergen, schließlich entsprachen Implantate in der Urologie dem neuesten Stand der Wissenschaft. Und doch: Wenn Menschen heutzutage über die westliche Medizin klagen, denken sie genau an solche Eingriffe, auch wenn sie sie nicht kennen. Erst wird bei einer ausgesprochen invasiven Operation die Prostata des Patienten entfernt, und wenn er davon impotent wird, löst man sein Problem mit einer hydraulischen Penisprothese: In seinen Penis werden zwei auffüllbare Zylinder implantiert, die durch lange Plastikschläuche mit einem Flüssigkeitsreservoir vor seiner Blase und einem Pumpbällchen in seinem Hodensack verbunden sind; um den Penis zur Erektion zu bringen, kann der Patient Flüssigkeit aus dem Reservoir in die Zylinder pumpen. Ein Rücklaufventil im Hodensack erlaubt es ihm, die künstlichen Schwellkörper nach dem Geschlechtsverkehr schrumpfen zu lassen. Bei der einfacheren (und billigeren) halbstarren Penisprothese, die man wie ein Kinderspielzeug hochbiegen und neigen kann, ist das nicht möglich. Sie schwillt nie ganz ab, so daß das Tragen von engen Jeans oder Badehosen peinlich werden kann...

Damals dachte ich, daß mich nichts in der Welt dazu bewegen könnte, mir eine halbstarre Penisprothese implantieren zu lassen, geschweige denn die aufwendigere und kühnere hydraulische Ausführung. Doch wie würde ich in ein oder zwei Jahren darüber denken? Ich hatte nicht den Eindruck, daß Margaret im Augenblick hören wollte, welche Wunder Dr. Josephy mit chirurgischen Implantaten vollbringen konnte, und so unterbrach ich ihn in seinen Ausführungen.

Ziemlich deprimiert dachte ich über all das nach, während mich Dr. Josephy in das Untersuchungszimmer führte. Mit einer Spritze entleerte er den Ballon in meiner Blase, der mir solche Beschwerden verursacht hatte, und sagte: »Halten Sie den Atem an.« Ich gehorchte, spürte ein leichtes, aber keineswegs unangenehmes Ziehen und fragte, ob er den Katheter jetzt herausziehen würde. »Er ist schon draußen«, erwiderte er und hielt ihn mir hin. Ich hatte erwartet, daß ich bei seinem Anblick in Ohnmacht fallen würde, aber da war nichts – nur ein langer Plastikschlauch mit einer Art kleinem Ventil an einem Ende.

Die Tatsache, daß ich nur noch einen Nervenstrang besaß und nicht darüber informiert worden war, hatte mich so aus der Fassung gebracht, daß ich nicht einmal bemerkt hatte, wie der Katheter entfernt worden war. Ich stand nur da und versuchte mich daran zu gewöhnen, daß der Katheter und der schwere Urinbeutel nicht mehr an mir hingen.

»Bei Ihnen tropft es«, sagte Dr. Josephy. Doch anscheinend machte es ihm nichts aus. Für einen Urologen war Urin auf dem Boden etwas Alltägliches.

Ich schaute nach unten und sah, daß ich in einer kleinen Pfütze stand.

»Haben Sie einen Inkontinenz-Slip mitgebracht?«

Ich erinnerte mich, daß Emory mit gewohntem Weitblick einen in seine Tasche gesteckt hatte. Mit seiner Hilfe quälte ich mich in meinen ersten Inkontinenz-Slip. Er war in einem langweiligen blassen Pastellgrün und sperriger, als ich gehofft hatte. Emory verschloß ihn an beiden Seiten mit drei Streifen Klebeband, so daß er gut saß, und ich zog die Hose darüber.

»Das war's«, sagte Dr. Josephy aufgeräumt. »Melden Sie sich ab und zu.«

Auf dem Nachhauseweg spürte ich, wie der Inkontinenz-Slip naß wurde, und teilte es Emory mit. Er überlegte einen

Augenblick und rechnete offensichtlich nach, wie lange die Packung reichen würde, die ich vor der Reise nach Baltimore gekauft hatte. »Wir sollten hier noch reinschauen«, sagte er, als wir an Johns Apotheke vorbeikamen.

Als wir die Fahrt fortsetzten, war der Kofferraum des Autos voll mit Depends-Inkontinenz-Slips.

Ich war immer noch von der Nachricht geschockt, daß mir ein Nervenstrang fehlte, und obendrein ganz durcheinander, weil ich zum ersten Mal seit langer Zeit die Welt wieder durch die Windschutzscheibe eines Autos betrachtete. Deshalb nahm ich auch nicht zur Kenntnis, daß die vielen Depends im Kofferraum kein gutes Vorzeichen waren.

Nach der Entfernung des Foley-Katheters änderte sich vieles, das meiste zum Guten. Allerdings wurde ich jeglicher Hoffnung beraubt, nicht zu der bedauernswerten Minderheit von Männern zu gehören, die nach einer radikalen Prostatektomie unter »schwerer bis totaler Inkontinenz« leiden (laut Dr. Rous sind es 2 bis 5 Prozent – die Chancen stehen also gar nicht schlecht).

Trotz des tropfenden Katheters hatte ich fest angenommen, daß ich nicht mit diesem Problem konfrontiert werden würde. Emory hingegen war anscheinend überhaupt nicht überrascht: Er hatte viele Männer mit meinem Krankheitsbild betreut, und die meisten hatten allen Behauptungen der Chirurgen zum Trotz Inkontinenzprobleme gehabt. Bisher hatte er mir taktvoll verschwiegen, daß seiner Ansicht nach alle Männer, bei denen um den Katheter herum viel Urin ausgelaufen war, zunächst inkontinent waren. Ich ging davon aus, daß er wußte, wovon er sprach. Schließlich gingen nicht die Urologen nach der Entfernung des Katheters mit dem Patienten nach Hause. Und davon einmal abgesehen: Warum sollten sie den Patienten mit weiteren schlechten Nachrichten konfrontieren, wo er doch so schon Probleme genug hatte?

In den ersten vierundzwanzig Stunden nach der Entfernung des Katheters brauchte ich ein Dutzend Depends. In Johns Apotheke gab es nur kleine und große, doch wir hatten trotzdem welche gekauft, denn sie waren allemal besser als gar keine. Das erwies sich als klug, denn die Männer im County waren anscheinend alle entweder größer oder kleiner als ich: Kein Geschäft hatte die mittlere Größe auf Lager. Ich bestellte sechs Packungen und verwendete solange die anderen: Entweder zwängte ich mich in die kleinen oder klebte die großen so fest zu, daß sie nicht rutschten. Nachts mußte ich mindestens drei-, manchmal viermal zum Wechseln aufstehen, und dann waren die Depends immer tropfnaß. Ich mußte zugeben, daß sie ihren Zweck erfüllten – sie saugten den Urin auf und verhinderten peinliche Zwischenfälle –, aber glücklich war ich mit ihnen nicht.

Von Zeit zu Zeit vermißte ich den Katheter tatsächlich. Je mehr ich mich bewegte oder je häufiger ich aufstand und mich wieder setzte, um so schneller entleerte sich meine Blase. Wenn ich beispielsweise spazierenging, wurden die Depends nach kürzester Zeit naß, und zwar so naß, daß sie schwer, unbequem und noch dicker wurden. Manchmal blieb ich eine Stunde oder länger trocken oder zumindest nur feucht, wenn ich mit hochgelegten Beinen dasaß oder auf dem Rücken lag, doch sowie ich aufstand, war ich wieder naß.

Dr. Walsh hatte dies in seinem Merkblatt angedeutet, in dem er voraussagte, daß die Kontinenz in drei Phasen wiederkehren werde. Die Blase, so erklärten mir Emory und die Krankenschwester geduldig (sie taten es offensichtlich nicht zum ersten Mal), sei wie ein Gefäß: Wenn ich lag oder saß, wurde sie auf die Seite gedreht, so daß der Urin darinblieb, doch wenn ich aufstand, wurde die Öffnung nach unten gedreht, so als stelle man ein Gefäß auf den Kopf, und der Harn floß einfach hinaus. Normalerweise hielt natürlich der Harnblasensphinkter den Urin zurück, aber meiner war noch gelähmt, und deshalb konnte er, wenn ich aufstand oder umherging, den Harn nicht am Herausfließen hindern.

Und das würde auch so bleiben, bis der Schließmuskel wieder richtig funktionierte.

Die Kegel-Übungen, mit denen die Muskeln, die den Sphinkter kontrollierten, gestärkt werden sollten, wurden für mich plötzlich zur wichtigsten Aufgabe des Tages. Doch leider schieden sich auch hier die Geister: In der Broschüre der Krankenschwester wurde empfohlen, dreimal am Tag zwanzig Übungen zu machen, aber es wurde nur ungenau beschrieben, wie. Dr. Rous dagegen erklärte in seinem Buch genau, wie man die Übungen machen müsse, riet aber, sie nur sechsmal am Tag zu machen und zwischen den Kontraktionen Pausen einzulegen. Professor Martin wiederum schien sich besser zu fühlen, je häufiger er die Übungen wiederholte, und behauptete, er könne sie sogar beim Autofahren machen. Ein New Yorker Spezialist tat dies alles als Unsinn ab: Die Übungen erforderten ein hohes Maß an Konzentration, wenn man sie richtig machen wolle, und weniger als sechzig am Stück seien nutzlos. Seine Patienten schafften bis zu hundert. Außerdem müsse man sich stets bewußt sein, daß das Entspannen der Muskeln genauso wichtig sei wie das Anspannen und daß beide Phasen exakt zehn Sekunden dauern sollten. Wie schon erwähnt, vertrat Dr. Walsh die Ansicht, daß es vor allem auf einen starken, ungehinderten Harnfluß ankomme, der zeige, daß die Harnröhre nicht durch Narbengewebe verengt sei. Der Patient müsse lernen, den Harnfluß beim Aufstehen zurückzuhalten, keinesfalls zu einem anderen Zeitpunkt. Dr. Josephy schließlich schien zu glauben, daß es keine große Rolle spielte, wofür man sich entschied – früher oder später würde die Kontinenz sich schon wieder einstellen oder auch nicht, je nachdem.

Ich entschied mich für den Übungsplan aus der Broschüre, wohl weil es mir noch am praktikabelsten erschien, dreimal am Tag zwanzig Übungen zu machen. Wie sich allerdings herausstellte, war es ganz schön schwierig, die richtigen Muskeln zu finden. Dr. Rous' Ratschläge waren zwar hilfreich, doch ist es keine leichte Übung, einen Muskel anzuspannen, den man nicht sehen kann und über den man keine bewußte Kontrolle hat.

Dr. Rous schrieb:

Genaugenommen werden zwei Muskelgruppen benutzt. Die erste umschließt das Rektum, die zweite den Penisstumpf. Den ersten Muskel spannen Sie an, wenn Sie den Harnfluß beim Ausscheiden plötzlich stoppen wollen. Den zweiten verwenden Sie, wenn Sie glauben, mit dem Ausscheiden fertig zu sein, und die letzten Harntropfen oder den letzten »Spritzer« herauspressen wollen. Diese beiden Muskelgruppen sollten nacheinander angespannt werden, zunächst der erste, mit dem Sie beim Ausscheiden den Harnfluß stoppen würden, und dann – während der erste angespannt bleibt – der zweite, mit dem Sie den letzten »Spritzer« am Ende des Ausscheidens herauspressen würden. Sie sollten diese beiden Muskelgruppen zehn Sekunden lang so fest wie möglich zusammenziehen und im angespannten Zustand halten …

Wie vieles, das die unwillkürlichen Muskeln betrifft, läßt sich dieser Ratschlag, so ausführlich und präzise er auch sein mag, wesentlich leichter lesen als befolgen. Die Entfernung des Katheters war für mich insofern von Vorteil, als ich nun wieder richtig baden konnte – vier Wochen lang hatte ich nur auf einem Badewannensitz aus Plastik gesessen. Und dieses morgendliche Bad nutzte ich fortan für die erste Übungseinheit des Tages. Ich lag mit fest geschlossenen Augen in der Wanne und versuchte, die beiden Muskelgruppen zu spüren. Dabei hatte ich immer den Hinweis aus der Broschüre im Kopf, daß man es falsch machte, sobald man die Bauchmuskeln anspannte. Leider machte ich es oft falsch. Die Frage war nicht nur, ob ich die Übungen richtig machte – ich war mir nicht einmal sicher, ob ich sie überhaupt machte.

Auch Emory konnte mir dabei nicht helfen, denn er sah

die beiden Muskelgruppen ja ebensowenig wie ich. In der Hoffnung, es richtig zu machen, wechselte ich verbissen zwischen Anspannen und Entspannen, doch so oft ich die Kegel-Übungen auch machte, ich konnte den Urinfluß noch immer nicht kontrollieren. Das einzig Gute daran war vielleicht, daß mir die heißen Bäder ausgesprochen wohltaten, und nicht nur, weil ich mich dabei entspannte. Ich hatte ein starkes Bedürfnis zu baden, weil ich fürchtete, nach Urin zu riechen, auch wenn diese Angst unbegründet war. Obendrein fühlte ich mich, vom Wasser sanft gewiegt, wieder als Mensch, und wenn ich Urin ausschied, merkte man nichts davon. Von Zeit zu Zeit schaute ich mir die Operationsnarbe an, die zu einer dicken roten Linie wurde, denn allmählich verschwanden die Löcher der Klammern und Drainagen. Mein Schamhaar wuchs langsam nach, aber meine Genitalien waren immer noch geschrumpft. Mir war versichert worden, daß das ganz normal sei, aber ein erfreulicher Anblick war es dennoch nicht.

Selbst wenn ich die Absicht gehabt hätte, Dr. Walshs Ratschlag zu befolgen und den Harnfluß zurückzuhalten, so hätte ich es einfach nicht rechtzeitig bis zur Toilette geschafft. Wenn der Harndrang einsetzte, konnte ich ihn in der Regel nicht unterdrücken. Erschwerend kam hinzu, daß ich die meiste Zeit unten im Arbeitszimmer verbrachte, und von dort führte nur eine steile Treppe aus dem achtzehnten Jahrhundert mit schmalen, unebenen Stufen zur nächsten Toilette. Ich mußte also zuerst meine Beine vom Sofa schwingen – ich sollte sie immer noch so oft wie möglich hochlegen –, dann aufstehen, langsam die Treppe hinaufsteigen und gleichzeitig meinen Schließmuskel zusammenpressen. Das war fast unmöglich, und meistens gelang es mir nicht.

Auf Anraten der Krankenschwester entwickelte ich eine andere Methode. Emory kaufte in ihrem Auftrag ein paar Urinflaschen, jene Plastikgefäße mit Griffen, weitem Flaschenhals und Verschluß, die jeder kennen wird, der einmal im Krankenhaus war. Eine stellten wir in die kleine Nische in meinem Arbeitszimmer, eine andere direkt neben mein Bett. Von da an mußte ich im Erdgeschoß nur noch ein paar Schritte zur Nische gehen, und wenn ich im Bett lag, mußte ich nur aufstehen, in die Urinflasche pinkeln und dabei versuchen, den Harnfluß so oft wie möglich zu unterbrechen, wie Dr. Walsh es empfohlen hatte.

Es funktionierte: Anfangs konnte ich den Urin überhaupt nicht zurückhalten, doch bald gelang es mir wenigstens für ein paar Sekunden, selbst wenn meine Blase voll war. Zum ersten Mal sah ich einen Silberstreif am Horizont. Wichtiger war vielleicht, zumindest aus psychologischer Sicht, daß ich mir nicht mehr die Hose vollpinkelte. Es war nicht besonders spaßig, zur Urinflasche zu rennen und dabei den Harn zurückzuhalten (ganz davon abgesehen, daß ich es dann ja noch lange nicht geschafft hatte; ich mußte den Reißverschluß meiner Hose öffnen und die Depends mit ihren sechs umständlichen Klettverschlüssen aufmachen und runterziehen). Dennoch empfand ich eine unglaubliche Befriedigung, wenn der Harn zu fließen begann, denn ich konnte das Wasserlassen wieder kontrollieren, wenn auch nur für begrenzte Zeit.

Die Kehrseite der Medaille war jedoch, daß meine Blase seit der Operation ihr eigenes Zeitgefühl und Maß hatte. Ich mußte ständig aufstehen und die Urinflasche benutzen, manchmal alle fünfzehn Minuten, denn die Blase signalisierte mit trügerischer Dringlichkeit, daß sie voll sei, auch wenn sie nur ein paar Milliliter Urin enthielt. Ich mußte ihrem Drängen nachgeben, auch wenn mir mein Verstand sagte, daß es falscher Alarm war. Dennoch hatte ich einen Schritt nach vorn gemacht, und zwar einen größeren als mir bewußt war, denn die Empfindungen, die ich verspürte, waren, so unangenehm sie auch sein mochten, ein Anzeichen dafür, daß Nerven und Gewebe den Eingriff überstanden hatten und allmählich wieder erwachten. Sie mochten zwar konfuse Signale geben, und niemand konnte mir garantieren, daß sie jemals wieder wie vor der Operation funktionieren würden, aber sie waren zumindest nicht tot. Eine Heilung war möglich.

Es gab auch noch andere Anzeichen einer Heilung. Auch wenn ich mit Essen und Delikatessen regelrecht überschüttet wurde und die Bacons alle Regale im Haus mit Lebensmitteln vollgestopft hatten, so hatte ich doch seit der Operation überhaupt keinen Appetit verspürt. Eines Nachmittags saß ich mit Richard Bacon und Emory in der Küche, und Richard sagte nebenbei, daß er bei Sunny's, der Imbißbude im Ort, etwas zu essen holen werde. Er fragte, ob er mir etwas mitbringen solle. »Ja«, sagte ich. »Ich hätte gerne ein Roggensandwich mit Schinken, Salat und Tomaten mit Ketchup, ohne Mayo.« Richard grinste und brachte nicht nur ein, sondern zwei Sandwiches mit. Ich verschlang beide, als sei ich halb verhungert. Sie schmeckten besser als alles, was ich je in den exklusivsten Pariser Restaurants gegessen hatte.

Einige Tage später sagte Margaret zu mir: »Komm, wir gehen heute abend essen.« Ich erschrak, ja, der Vorschlag machte mir sogar angst. Abgesehen von meinem täglichen Spaziergang und dem Besuch bei Dr. Josephy hatte ich das Haus seit meiner Rückkehr aus dem Johns Hopkins nicht verlassen. Allein die Vorstellung, in einem Auto zu sitzen, machte mich nervös – aus irgendwelchen Gründen kreisten alle meine Gedanken um meine empfindliche Narbe mit den vielen tief darunterliegenden Schnitten und Stichen. Wenn nun das Auto ins Schleudern geriet? Wenn ein anderer Wagen ins Schleudern kam und uns rammte? Und wie würde meine Blase auf das Fahren reagieren? Doch Margaret meinte es offensichtlich ernst, und so verdrängte ich meine Ängste, ließ mich ins Auto verfrachten und die zwei oder drei Kilometer zum Restaurant Village, einer Schnellgaststätte in der Nähe, chauffieren. Dort saß ich vorsichtig in einer Nische auf meinem Schaumgummikissen, das zu meinem ständigen Begleiter geworden war, und aß Rührei mit Speck und Toast. Margaret hatte in weiser Voraussicht das hiesige Lokal ausgesucht, so daß wir einfach aufstehen konnten, falls ich mich unwohl fühlte. In ein paar Minuten wären wir zu Hause gewesen. Doch es gab keine Probleme. Mein Inkontinenz-Slip war zwar naß, als ich zu Hause ankam, aber ich fühlte mich so glücklich wie ein Häftling, der aus dem Gefängnis entlassen wird.

»Du solltest dir jetzt eine Aufgabe stellen«, sagte Margaret auf dem Nachhauseweg, während ich vorsichtshalber ein Kissen auf meine Narbe preßte. »Mach jeden Tag etwas Neues, auch wenn es nur eine Kleinigkeit ist.«

Ich dachte darüber nach. »Du meinst, keine großen Sprünge? Einfach langsam steigern. Kleine Siege?«

»Den heutigen Abend würde ich als großen Sprung bezeichnen«, antwortete Margaret. »Du bist Auto gefahren und zum Abendessen ausgegangen. Aber du hast recht, ich meine kleine Schritte.« Sie bog in unsere Einfahrt ab. »Ich finde, wir sollten mal wieder ins Kino gehen.«

Das Kino spielt in unserem Leben nämlich eine wichtige Rolle. Margaret und ich sind eingefleischte Kinogänger, Videos sind für uns nur ein schlechter Ersatz. Jetzt, nach einigen Wochen, die Margaret sicher allmählich wie Hausarrest vorkamen, hatten wir von Videos genug. Es gab einige neue Filme, die Margaret sehen wollte, und sie war fest entschlossen, sie – gemeinsam mit mir – anzuschauen.

Mir schien das ein großer Schritt zu sein. Ich konnte ja schlecht meine Urinflasche mitnehmen, und genausowenig behagte mir die Aussicht, ständig aufzustehen, auf die Toilette zu gehen und dort die Depends zu wechseln. Schließlich schlug mir Emory vor, ein »Kondom-Urinal« zu verwenden. Zunächst war ich wegen Dr. Walshs Warnung skeptisch. Doch Dr. Walsh wollte ja auch nicht ins Kino gehen, und so fuhren Emory und ich in Johns Apotheke und kamen mit einem ganzen Set zurück: einem kleinen, transparenten Beutel, der mit einem Klettverschluß am Knöchel befestigt wurde und eher wie das Knöchelhalfter eines Kriminalbeamten aussah, einem langen biegsamen Schlauch und einem Rolltrichter, der wie ein zusammengerolltes Kondom aussah, nur daß das schmalere Ende genau auf den Schlauch paßte. Das Urinal funktionierte ganz einfach und war praktisch die moderne Kunststoffversion des Utensils, das früher unter dem Namen »des Bremsers Freund« von Eisenbahnern benutzt wurde, die nicht einmal zum Pinkeln ihren Posten verlassen durften. Das moderne Kondom-Urinal unterschied sich nur dadurch, daß der Rolltrichter für den Einmalgebrauch gedacht war; einmal über den Penis gestülpt, mußte er nach der Verwendung weggeworfen werden. Die anderen Teile konnten mit antiseptischer Seife gewaschen und mit einem Alkoholtupfer gereinigt werden.

Ein Problem erkannte ich sofort: Es war äußerst schwierig, das Kondom über einen schlaffen Penis zu streifen und an ihm zu befestigen. Der Hersteller hatte versucht, das Problem zu mindern: Innen im Kondom war ein Heftstreifen angebracht, der den Halt garantieren und verhindern sollte, daß zwischen Plastik und Haut Flüssigkeit austrat. Doch die Schamhaare klebten oft fest, so daß das Abnehmen des Kondoms zu einer Übung in Selbstkasteiung wurde. Doch ich war entschlossen, ins Kino zu gehen, und so ertrug ich den Schmerz.

Als ich das Kondom-Urinal zum ersten Mal verwendete, ging ich wie auf Eiern, aber ich merkte schnell, daß es zuverlässig funktionierte. Wie beim Foley-Katheter mußte man daran denken, den Beutel zu entleeren, bevor er ganz voll war; dafür war an der Unterseite ein kleiner handlicher Hahn angebracht. Immer wieder verspürte ich ein unwiderstehliches Bedürfnis, in meine Hose zu greifen, um mich zu vergewissern, daß das Kondom noch saß. Aber das war natürlich überflüssig. Die Schwierigkeit war ja, es zu entfernen, und nicht, es anzubehalten. Beim Hinsetzen mußte man darauf achten, daß der elastische Schlauch nicht geknickt wurde, denn sonst wurde der Urin gestaut.

Als der große Abend gekommen war, ging ich stolz zum Auto. Während der Fahrt zum Kino nahm ich eine Schutzhaltung ein – es war meine bislang längste Fahrt. Im Kino wählte ich sicherheitshalber einen Platz am Gang. Zudem hatte ich in jede Anoraktasche einen Inkontinenz-Slip gesteckt, falls sich das Kondom-Urinal als Reinfall erweisen sollte. Obwohl ich sehr nervös war, gab es keine Probleme. Ich mußte nur ab und zu aufstehen, damit der Urin in den Beutel fließen konnte, und zweimal zur Toilette gehen, um den Beutel zu entleeren, denn der Hersteller hatte mehr Wert auf Diskretion als auf Fassungsvermögen gelegt.

»Wieder ein Erfolg«, sagte Margaret, als ich nach dem Kino ins Auto stieg. Ich war erschöpft, aber nicht nur von der Aufregung, sondern auch, weil ich zum ersten Mal seit der Operation wieder unter vielen Menschen gewesen war. Aus Angst, daß mich jemand anrempeln könnte, hatte ich einen Stock mitgeführt – nicht weil ich ihn brauchte, sondern um die anderen fernzuhalten, denn ein Stock wird überall als Zeichen für ein körperliches Gebrechen erkannt und respektiert.

Margaret hatte recht. Ich hatte wirklich einen wichtigen Sieg errungen. Schon bald ging ich nicht nur ins Kino, sondern auch in Restaurants – in richtige Restaurants, nicht nur in Schnellgaststätten. Natürlich konnte ich noch nicht beides an einem Abend verbinden, aber ich spürte, daß das auch noch kommen würde – Abendessen und Kino!

Ich fühlte mich in gewisser Hinsicht schuldig, weil ich eine Anweisung von Dr. Walsh mißachtet hatte, aber immerhin war Dr. Josephy ein leidenschaftlicher Befürworter des Kondom-Urinals, wie überhaupt aller Hilfsmittel, die Inkontinenz erträglicher machten. Als ich über Blasenschmerzen klagte, verschrieb er mir (mit Dr. Walshs Zustimmung) Ditropan, und die Schmerzen verschwanden sofort. Allerdings hatte das Mittel auch Nebenwirkungen. So bekam ich davon einen quälenden Durst und einen trockenen Hals, der meine Stimme noch schwächer und rauher machte. Aber es wirkte.

Das Kondom-Urinal ermöglichte mir zwar, abends auszugehen, doch brachte es auch Probleme mit sich, wie ich bald feststellte: Das Kondom konnte sich lösen – mit peinlichen Folgen –, und ich konnte es keinesfalls länger als ein paar Stunden am Stück tragen, denn der Penis wurde davon wund und schmerzte. Aus diesem Grund trug ich das Urinal nur alle paar Tage zu besonderen Anlässen wie einem Kinobesuch oder einem Abendessen mit Freunden. Manchmal rutschte es beim Hinsetzen unangenehm zurück, und ich mußte häufig aufstehen. Manchmal stand ich fast den ganzen Film über.

Einmal bekam ich wegen des Kondoms einen schrecklichen Wutanfall. Wir waren in Eile, um rechtzeitig zum Kino zu kommen, und ich vergaß, den kleinen Hahn am Beutel zu schließen. Ich ging die Treppe hinunter, da bemerkte ich auf einmal, daß meine Schuhe und Socken naß waren. Dann stellte ich zu meiner Verwirrung fest, daß ich in einer Lache stand und daß überall auf der mit Teppich ausgelegten Treppe Wasserflecken waren ... Im ersten Moment begriff ich gar nicht, was passiert war, dann brüllte ich vor Wut und Frustration. Ich war außer mir. Ich empfand eine Art sinnlose Wut auf mich selbst, war wütend über meine Hilflosigkeit, meine Erniedrigung, über das, was aus mir geworden war. Margaret blieb in dieser Situation ganz ruhig, was ich ihr hoch anrechne. Wir putzten den Boden, ich zog frische Socken an, warf meine Schuhe weg, und wir gingen ins Kino. Der Vorfall hatte mir gezeigt, wie leicht ich die Beherrschung verlieren konnte.

Wegen Kleinigkeiten, beispielsweise wenn es den Handwerkern zum wiederholten Male nicht gelang, den Boiler und den Heizkessel zu reparieren, geriet ich so in Rage, daß ich zitterte und heulte. Welchen Eindruck ich damit auf Fremde wie die Handwerker machte, vermag ich nicht zu sagen, aber solche Anfälle entsprachen überhaupt nicht meinem sonstigen Charakter. Normalerweise werde ich sarkastisch und abweisend, wenn ich verärgert bin. Doch nun neigte ich zu wahrhaft opernhaften Temperamentsausbrüchen, bei denen ich meinen Opfern, die ich häufig überhaupt nicht kannte, immer wieder »Ich bin ein Krebspatient« ins Gesicht brüllte, nur um ihnen ein schlechtes Gewissen zu machen.

An diesem Punkt beschloß ich, so schnell wie möglich wieder mit dem Arbeiten zu beginnen – zumindest in einem Bereich mußte ich wieder Herr der Lage sein. Zudem befaßte ich mich mit den verschiedenen Behandlungsmöglichkeiten von Inkontinenz, denn ich stellte fest, daß Dr. Walsh wie immer recht gehabt hatte. Mit dem Kondom-Urinal konnte man zwar prima ins Kino gehen, aber es war nicht narrensicher, und wenn etwas schiefging, überkam mich Wut oder Verzweiflung. Außerdem brachte es mich keinen Schritt weiter, denn je häufiger ich es trug, um so mehr brauchte ich es. Es war ein Teufelskreis.

Natürlich gab es noch andere Hilfsmittel. In einem Katalog mit Produkten für ältere Menschen entdeckte ich ein Urinal ohne Kondom; statt dessen wurde der Penis in eine Art Trichter gesteckt, der mit einem Lederband um die Taille gebunden wurde. Es funktionierte jedoch nicht, und ich rangierte es ebenso aus wie das unter Federdruck stehende Gerät, das man bei den Kegel-Übungen zwischen die Gesäßbacken klemmte und zusammenpressen sollte. Ich konnte es kein einziges Mal zusammendrücken. Ich bekam davon Schmerzen im Bereich des Schließmuskels. Vermutlich hatte ich die Muskeln überanstrengt, und davor hatte Dr. Walsh ausdrücklich gewarnt.

Ich kam zu dem Schluß, daß der Heilungsprozeß nicht überstürzt werden dürfe, und widmete mich wieder der Übung, die Walsh von Anfang an empfohlen hatte – dem Stoppen des Urinflusses beim Aufstehen. Wenn wir in ein Restaurant oder ins Kino gingen, nahm ich viele Depends mit und wechselte sie, wann immer es nötig war.

Schließlich fand ich mich damit ab, daß es eben eine gewisse Zeit dauerte, bis ich meine Kontinenz wiedererlangte. Soviel zu diesem Thema.

21

Ich hatte so vor mich hingelebt und dabei meinen übrigen Körper vernachlässigt. Eines Tages, als Margaret gerade beim Einkaufen war, bekam ich aus heiterem Himmel heftige Bauchkrämpfe, die auf starke Verstopfung zurückzuführen waren. Ich konnte weder aufstehen noch gehen, noch meinen Darm entleeren. Dr. Walsh hatte vor der Anspannung der Muskeln beim Stuhlgang gewarnt – davor müsse sich jeder Patient, der von einer radikalen Prostatektomie genese, am meisten hüten.

Ich war achtsam gewesen – oder hatte es zumindest geglaubt –, doch nun saß ich auf der Toilette, preßte erfolglos und litt unter unsäglichen Schmerzen. Zum Glück war Emory da. Als er merkte, daß ich mich nicht einmal mehr aufrichten konnte, rief er einen Krankenwagen. Ich bestand darauf, Margarets Rückkehr abzuwarten, denn ich wollte nicht, daß sie sich wegen meines Verschwindens Sorgen machte. Sie kam jedoch gerade mit ihren Einkaufstaschen zurück, als ich in den Krankenwagen gehoben wurde, und so fuhren wir im Konvoi ins Krankenhaus: Emory und ich im Krankenwagen, Margaret und Richard Bacon in unserem Auto.

Der restliche Tag war ein einziger Alptraum. Ich lag stundenlang auf einer Liege in der Notaufnahme, während das geplagte Personal alles nur Erdenkliche versuchte, um mir zu helfen. Ich bekam Dulcolax-Zäpfchen und Einläufe mit kaltem Wasser, doch nichts half.

Schließlich spritzte mir einer der Ärzte aus Mitleid oder auch nur, damit ich endlich Ruhe gab, das Schmerzmittel Toradol und holte dann den Stuhl Stück für Stück heraus. Kein Arzt hätte freundlicher und hilfreicher sein können als der junge Dr. Zale, und vermutlich hätte kein Patient mehr

Umstände machen können als ich. Meine letzten Reserven an Mut oder Zuversicht waren verbraucht. Am Abend konnte ich das Krankenhaus mehr oder weniger aus eigener Kraft verlassen.

Das war mir eine Lehre. Ohne groß darüber nachzudenken, hatte ich den Kardinalfehler begangen: Ich hatte versucht, die Häufigkeit des Urinierens dadurch unter Kontrolle zu bringen, daß ich weniger Flüssigkeit zu mir nahm. Manche Urologen mögen einem Patienten mit Inkontinenzproblemen empfehlen, die Flüssigkeitsaufnahme zu verringern, weil das Leben dadurch erträglicher wird, doch das hat, wie alles, seinen Preis. So raten sie dem Patienten dringend, abführende Mineralöle und Magnesiummilch einzunehmen, was ich mit der Zeit aufgegeben hatte, da es mir unnötig erschien.

Als meine Krankenschwester erfuhr, daß ich in der Notaufnahme lag, wußte sie sofort, was passiert war. Gleich am nächsten Morgen verordnete sie mir einen Diätplan: Ich mußte Unmengen Flüssigkeit trinken, vor allem Kräutertee und Orangensaft (mit Fruchtstückchen), und ballaststoffreich essen, so daß ich bei jeder Mahlzeit wahre Berge von Broccoli vertilgte; außerdem mußte ich den Stuhlweichmacher Metamucil unter den Saft mischen. Ich kam mir vor wie einer dieser älteren Pensionäre, die sich in gewissen Gegenden Floridas morgens an der Boccia-Bahn treffen, über Abführmittel reden und direkt einem Roman von Philip Roth entsprungen sein könnten.

Dennoch war alles, auch Metamucil, besser als Verstopfung. Diese Erfahrung wollte ich nicht noch einmal machen, und solange ich mich an meine Diät hielt, viel Flüssigkeit und Ballaststoffe zu mir nahm, bekam ich auch keine Probleme mehr.

Ich dachte lange über den Vorfall in der Notaufnahme nach. Obwohl ich normalerweise sehr beherrscht bin, bekam ich während der Stunden dort in aller Öffentlichkeit Schreikrämpfe. Gewiß, ich hatte Schmerzen, aber anstatt gegen sie anzukämpfen, schrie ich sie laut hinaus – in einem langen, unkontrollierten Anfall, bei dem ich auch allen angestauten Frustrationen und Ängsten Luft machte.

Das war sonst gar nicht meine Art, aber ich konnte mich einfach nicht zusammenreißen. Ich brüllte, schluchzte, heulte, schrie die Krankenschwestern an, verlangte nach dem Arzt, stöhnte und wimmerte, bis mir schließlich ein Schmerzmittel verabreicht wurde. Es war, als sei irgend etwas in mir zerbrochen. Ich war wieder im Krankenhaus gelandet, litt unter extremen Schmerzen, fühlte mich erniedrigt und hatte keinerlei Kontrolle über meine Ausscheidung, denn ich konnte weder kacken, noch konnte ich mit dem Pinkeln aufhören. Ständig verhedderte ich mich in dem verschwitzten Krankenhaushemd, das mit meinem Urin vollgesogen war, und mehrmals wurde ich in ein kaltes gefliestes Badezimmer getragen, wo zwei Krankenschwestern (und Emory, der meinen Beschützer spielte) vergeblich versuchten, mir einen eiskalten Einlauf zu machen. Und die ganze Zeit war mir bewußt, daß, wenn das Problem nicht behoben wurde, die Sache für mich mit einem künstlich angelegten Darmausgang oder Schlimmerem enden konnte. Und ich hatte doch wirklich schon genug andere Probleme. Das war einfach ungerecht!

Natürlich ist das Leben nicht gerecht. Und wenn ich auch unerträgliche Schmerzen hatte, so wußte ich doch, daß es viele Menschen mit wesentlich schlimmeren Krankheiten gab und daß einige zweifellos in derselben Notaufnahme lagen wie ich und mein Kreischen und Stöhnen hörten. Ich wußte das, und doch schämte ich mich mehrere Stunden lang nicht für mein Verhalten.

Am Abend, als ich im Bett lag und die Erinnerung an die Schmerzen schon fast verblaßt war, sagte Margaret, daß sie mich noch nie so wütend erlebt habe.

Ich widersprach ihr. Ich sei nicht wütend gewesen. Ich hätte Angst gehabt und unter Schmerzen gelitten, das schon, aber wütend sei ich nicht gewesen. Auf wen hätte ich denn wütend sein sollen? Für die Verstopfung könne ich doch ebensowenig einem anderen die Schuld geben wie für den Krebs. So etwas passiere eben.

»Nein«, entgegnete Margaret bestimmt. »Du warst wütend.«

Sie nahm meine Hand. »Es ist dein gutes Recht, wütend zu sein«, sagte sie. »Ich wäre es in so einer Situation auch. Also mach dir nichts vor. Ich merke es, wenn jemand wütend ist.«

Ich mußte zugeben, daß sie recht hatte. Ich machte mir tatsächlich etwas vor. Ich hatte schon seit langem eine Wut im Bauch – eine unsägliche Wut, mit der ich nur schwer umgehen konnte, weil sie sich gegen keine bestimmte Person richtete. Meine Wut richtete sich gegen das, was aus mir geworden war, gegen meine Hilflosigkeit, dagegen, daß meine Genesung nur langsame Fortschritte machte. Ich war nicht auf die Ärzte oder Krankenhäuser wütend, denn ich hatte ihnen nichts vorzuwerfen. Ich war wütend, weil ich die Kontrolle über mein Leben so plötzlich an sie hatte abtreten müssen. Und die Wut wurde noch geschürt durch die nicht zu beantwortende Frage: »Warum gerade ich?«

Margaret hatte vollkommen recht. Ich hatte mich fast drei Monate lang zusammengerissen, doch die Wut war die ganze Zeit dagewesen. Sie war langsam gewachsen, hatte sich aufgestaut und, wenn irgend etwas schiefging, in sporadischen Anfällen von Selbstmitleid Luft gemacht und war in der Notaufnahme schließlich wie ein Vulkan ausgebrochen. Ich war gleichzeitig beschämt, erleichtert und erschöpft.

In Kürze sollte ich feststellen, daß ich mit meiner Wut nicht alleine stand. Sie plagt mehr oder weniger alle Prostatakrebs-Patienten – sogar die »geheilten«.

Ich kann nicht für Menschen mit anderen Krebsarten sprechen, aber die Prostatakrebs-Patienten sind ein geselliger Haufen und tauschen gerne ihre Erfahrungen aus. Sogar zwei meiner Nachbarn erholten sich gerade von einer radikalen Prostatektomie. Zufällig kamen beide jeden Morgen beim Joggen an unserem Haus vorbei, und ich hatte sie schon tausendmal gesehen und ihnen zugenickt oder sie gegrüßt, ohne ihre Namen zu kennen. Eines Tages, als sie mich an Emorys Arm und mit dem Urinbeutel in der Hand die Straße entlangschlurfen sahen, waren sie stehengeblieben und hatten mich gefragt, was geschehen sei.

Bill, der im Ort als Lehrer arbeitete, stattete mir daraufhin einen Besuch ab und berichtete mir von seinen Erfahrungen mit Prostatakrebs. Er war etwa ein Jahr zuvor im Ortskrankenhaus operiert worden und machte einen ganz zufriedenen Eindruck: Er habe die anfängliche »leichte Inkontinenz« rasch überwunden und sei inzwischen »trocken«, außer wenn er lache, huste oder sich bücke und etwas Schweres hebe. Sein PSA-Wert liege unter 0,5 – also praktisch an der unteren Grenze –, und im Beruf und im Sport sei er wieder ganz der alte. Ich schilderte ihm meine Situation. Ja, sagte er, auch er habe schwierige Augenblicke durchgemacht, aber irgendwann sei man überm Berg, und dann fühle man sich wieder gut. Das würde ich auch noch feststellen.

Ich spürte, daß Bill mir etwas verschwieg. Er saß steif da und wirkte auf mich gar nicht wie ein Mann, der wieder ein normales Leben führte. Überhaupt hatte ich nicht den Eindruck, daß er gekommen war, um mich zu trösten, sondern eher, um über sich zu sprechen. Ich fragte, ob er wieder potent sei, und Wut blitzte in seinen Augen auf – nicht Wut auf mich, das wußte ich genau, sondern auf das Leben. Offensichtlich war ich nicht der einzige, der sich die sinnlose Frage stellte: »Warum gerade ich?«

Sexualität war tatsächlich ein Problem – nein, *das* Problem. Bill hatte vergeblich darauf gewartet, wieder Erektionen zu bekommen. Beide Nervenstränge waren erhalten worden, er fühlte sich ganz prächtig, und seine Frau hätte gern wieder mit ihm geschlafen, aber nichts geschah. Er machte ein grimmiges Gesicht, kniff die Lippen zusammen und umklammerte die Teetasse so fest, daß ich fürchtete, der Henkel könnte abbrechen. Seine Frau habe alles versucht, sagte er, aber ohne jeden Erfolg. Diese Situation sei für sie beide sehr schmerzlich, vor allem für seine Frau, denn sie sei erst in den Dreißigern, während er schon Anfang Fünfzig sei. Zum Glück hätten sie Kinder, und doch … Eine Frau in ihrem Alter hege natürlich gewisse Erwartungen, doch er könne sie nicht erfüllen …

»Beklagt sie sich darüber?« fragte ich.

Bill warf mir einen finsteren, wehmütigen Blick zu. Nein, wehrte er ab, sie sei kein Mensch, der sich beklage. Tatsächlich habe sie das Thema nie angesprochen … Aber er spüre genau … Allerdings habe er sich inzwischen für ein Implantat entschieden. Er habe darüber mit seinem Urologen gesprochen und wolle die Sache nun so schnell wie möglich in Angriff nehmen.

»Was hält Ihre Frau davon?« fragte ich.

»Sie wird sich freuen. Was sonst?«

»Wie? Sie haben mit ihr noch nicht darüber gesprochen?«

Bill sah dafür keinen Grund. Es sei schließlich sein Problem, nicht ihres, und deshalb müsse er es auch alleine lösen, sagte er stur – oder eher wütend.

Ich wußte, daß er unrecht hatte, aber ich wollte ihn nicht kränken – und im Grunde genommen ging es mich ja auch nichts an. Ich fragte ihn, woher er wisse, was seine Frau wolle. Vielleicht sei sie ja mit der jetzigen Situation zufrieden. Manche Frauen seien sogar glücklich oder erleichtert. Und selbst wenn sie unglücklich sei, gebe es noch andere Möglichkeiten. Man dürfe sich nicht blindlings einer Operation unterziehen, die unweigerlich Komplikationen und wer weiß wie viele Nebenwirkungen und Beschwerden mit sich bringe und die vor allem unwiderruflich sei – denn wenn die Prothese erst einmal implantiert sei, behalte man sie auch. Warum nicht schrittweise vorgehen? Warum nicht mit weniger drastischen Methoden beginnen? Ich riet ihm, die Alternativen doch wenigstens in Betracht zu ziehen: Injektionen, die eine Erektion stimulieren können, eine Vakuumpumpe oder die diversen anderen Hilfsmittel. Und im übrigen könne man auch ohne Erektionen ein Sexualleben haben ...

Mein Vortrag war eine Mischung aus Wunschdenken und Informationen, die ich aus dem Buch von Dr. Rous und Artikeln von und über Dr. Walsh gezogen hatte. Das merkte ich wohl. Und davon abgesehen, war ich kein Sexualtherapeut. Gleichwohl hielt ich es für eine verrückte Idee, daß Bill sich ein chirurgisches Implantat einsetzen lassen wollte, ohne mit seiner Frau darüber zu sprechen. Und das sagte ich ihm auch. In meinen Augen verhielt er sich so, als trage er ganz allein die Verantwortung für ihr Sexualleben, was auch immer man darunter verstand, und als lösten sich alle Probleme von selbst, sobald er wieder eine Erektion hatte, einerlei mit welchen künstlichen Mitteln sie herbeigeführt wurde.

Ich konnte Bill nicht überzeugen. Er war unter dem Vorwand gekommen, mich aufzurichten, und jetzt war er fast noch deprimierter als vorher. Er hielt seine Wut fest im Zaum, aber ich spürte sie, wie eine Art Aura. Nicht auszudenken, was passieren würde, wenn das Implantat später nicht so funktionierte wie erhofft oder seine Frau nicht so erfreut war, wie er sich es ausmalte. Würde er ihr dann Vorwürfe machen, weil sie nicht zu schätzen wußte, was er ihretwegen durchgemacht hatte? Wenn man einem Mann, der ein Jahr lang impotent war, ein Implantat einpflanzt, mit dem er nach Lust und Laune eine Erektion haben kann, die so lange anhält, wie es ihm gefällt, dann kann das unter Umständen mehr Fragen aufwerfen als lösen. Ich sah darin den Versuch, ein Problem, bei dem zahlreiche vielschichtige Bedürfnisse, Gefühle und Gewohnheiten eine Rolle spielen und das die meisten Menschen zunächst gar nicht begreifen können, auf rein mechanische Weise zu lösen.

Ich dachte auch über meine eigene Situation nach. Was ich zu Bill gesagt hatte, sagte ich mir mitten in der Nacht oft auch selbst. Glaubte ich es wirklich? Ja, hundertprozentig. Aber würde ich ein Jahr nach der Operation noch genauso denken, wenn ich dann immer noch impotent war – oder, wie Dr. Josephy es lieber ausdrückte, »unter erektiler Dysfunktion litt«? Ich wußte es nicht, und ich hoffte, die Frage nie beantworten zu müssen.

Der andere Nachbar hieß Elliott und war in puncto Sexualität nicht sehr gesprächig. Freilich hatte er auch ein ganz anderes Problem: Er hatte sich vor achtzehn Monaten einer radikalen Prostatektomie unterzogen – mit Erfolg, wie es zunächst schien, doch dann war sein PSA-Wert von annähernd null auf neun angestiegen. Was sollte er tun? Sein Urologe riet zur Bestrahlung, doch Elliott hatte einen zweiten Arzt konsultiert, und der hatte ihm eine Hormontherapie empfohlen. Seine Versicherung wollte ihm die Kosten des zweiten Arztbesuchs nicht erstatten, so daß er das Geld jetzt aus der eigenen Tasche bezahlen mußte und obendrein vor der schwierigen Entscheidung stand, welchem Rat er folgen sollte... Hinzu kam, daß er schon im Ruhestand war und sich die Hormontherapie nur leisten konnte, wenn die Versicherung die Kosten übernahm. Mittlerweile gehe es ihm gut, sagte er mit zornig funkelnden Augen, obwohl er ein sanftmütiger Mensch zu sein schien. Er habe sich vollkommen erholt. Natürlich habe er Inkontinenz-Probleme gehabt, aber inzwischen gehe ihm nur noch Urin ab, wenn er sich körperlich anstrenge, Lasten hebe oder trage und so weiter. Er jogge jeden Tag fünf Kilometer, genieße das Leben, und alles sei wie früher, ja sogar besser, *aber er habe immer noch Krebs und niemand könne ihm klar sagen, was er jetzt tun solle.* Das war die verständliche Wut eines Mannes, der nicht aus noch ein wußte und das Gefühl hatte, von den Versicherungen herumgestoßen zu werden.

Ich empfahl ihm, das Buch von Dr. Rous und andere Literatur über Krebstherapien zu lesen, doch ansonsten konnte ich nur mitfühlend zuhören. Doch gerade das ist sehr wichtig, wie ich allmählich feststellte. Onkologen und Urologen können nur selten gut zuhören – viele Fachärzte haben einfach nicht die Zeit dazu. Ehefrauen, Freunde, Geschwister, Eltern oder Therapeuten mögen zwar gute Zuhörer sein, aber sie haben das alles nicht mitgemacht und können deshalb einfach nicht wissen, wie man sich fühlt... Das können nur diejenigen, die es selbst mitgemacht haben. Sie wissen, was es heißt, impotent oder inkontinent zu sein, sie kennen die Angst vor dem Befund des PSA-Tests, sie wissen, wie schwierig es ist, vom Arzt eine klare Antwort zu bekommen, und wie schmerzlich es sein kann, wenn die Antwort klarer ausfällt als erwartet.

Also hörte ich Elliott jetzt zu, so wie er mir das nächste Mal, wenn sich unsere Wege wieder kreuzten, zuhören würde. Weder ihn noch Bill lernte ich so gut kennen, daß man von einer Freundschaft im üblichen Sinn reden könnte, aber ich konnte mit ihnen über persönliche Dinge sprechen, die ich nicht einmal meinen besten Freunden anvertraut hätte, und ihnen erging es mit mir wohl genauso. Die Gespräche mit ihnen halfen mir, mit meiner Wut umzugehen. Irgendwie wurden meine Probleme in die richtige Perspektive gerückt, und ich lernte einiges von ihnen, angefangen bei praktischen Tips im Falle streßbedingter Inkontinenz – nehmen Sie immer eine große Vorlage mit und stecken Sie sie bei Bedarf in Ihre Jockey-Shorts – bis hin zu den schwierigeren Problemen im Umgang mit der Familie, dem Arbeitgeber oder überhaupt mit anderen Menschen. Ich hatte weder Bills Probleme, der sofort entlassen worden war, nachdem er seinem Arbeitgeber von seiner Krebserkrankung berichtet hatte, noch hatte ich Elliotts Probleme, der seine Versicherung dazu bewegen mußte, die in seinen Augen erforderliche Behandlung oder die von ihm gewünschte Beratung zu bezahlen, und der sich abmühte, mit dem schmalen Einkommen eines Rentners den Restbetrag aufzubringen. Es ist nie erfreulich, wenn man erfährt, daß man Krebs hat, aber für viele Amerikaner wird die Nachricht noch erschreckender, wenn sie an die möglichen Folgen denken: Ihr Chef könnte auf den Gedanken kommen, daß sie in Zukunft häufig fehlen und es auf lange Sicht ohnehin nicht mehr packen, und deshalb einem jungen, gesunden Mann den Vorzug geben. Ihre Versicherung könnte ahnen, daß größere Forderungen anstehen und es deshalb hinsichtlich ihrer Arzt- und Krankenhauswahl an der nötigen Flexibilität und Hilfsbereitschaft fehlen lassen. Die Angehörigen können sie entweder mit Mitgefühl überhäufen oder ihnen gar keines entgegenbringen.

Viele Amerikaner, die erfahren, daß sie Prostatakrebs haben, denken nicht als erstes an den Tod, sondern an den drohenden Verlust des Arbeitsplatzes. Ihr zweiter Gedanke ist allzu häufig: »Wird meine Krankenversicherung alle Kosten übernehmen?« Und kurz danach kommt die Frage: »Werde ich einen Arzt wählen können, zu dem ich Vertrauen habe, und woher weiß ich, daß ich ihm vertrauen kann?«

Diese Fragen sind nicht leicht zu beantworten. Häufig sind es bloße Lippenbekenntnisse, wenn Firmen behaupten, sie unterstützten einen Angestellten während seiner Krebsbehandlung so lange, bis er wieder an die Arbeit zurückkehren könne. In Wirklichkeit bedeutet Krebs für viele Männer das berufliche Aus. Und was die amerikanischen Krankenversicherungen angeht, so kursieren zahlreiche Horrorgeschichten über Menschen, deren Versicherungsschutz auslief, bevor die Behandlung beendet war, oder die den Arzt ihrer Wahl, eine zweite Beratung oder eine Behandlung aus der eigenen Tasche bezahlen mußten. Häufig konnten sie sich das nicht leisten, insbesondere wenn der Krebs schon in die Knochen gestreut hatte und wenn sie Strontium-89-Injektionen zum Preis von mehreren tausend Dollar pro Injektion erhalten sollten. Elliotts Zustand war bei weitem nicht so schlimm, und doch beharrte seine Versicherung darauf, daß er bei seinem derzeitigen Arzt blieb, während er sich frei entscheiden wollte. Wenn Sie glauben, Ihr Leben stehe auf dem Spiel – oder zumindest die Möglichkeit, den Rest Ihres Lebens so lange wie möglich zu genießen –, dann ist das Grund genug, in Wut zu geraten.

22

Elliott war es, der mir von der Prostatakrebs-Selbsthilfegruppe erzählte, die sich zweimal im Monat im Haus der Amerikanischen Krebsgesellschaft auf dem Gelände des Vassar Brothers Hospital in Poughkeepsie traf. Ich gestand ihm, daß ich noch nie von dieser Gruppe gehört hätte (und verschwieg, daß solche Gruppen nicht unbedingt nach meinem Geschmack waren). Schon am nächsten Tag lag ein Informationsblatt in meinem Briefkasten. Natürlich hatte ich zu meinem Genesungsprozeß viele Fragen, die mir die Urologen nicht beantworteten, und so beschloß ich trotz aller Vorbehalte, zur nächsten Zusammenkunft zu gehen. Dr. Josephy war skeptisch. Er war sich nicht sicher, ob mir die Gespräche helfen würden. Er meinte, sie könnten mich sogar deprimieren, da bei diesen Treffen viel genörgelt werde – und, nach seiner Miene zu urteilen, vor allem über die Ärzte.

Emory fuhr mich hin, was das Gerücht aufbrachte, ich werde immer von einem Leibwächter begleitet. Ich hatte die Sache vorher mit ihm besprochen und beschlossen, das Kondom-Urinal zu tragen, da das Treffen von sieben bis neun Uhr abends dauerte. In der Ecke eines riesigen Saales versammelten sich rund dreißig Männer mittleren Alters und älter um einen großen Tisch. Als ich mich in die Liste eintrug, fiel mir zunächst auf, daß die meisten trotz ihrer Krankheit (und ihres Alters) recht gesund aussahen. Kein einziger saß in einem Rollstuhl oder benutzte einen Laufstuhl. Dann bemerkte ich, daß offenbar alle Rassen und sozialen Schichten von Prostatakrebs betroffen waren: Im Raum waren einige Schwarze (Schwarze haben die bei weitem höchste Prostatakrebs-Rate in den USA, und niemand weiß, warum), einige Männer in Maßanzügen, ein paar Arbeiter, die Jacken mit Gewerkschaftsemblemen oder Firmennamen auf dem Rücken trugen, viele Männer, die leger gekleidet waren wie Rentner, einige, die wie Autoverkäufer aussahen, und andere, die eindeutig als Lehrer oder Collegeprofessoren zu erkennen waren. Kurzum, die Versammlung stellte einen demokratischen Querschnitt dar. Bei Prostatakrebs herrschte offensichtlich Chancengleichheit.

Es herrschte eine gelockerte, ja heitere Stimmung. Wenn man einmal davon absah, daß es keine Bar gab und überall Rauchverbotsschilder hingen, hätte man sich auch auf einem Vereinstreffen wähnen können. Und wie in jedem Verein wurde streng unterschieden zwischen den festen Mitgliedern, die einander gut kannten und sich einen Platz am Tisch ergattert hatten, und den Neulingen, die hinter ihnen nervös auf Klappstühlen aus Metall saßen. Die Mitglieder hatten dicke Aktentaschen oder Ordner vor sich auf dem Tisch liegen, vollgestopft mit Schaubildern, Briefen und Röntgenaufnahmen, die ihre komplette Krankengeschichte dokumentierten. An der Schiefertafel stand in sauberer Schrift: »Wissen = Überleben!«

Pünktlich um sieben eröffnete Dennis O'Hara, der Leiter der Gruppe, die Sitzung. Dennis, ein drahtiger, gesund aussehender Mann in den Fünfzigern, hatte die Gruppe gegründet, als er nach einer radikalen Prostatektomie auf seine Fragen keine Antworten bekommen und festgestellt hatte, daß es keine Selbsthilfegruppen für Männer mit Prostatakrebs gab.* Er bat diejenigen, die zum ersten Mal gekommen waren, sich vorzustellen. Als ich an der Reihe war, stand ich auf und erzählte von meiner Operation. Als ich das Johns

* Die erste Prostatakrebs-Gruppe wurde 1989 von dem Prostatakrebs-Überlebenden James F. Mullen in Sarasota, Florida, gegründet, nachdem er festgestellt hatte, daß die meisten Krebs-Selbsthilfegruppen beiden Geschlechtern offenstanden und in der Regel von Frauen geleitet wurden. Die meisten Männer können jedoch in Gegenwart von Frauen nicht offen über Inkontinenz und Impotenz sprechen. (»Ich wollte nichts über ihren Gebärmutterhals hören, und sie nichts über meine Prostata«, wie sich ein Mitglied ausdrückte.) In der Folgezeit schossen reine Männergruppen nach Mullens Worten »wie Pilze aus dem Boden«. Heute gibt es hunderte, und etliche nennen sich nach der ersten »Man to Man«. Die meisten Gruppen laden regelmäßig

Hopkins erwähnte, nickten einige Ex-Patienten der Klinik, und als ich über Dr. Patrick Walsh sprach, ertönten ein paar bewundernde Pfiffe – Dr. Walshs Name machte hier Eindruck. Ich berichtete, daß Dr. Walsh nach eigener Aussage den Krebs vollständig entfernt habe (»Das haben wir auch schon gehört«, flüsterte jemand am anderen Ende des Tisches) und daß es mir inzwischen recht gut gehe, abgesehen von den Inkontinenz-Problemen, die mir schwer zu schaffen machten. Ich hätte für den heutigen Abend ein Kondom-Urinal übergezogen, doch obwohl es meistens gut funktioniere, sei es mir unangenehm und lästig.

Dennis zählte schnell an den Fingern ab, wie viele Wochen seit der Entfernung meines Foley-Katheters vergangen waren, und lachte kurz auf. »Das sind ja erst drei *Wochen*«, sagte er. »Wenn Sie sich in drei *Monaten* Sorgen machen, ist das noch früh genug.« Ein Lachen ging durch die Runde. Aber es war kein hämisches Lachen. Im Gegenteil, es war warm, herzlich und freundlich, denn alle Anwesenden hatten Ähnliches durchgemacht und verstanden meine Gefühle. Willkommen im Klub! Einer der Älteren, ein Mann Anfang Siebzig, machte mir, vielleicht weil ich so ehrlich gewesen war, Platz, so daß ich meinen Stuhl an den Tisch rücken konnte. »Sie werden sehen, mein Junge«, sagte er, als sei ich sein Enkel und nicht schon einundsechzig, »es wird schon werden. Wenn nichts Schlimmeres passiert, als daß Sie ab und zu in die Hose machen, können Sie sich doch glücklich schätzen.«

auch die Ehefrauen und andere wichtige Kontaktpersonen ein, gewöhnlich zu Gastvorträgen; außerdem gibt es für die Angehörigen eine eigene Gruppe namens »Side by Side«. Die Treffen finden unter der Schirmherrschaft der Amerikanischen Krebsgesellschaft und deren Ortsgruppen statt. Auskunft über Selbsthilfegruppen in Deutschland geben die Deutsche Krebshilfe e. V., Postfach 1467, 53004 Bonn, Tel. 0228/72990-0, Fax 72990-11 (Informations- und Beratungsdienst Tel. 0228/72990-57/58), die Deutsche Krebsgesellschaft e. V., Paul-Ehrlich-Str. 41, 60596 Frankfurt, Tel. 069/6300960, und der Krebsinformationsdienst (KID), Tel. 06221/410121.

Ich erlebte hier zum ersten Mal, daß das Eingeständnis meiner Inkontinenz Lachen hervorrief. Das war ermutigend und sogar tröstlich. Wir saßen alle in einem Boot, die Ritter der Maxi-Vorlage und des Kondom-Urinals. Jetzt, als ich am Tisch saß und die älteren Mitglieder aus der Nähe betrachtete, merkte ich, daß einige doch nicht so toll aussahen. Mein anderer Nachbar schüttelte mir kräftig die Hand. Er war schon alt, vermutlich über siebzig, und glatzköpfig. Sein Gesicht war braungebrannt, zerfurcht und vernarbt wie ein altes, abgenutztes Stück Leder, und dazwischen blitzten die ebenmäßigen, porzellanfarbenen Zähne seiner Prothese. »Mein PSA-Wert beträgt 200«, flüsterte er mir stolz mit rauher Baritonstimme zu. »Das ist der höchste in der Gruppe.«

Ein so hoher PSA-Wert kam mir unglaublich vor,* doch er hatte mir bereits eine Kopie seines Laborberichts zugeschoben, auf der ich den bemerkenswerten Befund, mit pinkfarbenem Leuchtstift markiert, nachlesen konnte. Ich gab ihm das Blatt mit einem dankenden Nicken zurück. »Vor zehn Jahren mußte ich mich einer radikalen Prostatektomie unterziehen«, flüsterte er und fügte dann hinzu: »Ich bin neunundsiebzig, und meine Frau und ich kommen gerade von einer Weltreise zurück, verstehen Sie?« Ich verstand sehr wohl. Inkontinenz drei Wochen nach der Entfernung des Foley-Katheters verblaßte zur Bedeutungslosigkeit neben diesem Mann, der mit einem PSA-Wert, der ins *Guinnessbuch der Rekorde* aufgenommen werden konnte, zehn Jahre überlebt hatte.

Doch Dennis war mit mir noch nicht fertig. Er fragte, wieviel ich eigentlich über meinen Krebs wisse. Nicht viel, wie sich herausstellte, und die Mitglieder kicherten angesichts meiner Unkenntnis vor sich hin. »Wissen Sie, wie groß Ihr

* Später erfuhr ich, daß meine neue Bekanntschaft irrte. Ein Mann in der Gruppe hatte einen PSA-Wert von 400, ein anderer von 800!

Tumor war? Wieviel Gramm hat er gewogen? Wo genau hatte er sich befunden? Haben Sie die Berichte der Pathologie?« Natürlich konnte ich keine der Fragen beantworten. »Wissen heißt Überleben«, sagte Dennis und erklärte mir, daß ich Anspruch auf alle meine Unterlagen hätte. Die Ärzte versuchten immer, die Krankenakten zu behalten, als gehörten sie ihnen und nicht den Patienten. Wenn jedoch – was Gott verhüten möge – der Krebs wieder auftrete, so könne mein Leben davon abhängen, wieviel ich über meinen Fall wisse. Meine Akte sei mein Rettungsanker, das dürfe ich niemals vergessen. (Auch Dennis hatte neben sich auf dem Tisch eine dicke Mappe liegen, die von säuberlich mit Querverweisen versehenen Akten über seine Krankengeschichte überquoll.)

Bei seiner letzten Bemerkung nickten viele zustimmend. Keiner der Anwesenden glaubte noch an die Allwissenheit der Ärzte, und die meisten hatten sich, allen voran Dennis, autodidaktisch ein umfassendes Wissen über Prostatakrebs angeeignet. Die Ärzte, so Dennis, hätten nur einen beschränkten Horizont. Ein Arzt, der radikale Prostatektomien vornehme, kenne sich nur damit aus und rate zu nichts anderem; bei den Radiologen sei es genauso. Außerdem seien sie alle sehr beschäftigt – nicht alle seien wie Pat Walsh. Oft hätten sie keine Zeit (oder Lust), sich über die neuesten Medikamente und Behandlungsmethoden zu informieren. Ja, sie neigten sogar dazu, alles Neue oder Unbekannte als gefährlichen Unsinn abzutun. Sie wüßten nicht, was in Europa vor sich gehe, und seien auch nicht über den neuesten Stand der Forschung informiert. Kurzum, ich als Patient müsse ihnen, den Ärzten, sagen, was außerhalb ihrer Sprechzimmer und Operationssäle passiere, und mich dann gegen ihren Widerstand durchsetzen.

Dann wurden für die Neulinge Broschüren herumgegeben. Eine stammte von der National Coalition for Cancer Survivorship (NCCS, Nationale Vereinigung der Krebsüberlebenden), die bestimmte Grundrechte für Krebsüberlebende forderte, so etwa »das Recht auf lebenslange medizinische Versorgung«, »das Recht auf Glücksstreben«, »Chancengleichheit im Beruf« und »das Recht auf Krankenversicherung« – lauter Rechte, die bedroht sind, sobald ein Mensch an Krebs erkrankt. Die andere Broschüre stammte von den Patient Advocates for Advanced Cancer Treatments (PAACT, Patienten-Anwälte für moderne Krebstherapie), einer Organisation, die sich zum Ziel gesetzt hatte, Krebspatienten in allen Einzelheiten über ihren Fall aufzuklären. Auf der Titelseite der Broschüre stand folgender Rat: »Sie sind für Ihr Schicksal selbst verantwortlich. Während Ihrer Behandlung werden Sie die Dienste eines Ärzteteams in Anspruch nehmen, aber denken Sie daran: Ihr Leben steht auf dem Spiel. Sie selbst müssen die Entscheidungen treffen!« Die Organisation hatte auch ein neunseitiges Formular mit Fragen zur Krankengeschichte erarbeitet, von denen ich zu meiner Schande keine einzige beantworten konnte.

»Wer trägt die Verantwortung?« fragte Dennis und zeigte vorwurfsvoll auf mich.

»Ich selbst«, antwortete ich ziemlich zaghaft. Die anderen spendeten lauwarmen Applaus, woraus ich schloß, daß ich das Richtige getroffen hatte.

»Und wer sind Sie?«

Ich stutzte. »Michael Korda« wollte er offensichtlich nicht hören. Ich riet. »Ein Krebsopfer?«

Am Tisch erhob sich ein höhnisches und entsetztes Geheul, das Dennis gebieterisch zum Verstummen brachte. Ich wußte nicht, womit er sich in seinem Privatleben beschäftigte, aber er hätte bei einem Tribunal der Französischen Revolution einen guten Ankläger abgegeben. Ich kam mir vor wie Sydney Carton aus dem Dickens-Roman *Zwei Städte*.

»Nein«, sagte er begeistert, da ich ihm Gelegenheit zu einer weiteren Lektion gab. »Sind wir *Opfer?*« fragte er.

Die Männer am Tisch schüttelten den Kopf und murmelten: »Nein.« Dennis hatte hier eindeutig das Sagen – wahrscheinlich braucht eine solche Gruppe einen Leiter, der sich voll und ganz seiner Aufgabe widmet –, aber er war wie die meisten Mitglieder durch die gemeinsame Erfahrung mit dem Krebs sanftmütig und mitfühlend geworden.

»Ein Krebsüberlebender«, sagte Dennis, an mich gewandt. »Vergessen Sie das niemals. *Sie sind kein Opfer!* Sie sind ein *Überlebender.* Ein Opfer ist hilflos und hat sein Schicksal nicht in der Hand. Sie sind nicht hilflos. Ihr Schicksal liegt in Ihren Händen. Ist das klar?«

»Ja«, antwortete ich.

Er kam auf mich zu und gab mir die Hand. Es war ein herzhafter Händedruck, der, wie ich sofort begriff, meine volle Mitgliedschaft in der Gruppe besiegelte. Ich hatte bereitwillig mitgespielt, wie an mir ein Exempel für die Neuankömmlinge statuiert wurde. Es war eine Art Initiationsritus, und als ich mich wieder setzte, klopften mir meine beiden Nachbarn auf die Schulter.

Ich schaute mir die Unterlagen von der NCCS etwas genauer an und erkannte sehr schnell, warum die Wut an diesem Tisch sich nicht nur gegen die Ärzte richtete: Die Krebsüberlebenden bilden »eine neue Minderheit von acht Millionen Amerikanern«, zu der auch ich jetzt gehörte. Dauert ihre Krankheit zu lange, nimmt sie häufig keine Krankenversicherung mehr auf, es sei denn, sie haben das Glück, zu dem Anteil an Risikopatienten zu gehören, den Versicherungen nach amerikanischem Gesetz aufnehmen müssen, oder sie bewerben sich bei der Versicherung just in dem Monat, in dem die Versicherungen alle Patienten, auch Risikopatienten, aufnehmen müssen; allerdings sind beide Regelungen durch Etatkürzungen und die neue Gesundheitspolitik auf bundesstaatlicher wie auf nationaler Ebene bedroht. Krebsüberlebende werden oft am Arbeitsplatz benachteiligt und gesellschaftlich gebrandmarkt. Patienten mit starken Schmerzen bekommen häufig nicht die erforderliche Behandlung, oder man macht ihnen ein schlechtes Gewissen, obwohl sie nur Medikamente verlangen, die ihnen die Rückkehr an den Arbeitsplatz ermöglichen.

Ich hatte bisher noch keine dieser Erfahrungen gemacht, und ich hoffte auch, daß es dabei bleiben würde, aber ich verstand gut, wovon die NCCS und Dennis sprachen. Menschen, die Krebs gehabt haben, werden tatsächlich wie eine Art Minderheit behandelt, als sei die Krankheit ihr wichtigstes Merkmal, so wie die schwarze Hautfarbe bis heute für viele Menschen das einzig wichtige Merkmal der Afro-Amerikaner ist. Ich hatte in der Vergangenheit selbst miterlebt, wie schnell ein Krebskranker von seinen Kollegen oder Vorgesetzten abgeschrieben wird. Sie sprechen ihm zwar ihr Beileid aus, aber gleichzeitig gehen sie wie selbstverständlich davon aus, daß er nicht mehr lange dabeisein wird. (»Larry wäre der ideale Mann für den Posten.« »Ich habe gehört, daß er Krebs hat.« »Tatsächlich? Der Arme... Wissen Sie, wenn ich es mir recht überlege, wäre auch Sam für den Posten gut geeignet.«) Und dennoch betont die NCCS zu Recht, daß von den acht Millionen Krebsüberlebenden in den USA nicht weniger als vier Millionen mindestens fünf Jahre lang gearbeitet haben. Rund die Hälfte der Krebsüberlebenden konnte dank der modernen Medizin zu ihrem normalen Leben zurückkehren (sogar 59 Prozent der Betroffenen unter 55 Jahren). Es gibt also viele Krebsüberlebende, die ein normales Leben führen oder es zumindest versuchen.

Nun stellten sich die anderen Neulinge vor. Der erste war ein großer, kräftiger und sehr gutaussehender Schwarzer, Anfang Vierzig, mit einem gewinnenden Lächeln. Er berichtete uns, daß bei ihm Prostatakrebs diagnostiziert worden sei und daß er alle Behandlungsmöglichkeiten sorgfältig abgewogen habe. Er habe sich gegen eine radikale Prostatektomie und für die Kryochirurgie entschieden. Der Eingriff sei vor einem Jahr durchgeführt worden, und sein PSA-Wert sei gesunken. Das faszinierte mich. In allen Büchern, die ich gelesen hatte, wurde die Kryochirurgie, eine neue und experimentelle Methode, bei der das Prostatagewebe vereist wird, um die Tumore abzutöten, als noch nicht ausreichend erforscht und gefährlich, ja sogar als abwegig abgetan. Und nun saß vor mir ein gesund aussehender Mann, der sich dem Verfahren offensichtlich mit Erfolg unterzogen hatte. Ob er Inkontinenzprobleme gehabt habe, wollte ich wissen. Er schüttelte den Kopf. Überhaupt keine. Und was sei mit Impotenz? Er lachte freundlich. Nein, antwortete er, aus eben diesem Grund habe er sich für die Kryochirurgie entschieden. Er habe erfahren, wie groß das Risiko sei, nach einer Operation impotent zu werden, und er sei nicht bereit gewesen, das Risiko einzugehen. Er sei nämlich, wie er zugeben müsse, so etwas wie ein Frauenheld. »Ich mag die Frauen, und die Frauen mögen mich, wenn Sie verstehen, was ich meine.«

Natürlich verstanden wir. Mit einem Mal kühlte sich die Stimmung merklich ab. Vermutlich lag das daran, daß die übrigen mit einem Schwarzen konfrontiert wurden, der voller Stolz die Vorurteile der Weißen über die Sexualität schwarzer Männer bestätigte – und die meisten dieser Männer litten wegen einer Hormonbehandlung unter Libidoverlust oder wegen einer Operation oder Strahlentherapie an »erektiler Dysfunktion«. Aber auch als Weißer hätte er sich mit dem Geständnis, er sei ein Frauenheld, in dieser Runde wenig Freunde gemacht.

Auf jeden Fall sei er sehr zufrieden mit dem Verfahren, das wenig Zeit erfordere und relativ schmerzlos sei. Die Sonde werde eingeführt, der Krebs vereist, und das sei auch schon alles. Sein Sexualleben sei überhaupt nicht beeinträchtigt, und sein PSA-Wert sei von 15 auf 3 gesunken. Er sei ein glücklicher Mann.

Ich sah Dennis an, daß er mit seinen Gefühlen rang. Einerseits wollte er die Begeisterung des Mannes für die Kryochirurgie nicht dämpfen, zumal der Eingriff bereits vorgenommen worden war und es für ihn kein Zurück mehr gab – und falls Probleme auftraten, wahrscheinlich auch keine rosige Zukunft, denn der kryochirurgische Eingriff schloß eine weitere Operation vermutlich aus. Andererseits war ein PSA-Wert von 3 nach dem Eingriff nicht unbedingt positiv zu werten. Er konnte bedeuten, daß im Gewebe noch Krebszellen waren, die eine zusätzliche Hormon- oder Strahlentherapie erforderlich machten. Nach einer radikalen Prostatektomie oder einer erfolgreichen Bestrahlung sollte der PSA-Wert nahezu auf Null sinken. Meine Bewunderung für Dennis wuchs, als er freundlich erklärte, er würde gerne mehr über Kryochirurgie erfahren, und den Mann fragte, ob sie sich nach der Sitzung noch kurz unterhalten könnten. Zweifellos wollte er ihm irgendwie klarmachen, daß weitere Maßnahmen nötig seien, ohne ihn damit vor den anderen zu konfrontieren, was den Anschein erweckt hätte, er wolle ihn herunterputzen.

Ich empfand gleichzeitig Neid und Mitleid – Neid, weil dieser Mann keine Inkontinenzprobleme hatte und sein gewohntes Sexualleben führte, Mitleid, weil seine Probleme nicht gelöst waren, sondern möglicherweise, ohne sein Wissen, gerade erst begannen.

Der nächste war ein Vertreter, noch recht jung, vielleicht Ende Dreißig. Sein Körper war aufgebläht – nicht fett, als esse er zuviel, sondern aufgedunsen. Offensichtlich hatte er sich noch keine neue Kleidung gekauft, denn die Hose spannte an den Schenkeln, das Hemd klaffte zwischen den Knöpfen auseinander, und das Jackett schien aus allen Nähten zu platzen. Bei genauerem Hinsehen bemerkte ich auch, daß er einen ungesund blassen, gelblichen Teint hatte.

Er habe sich für eine Hormontherapie anstelle einer radikalen Prostatektomie entschieden, berichtete er, und sei mit dem Ergebnis zufrieden. Sein PSA-Wert sinke. Er führe ein ganz normales Leben und werde demnächst sogar heiraten.

Ich war beeindruckt, spürte aber, daß die alten Hasen skeptisch waren. Die Kehrseite der Medaille wurde bald offenbar. Wegen der bevorstehenden Heirat wollte der Mann die Behandlung abbrechen, weil die Hormone seinen Sexualtrieb ausschalteten. Ich wußte noch von meinem Gespräch mit dem Radiologen im Memorial Sloan-Kettering, daß die Hormontherapie einer chemischen Kastration gleichkam;

mit ihr wird die Testosteron-Produktion im Körper unterbunden, wenn auch nicht so radikal (und so nachhaltig) wie bei einer operativen Entfernung der Hoden. Solange der junge Mann bereit war, den Verlust der Libido (und gewisse körperliche Veränderungen) hinzunehmen, war der Krebs zwar mehr oder weniger unter Kontrolle, aber immer noch vorhanden – eine fremde, bedrohliche Macht, die durch chemische Präparate notdürftig in Schach gehalten wurde. Sobald der Patient die Hormone absetzte, konnte der Krebs wieder wachsen und streuen. Wie jeder Prostatakrebspatient – ich versuchte, das Wort Opfer nicht einmal zu denken – mußte er sich zwischen zwei Übeln entscheiden. Wenn er den Krebs eindämmen wollte, mußte er den Verlust von Libido und Potenz in Kauf nehmen.

Dennis nannte dem Vertreter die Namen mehrerer Chirurgen und eines Radiologen aus der Gegend, die er um Rat fragen konnte. Er warnte ihn davor, die Entscheidung zu leicht zu nehmen: Wenn man einmal mit der Hormontherapie angefangen habe, könne man sie nicht einfach abbrechen, nur weil man heiraten wolle.

Der Vertreter war enttäuscht – was ich durchaus verstehen konnte. Er war ein typisches Beispiel für jemanden, der vor seiner Entscheidung nicht richtig aufgeklärt worden war. Genau davor hatte Dennis gewarnt.

Ein gutgekleideter Geschäftsmann mittleren Alters stand als nächster auf. Er sagte, daß er etwas verlegen sei. Er habe noch mit keiner Therapie begonnen. Bisher habe man ihm nur mitgeteilt, daß er an Krebs erkrankt sei. Wegen eines erhöhten PSA-Wertes bei der jährlichen Vorsorgeuntersuchung habe man bei ihm eine Biopsie vorgenommen und dabei Krebszellen gefunden. »Ich höre dies und das«, erklärte er, »aber ich will doch nur wissen, was ich tun soll.«

»Da sind Sie bei uns an der richtigen Adresse«, sagte Dennis. »Was soll er tun?«

Ein Mitglied nach dem anderen äußerte seine Meinung. Dann hob ein Mann, der schätzungsweise schon Ende Siebzig war, die Hand. »Hören Sie ihm zu«, riefen mehrere. »Er weiß Bescheid.«

Die Krankengeschichte, die nun folgte, weckte bei mir gemischte Gefühle. Das Positive an seinem Fall sei, sagte der alte Mann, daß er immer noch lebe, obwohl bereits vor fünfzehn Jahren Prostatakrebs bei ihm festgestellt worden sei. Er habe seine Enkel aufwachsen sehen und genieße gemeinsam mit seiner Frau das Leben. Dafür sei er auf jeden Fall dankbar. Das Negative sei, daß die Ärzte ihm niemals die Wahrheit gesagt hätten. Zunächst habe er sich einer radikalen Prostatektomie unterzogen, dann, als der Krebs zurückgekehrt sei, einer Strahlentherapie, deren Nachwirkungen wahrlich kein Vergnügen gewesen seien. Vielleicht habe niemand einen Fehler gemacht, vielleicht komme so etwas einfach vor, er wolle niemanden anklagen, aber die Bestrahlung habe seinen Darm zerstört. Deshalb habe man ihm eine Dickdarmfistel legen müssen, und seitdem könne er seinen Stuhlgang nicht mehr richtig kontrollieren. »Und wenn Sie Harninkontinenz für unangenehm halten, mein Junge«, – ein flüchtiger Blick in meine Richtung – »dann wissen Sie nicht, was Darminkontinenz ist.« Einige am Tisch seufzten und nickten zustimmend. Einer stöhnte laut: »Oh weh!«

Der alte Mann fuhr fort: Er nahm über einen längeren Zeitraum hinweg Hormone ein, doch der Krebs schritt immer weiter fort und metastasierte schließlich in die Knochen... Inzwischen bekam er alle zwei Wochen Strontium-89-Injektionen für mehrere tausend Dollar pro Injektion. »Können Sie sich das vorstellen?« fragte er. Unter den Zuhörern war keiner, der ihm das nicht abnahm. Offenbar hatten sie die Geschichte schon einmal gehört. Sie hatte etwas von einem Ritual, von dem in erster Linie die Neulinge profitieren sollten.

Der Sprecher stützte sich auf die Ellbogen. Er war schick und sportlich gekleidet, als wolle er zum Golf spielen nach Florida fahren. »Ich will Ihnen eines sagen«, erklärte er mit gesenkter Stimme. »Wenn ich das alles nochmal durchmachen müßte, würde ich fünf gute Jahre diesen fünfzehn Jahren vorziehen. Fünf lebenswerte Jahre, in denen ich Sex haben kann, mich nicht ärgern muß, weil ich mir die Hosen vollscheiße, nicht von einer Behandlung zur nächsten geschickt werde, die alle Nebenwirkungen haben, vor denen mich niemand gewarnt hat ... Man hätte mir doch die Wahrheit sagen müssen. Man hätte mich warnen müssen. Dann hätte ich mich anders entschieden. Ich hätte die fünf Jahre vorgezogen, sie in vollen Zügen genossen und dann das Ende ertragen und Schluß. Ich denke täglich daran und wünsche mir, ich hätte es so gemacht. Mehr habe ich nicht zu sagen.«

Der Geschäftsmann, den ich auf etwa fünfzig schätzte, war wie gelähmt. Ich hätte genauso reagiert, wenn ich so etwas vor meiner Operation im Johns Hopkins gehört hätte. Andere am Tisch meldeten sich zu Wort, und auch sie beklagten, daß man sie zu Entscheidungen gedrängt habe, ohne sie ausreichend über wahrscheinliche Nebenwirkungen aufzuklären.

Es gab zwar ein paar Ausnahmen wie mich, einen Bauarbeiter mittleren Alters, der ebenfalls im Johns Hopkins, allerdings nicht von Dr. Walsh, operiert worden war, und einige andere. Doch die meisten Männer ließen nun, da das Thema auf dem Tisch war, ihrem Unmut freien Lauf.

»Er sagte: ›Gewiß, Sie haben Krebs, aber ich werde das schon wieder in Ordnung bringen‹«, berichtete ein Mann von seinem Urologen. »Er wollte von mir nur wissen, ob ich ausreichend versichert war. Er hat mich nicht gewarnt, daß man davon inkontinent und impotent werden kann und danach vielleicht immer noch Krebs hat. Sonst hätte ich es mir noch einmal überlegt. Das können Sie mir glauben. Meine Frau ist sehr attraktiv und jünger als ich. Sie hat das nicht verdient – und ich auch nicht. Man hätte uns wirklich warnen müssen.«

Ich meldete mich zu Wort und sagte, daß ich mehrmals und sogar schriftlich gewarnt worden sei. Ich räumte zwar ein, daß man aus lauter Angst vor dem Krebs den Warnungen wenig Beachtung schenke und daß man, sowie die Entscheidung für die Operation gefallen sei, auf diesem Ohr taub werde – vielleicht sogar taub werden müsse, um keine quälenden Zweifel aufkommen zu lassen. Dennoch könne ich nicht behaupten, ich sei nicht gewarnt worden.

Meine Worte riefen ein allgemeines Gemurmel hervor, dem ich entnahm, daß viele nur flüchtig gewarnt worden waren oder schlicht nicht richtig zugehört hatten, die einen aus Angst, andere, vor allem Arbeiter, aus Respekt vor dem Arzt, der für sie eine Autoritätsperson – vielleicht *die* Autoritätsperson – gewesen war und dem sie sich einfach untergeordnet hatten, als er zur Operation riet. Ich kam zu dem Schluß, daß Patienten mit höherer Schulbildung viel eher Fragen stellen oder darauf bestehen, eine zweite Meinung zu hören. Was freilich die Männer in diesem Raum betraf, so hatten *alle* nach der ersten Therapie gelernt, Fragen zu stellen.

Freundlich, aber bestimmt sorgte Dennis wieder für Ruhe. »Sie sehen, wie schwierig es ist, sich richtig zu entscheiden«, sagte er zu dem Mann, bei dem gerade Prostatakrebs diagnostiziert worden war. »Viele Männer hier würden das Rad der Zeit gern zurückdrehen und alles anders machen. Vielleicht ist bei Ihnen Abwarten und Beobachten angebracht, vielleicht auch eine Hormontherapie. Das schnelle Geld machen die Ärzte natürlich mit einer radikalen Prostatektomie, auf die möglicherweise eine Hormonbehandlung folgt. Lassen Sie sich zu nichts drängen, und treffen Sie keine Entscheidung, ohne vorher eine zweite Meinung einzuholen! In den meisten Fällen bleibt dafür genug Zeit.«

Ich meldete mich und berichtete von dem Programm im Memorial, bei dem die Patienten sich vor der radikalen Prostatektomie einer sechsmonatigen Hormontherapie unterzogen. Nach Meinung der Ärzte ließen die Hormone den Tumor schrumpfen, was die Gefahr von Inkontinenz und Impotenz mindere, weil weniger Gewebe entfernt werden müsse.

Dennis nickte. Das sei äußerst wichtig. Man müsse sich nach Versuchsprogrammen umschauen, die der behandelnde Arzt möglicherweise nicht kenne. Ständig werde etwas Neues entwickelt, und darüber müsse man sich auf dem laufenden halten. Die pharmazeutische Industrie erprobe neue Medikamente, und manchmal könne man an In-vivo-Tests teilnehmen. Man sei es sich schuldig, alles in Erfahrung zu bringen und niemals aufzugeben.

Dann war es auch schon neun Uhr, und das Treffen war zu Ende. Mehrere Männer fragten nach meinem Kondom-Urinal. Der Bauarbeiter wollte wissen, wieviel Dr. Walsh mir für die Operation in Rechnung gestellt hatte, um zu klären, ob seiner Gewerkschaft zuviel berechnet worden war. Ein älterer Mann riet mir, nicht die Hoffnung zu verlieren. Er sei über ein Jahr inkontinent gewesen, und plötzlich, aus heiterem Himmel, hätten die Probleme aufgehört, und seitdem sei er trocken. Der Mann, der eine Hormontherapie machte, fragte nach einem guten Buch über die Behandlung von Prostatakrebs, und ich schlug ihm das von Dr. Rous vor. Ich weckte Emory, der auf seinem Stuhl neben der Tür schlummerte. Ich fragte ihn nach seiner Meinung über die Gruppe. »Es war viel lebhafter, als ich erwartet hatte. Ich bin ziemlich lange wachgeblieben.«

Der Abend hatte mich keineswegs deprimiert, wie Dr. Josephy befürchtet hatte. Ganz im Gegenteil. Er hatte mich aufgemuntert, und nicht weil ich Männern begegnet war, denen es viel schlechter ging als mir, sondern weil selbst für die ältesten und die am schwersten betroffenen noch Hoffnung bestand (oder zumindest zu einem früheren Zeitpunkt bestanden hatte). Auch wenn sie über die Ärzteschaft meckerten, ihre Entscheidungen bereuten oder beklagten, daß sie zu ihnen gedrängt worden seien, so waren sie doch alle am Leben, wehrten sich und rebellierten.

Es ist wichtig, daß man miteinander redet, einander zuhört und voneinander lernt. Was für Frauen ganz normal ist, müssen wir Männer erst lernen, und schon aus diesem Grund war die Prostatakrebs-Selbsthilfegruppe ein großer Schritt in die richtige Richtung. Hätten diese Männer bereits *vor* ihrer Operation so miteinander gesprochen, sagte ich mir, dann wäre ihnen ein Teil ihrer Sorgen erspart geblieben. Frauen sprechen mit Freunden, Angehörigen und Fremden über Brustkrebs und lesen ständig in Zeitschriften oder Zeitungen darüber. Die intelligenteren sind über das Thema ebensogut informiert wie viele Ärzte, vielleicht sogar besser. Männer hingegen beschäftigen sich in den meisten Fällen erst dann mit Prostatakrebs, wenn sie ihn haben. Dennis hatte recht, man konnte sich gar nicht genug informieren. Selbst ich erkannte, daß mein Schicksal, ob ich wollte oder nicht, nun in mancher Hinsicht in meinen Händen lag. Dr. Walsh hatte mich nach bestem Wissen und Gewissen operiert – vermutlich hätte es niemand besser machen können. Doch falls meine Operation ein sogenanntes Nachspiel hatte, mußte ich die weiteren Entscheidungen selbst treffen. Und wo sonst, wenn nicht in dieser Runde, konnte ich alles Wissenswerte über Prostatakrebs erfahren? Und wo sonst konnte ich von Mann zu Mann darüber sprechen?

23

Zum nächsten Treffen fuhr ich selber, nahm sicherheitshalber aber Emory als Begleiter mit. Acht Wochen nach der Operation war das für mich ein großer Schritt nach vorn, der genau Dr. Walshs Zeitplan entsprach.

Meine Stimme wurde langsam wieder normal, allerdings geriet ich immer noch schnell außer Atem. Ich interessierte mich wieder für meine Arbeit und bekam auch schon die ersten Telefonanrufe, Manuskripte und Faxe – natürlich noch unter den wachsamen Augen Margarets.

Irgendwo unterwegs hatte ich – vielleicht nur vorübergehend – die Fähigkeit verloren, schwierige Probleme zu lösen oder mir widersprüchliche Standpunkte klarzumachen. Anscheinend konnte ich nur noch ein bestimmtes Maß an Energie für ein Thema aufbringen, und wenn sie verbraucht war, wollte ich einfach nichts mehr davon hören. Das war nicht gerade die richtige Gemütsverfassung für jemanden, der stolz auf sein Verhandlungsgeschick und seine Überzeugungskraft war. Ich merkte, wie ich in Gesprächen barsche Töne anschlug, war aber außerstande, mich zu zügeln, ganz so als hörte ich einem anderen Menschen zu, der viel unverträglicher war als ich. Ich erinnerte mich daran, was Larry McMurtry nach seiner vierfachen Bypass-Operation geschrieben hatte:

> *Bald hatte ich das Gefühl, als gehöre dies alles zur Biographie einer anderen Person, nämlich zur Biographie jener Person, die ich vor der Operation gewesen war. Doch ich hatte aufgehört, diese Person zu sein. Meinen Freunden und Angehörigen zuliebe spielte oder imitierte ich sie, so gut ich konnte. Es gelang mir auch, einige ihrer Fähigkeiten zu bewahren, jedoch nicht alle ...*
> *Seit der Operation habe ich das Gefühl, daß mein altes Ich tot ist. Meine alte Psyche ist zertrümmert worden, und nun wirbeln ihre Bruchstücke in meinem Innern. In der Regel kann ich genug Stücke einsammeln, um beruflich und, wie ich hoffe, gefühlsmäßig einigermaßen meinen Mann zu stehen. Aber ich bin mir stets bewußt, daß ich nur mit Bruchstücken meines Ich arbeite, nie mit dem ganzen.**

Natürlich liegen Welten zwischen einer radikalen Prostatektomie und einer vierfachen Bypass-Operation, bei der das Herz zu schlagen aufhört, aber vielleicht haben alle schweren Operationen ähnliche Folgen – der Patient erwacht aus der Bewußtlosigkeit und hat noch tiefere Narben als die, die

* Abgedruckt mit freundlicher Genehmigung von Larry McMurtry.

man sieht, Narben, die anders als die sichtbaren niemals ganz verheilen werden.

Früher hatte ich mich schonungslos ins Zeug legen können. Doch obwohl ich erst am Anfang des Genesungsprozesses stand, war mir jetzt schon klar, daß ich nie wieder mit derselben Einstellung an meine Arbeit herangehen würde. Von nun an würde ich soviel tun, wie ich konnte, aber nicht mehr. Und wenn das dem einen oder anderen nicht paßte, so war das sein Problem. Ich wollte wirklich nur noch mir gefallen – eine enorme Wandlung für einen Menschen, der praktisch rund um die Uhr gearbeitet hatte, um andere zufriedenzustellen.

Inzwischen gab ich Margaret sogar darin recht, daß ich mit dem Arbeiten aufhören mußte, bevor ich müde wurde, und nicht erst, wenn die Müdigkeit mich bereits übermannt hatte. Als ich diese simple Tatsache kapiert hatte, tat ich mich leichter. »Tut mir leid, aber ich brauche jetzt eine Pause«, sagte ich nun zu anderen, sobald ich merkte, daß mein Körper mich von dem Problem ablenkte, mit dem ich mich gerade herumschlug. Der Mensch, der ich früher gewesen war, hätte so etwas niemals gesagt. Der Mensch, der ich geworden war, konnte damit unverkrampft umgehen – und warum auch nicht, im Alter von einundsechzig Jahren?

Zunächst konnte ich mich nur schwer damit abfinden, daß ich nur über eine begrenzte Energie verfügte (und noch schlimmer, daß ich mich nicht mehr so lange konzentrieren konnte). Doch nach und nach rückte ich es in die richtige Perspektive. Erstens war ich erst vor ein paar Wochen operiert worden, und zweitens erholte ich mich von einem Krebsleiden. Beides für sich genommen – um so mehr beides zusammen – reichte aus, um gewisse Einschränkungen meiner Aktivitäten zu rechtfertigen. Wichtiger war jedoch die – zugegebenermaßen etwas verspätete – Einsicht, daß ich weder unsterblich noch jung war. Natürlich ist man in der heutigen amerikanischen Gesellschaft mit einundsechzig nicht wirklich alt, und man wird ja auch ständig daran erinnert.

Wie viele andere in meinem Alter trieb ich Sport, ernährte mich gesund und hielt mich fit. Ich hatte nicht einmal das Gefühl, mittleren Alters zu sein, geschweige denn alt!

Natürlich war ich glücklich, aber das ist auch eine wachsende Anzahl von Amerikanern, die mit sechzig mehr verdienen als je zuvor, sexuell aktiv sind, immer noch Power-Tennis spielen oder andere Sportarten treiben, ja möglicherweise sogar besser in Form sind als mit vierzig und unter keinerlei körperlichen Beschwerden leiden. Da ist es nicht verwunderlich, daß der sechzigste Geburtstag lediglich als eine Zwischenstation auf dem Weg zur Unsterblichkeit mit Melatonin, Heilbädern, einer zweiten oder dritten Ehe und einer neuen Karriere betrachtet wird.

Doch der Krebs ist ein strengerer Lehrmeister als aufmunternde Bestseller oder Werbung für Vitamin- und Mineralstoff-Präparate. Er erinnert uns daran, daß wir nicht unsterblich sind, daß unsere Zeit begrenzt ist, daß uns immer noch Krankheit und Tod erwarten, auch wenn wir glückselige Momente erleben, uns fettarm ernähren und uns selbstbewußt und zuversichtlich geben. Um es ganz offen zu sagen, ab sechzig gehört man nicht mehr zur mittleren Altersgruppe, sondern man steht an der Schwelle zum Alter. *»Et in Arcadia ego* – auch ich war in Arkadien.« Krebs ist der Wurm im Apfel des unbeschwerten Lebensoptimismus. Er ist die Bananenschale, auf der sogar die gesündesten und fittesten ausrutschen, und er kann sich als großer Lehrmeister erweisen, sofern man ihn überlebt. In der Regel sind es Männer ab sechzig, die an Prostatakrebs erkranken. Bei Männern dieser Altersstufe löst er Alarm aus – oder sollte es zumindest. Der weitere Weg ist für Prostatakrebs-Überlebende in klare Zeitabschnitte unterteilt, die als »Fünfjahresüberlebenszeit«, »Zehnjahresüberlebenszeit« und so weiter bezeichnet werden. Wer Prostatakrebs gehabt hat, wird sich nicht für unsterblich halten, nie wieder, und es zeugt von unserer Einfalt, daß die anderen, die bislang verschont geblieben sind, Mühe haben, sich mit ihrer Sterblichkeit abzufinden.

Als ich im Arbeitszimmer auf dem Sofa lag und versuchte, mit meinen Inkontinenzproblemen fertigzuwerden, dämmerte mir allmählich, daß Alter etwas durchaus Ehrenwertes ist, das man nicht leichtfertig ignorieren sollte, indem man vorgibt, ewig jung zu sein oder, noch schlimmer, ewig in der Midlife-crisis zu stecken. Wir Amerikaner tun heute so, als gebe es das Alter gar nicht wirklich, oder als handle es sich nur um einen Gemütszustand, doch das ist so, als sitze man im Theater und nehme den letzten Akt oder das Fallen des Vorhangs einfach nicht zur Kenntnis. Daraus resultiert eine gewisse Abneigung gegen die Alten, die diese Illusionen durch ihre bloße Existenz und ihre Probleme im Alltag Lügen strafen – was zweifelsohne den niederträchtigen Ton bei der jüngsten Diskussion über Einsparungen im Gesundheitswesen und Kürzungen der Sozialhilfe und der Renten erklärt. »Wer sind eigentlich diese alten Menschen, die mehr gesundheitliche Fürsorge brauchen und unter allen möglichen Gebrechen leiden? Warum sind sie nicht wie die braungebrannten, lächelnden Senioren mit silbergrauem Haar und leuchtenden Augen aus der Werbung?« scheinen die Politiker und gesellschaftlichen Vordenker zu fragen. »Warum stehen sie nicht mitten im Leben und starten eine zweite Karriere als erfolgreiche Geschäftsleute, unternehmen Weltreisen oder kehren an die Universitäten zurück?« Es ist, als ob das ganze Land zu dem Schluß gelangt sei, daß die Alten Simulanten sind, Vertreter einer Lobby, die beharrlich einen zu großen Anteil am Sozialprodukt beansprucht, und Egoisten, weil sie zu lange leben. Kurzum, das Alter ist unbeliebt geworden, weil die Menschen sich immer mehr dem Ideal ewiger Jugend verschreiben.

Doch das Alter ist eine Realität. Es unterscheidet sich grundsätzlich von den früheren Lebensphasen und ist nicht nur eine Verlängerung des mittleren Alters, in dem man nach Florida zieht oder die ersten Pensionszahlungen kassiert. Und schließlich ist ein Mann mit einundsechzig auch kein Kind mehr – wenn ihm nach einem Nickerchen ist, dann soll er ruhig eines machen! Vielleicht brauchte ich den Krebs, um mein Alter zu akzeptieren und mich mit der Vorstellung anzufreunden, daß ich jetzt – um das Kind beim Namen zu nennen – wirklich *alt* war. Doch in einer Gesellschaft, die diese Tatsache ignoriert oder so tut, als sei das Alter ein wahrer Segen, ist das eine beachtliche Leistung.

Vielleicht hatte ich mich früher für unsterblich gehalten. Jetzt tat ich es genausowenig wie die anderen Mitglieder der Selbsthilfegruppe – das wurde mir bei dem zweiten Treffen klar, als ich sie mir genauer anschaute. »Mon semblable, mon frère – Meinesgleichen, mein Bruder!« Diese verärgerten, verwirrten und – seien wir ehrlich – älteren Männer waren mir in mancher Hinsicht näher, als es ein Mensch, der niemals an Krebs erkrankt war, jemals sein konnte.

Das zweite Treffen, an dem ich teilnahm, war weniger offenherzig, was teilweise daran lag, daß auch die Frauen eingeladen waren. Diesmal hielt ein junger Mann von einem medizinischen Labor einen Gastvortrag über PSA-Tests. Er teilte uns mit, daß der herkömmliche, uns bekannte PSA-Test bei Menschen, die sich einer radikalen Prostatektomie unterzogen hätten, bei weitem nicht ausreiche. Mittlerweile könnten wesentlich genauere Untersuchungen durchgeführt werden, *wenn die Ärzte sie nur anordnen würden.*

Bis dahin hatte ich, ebenso wie die meisten Ärzte, angenommen, PSA-Test sei gleich PSA-Test, doch das war offensichtlich nicht der Fall. Der PSA-Wert wird gewöhnlich anhand einer vergleichsweise groben Skala ermittelt, was in der Regel keine Rolle spielt, da sich für die meisten Männer nur die Frage stellt, ob der Wert über vier liegt oder ob er in den letzten sechs oder zwölf Monaten gestiegen ist. Nach einer radikalen Prostatektomie muß der Wert jedoch auf nahezu Null sinken; nach einer erfolgreichen Operation kann der PSA-Wert durchaus 0,1 oder weniger betragen. So weit, so gut. Nur war es jetzt offensichtlich möglich, ihn wesentlich genauer zu messen und somit winzige Veränderungen festzustellen, und das hieß, daß man nicht mehr warten mußte, bis der Wert signifikant anstieg.*

Der junge Wissenschaftler war nicht gerade ein mitreißender Redner, obwohl ihm – oder seiner Firma – das Thema am Herzen lag, aber das Publikum hörte ihm dennoch aufmerksam zu. Einige schrieben eifrig mit, andere beugten sich mit halb geschlossenen Augen nach vorne, um ja keine Information zu verpassen, die hinter all den Statistiken steckte und sich möglicherweise auf den eigenen Fall anwenden ließ.

Es mag merkwürdig klingen, aber das Treffen hatte einen gewissen religiösen Charakter, der in einem unerschütterlichen Glauben an die Wissenschaft, ob herkömmlich oder nicht, zum Ausdruck kam, in der Überzeugung, daß irgendwer irgendwo eine Lösung für jedes Problem hatte. Es spielt keine Rolle, daß der Vortrag langweilig war – er hatte etwas von einer Buße, so als lausche man einer ermüdenden Predigt. Vielleicht konnte er gar nicht eintönig und schwerver-

* Diese neue und genauere Methode zur Messung und Auswertung des PSA-Wertes ist auch bei der Früherkennung von Prostatakrebs von besonderem Interesse. Professor Joseph E. Oesterling, Chefarzt für Urologie am Michigan Medical Center, Ann Arbor, riet im *Journal of Urology* (August 1995) den Ärzten, »auf das Verhältnis zweier im PSA gefundener Molekülgruppen zu achten statt auf die Höhe des Gesamt-PSA-Wertes«. Laut einem Artikel des *Milwaukee Journal Sentinel* vom 21. August 1995 erklärte Dr. Oesterling, daß das PSA aus »freien« und »gebundenen« Molekülen bestehe, wobei »letztere auf einen vorhandenen Krebs hindeuten«. Nach Oesterlings Auffassung sollten die Urologen vor einer Biopsie das *Verhältnis der Molekülgruppen* untersuchen. Je größer das Verhältnis sei, um so weniger sei eine Biopsie angebracht. »Dank dieser neuen Erkenntnisse kann bei vielen Patienten auf eine Prostatabiopsie verzichtet werden, ohne daß man Gefahr läuft, einen Tumor zu übersehen«, erklärte Dr. Oesterling. Wenn dieser Test erst einmal größere Verbreitung gefunden hat, wird die Möglichkeit, einen Prostatakrebs ohne Biopsie zu erkennen und die Wachstumsrate des Krebses zu beobachten, die Behandlung von Prostatakrebs sicherlich grundlegend verändern.

ständlich genug sein, denn diese Menschen lagen der medizinischen Wissenschaft zu Füßen und suchten nach Heilmethoden, die ihre Ärzte, wie sie meinten, nicht kannten oder, noch schlimmer, ihnen vorenthielten. Die Ärzte, zu denen diese Männer mit Notizbüchern voller neuer Erkenntnisse kommen würden, waren wahrlich nicht zu beneiden.

Viele Zuhörer sprachen mit dem Vortragenden über ihre PSA-Werte, darunter auch ein Mann, dessen Wert innerhalb eines Jahres von 80 auf 30 gesunken war – was er selbst auf eine strenge Diät zurückführte, mit deren Hilfe er auch seinen Cholesterinspiegel von 280 auf unter 200 gedrückt hatte. Einige Männer im Raum hatten wirklich furchterregend hohe PSA-Werte und waren trotzdem noch am Leben. Ich fragte mich, wie hoch meiner wohl war und wie ich reagieren würde, wenn er nicht tief genug gesunken war. Alle waren sich darin einig, daß der erste Wert nach der Operation der entscheidende sei. Trotz Dr. Walshs positiver Einschätzung konnte auch eine relativ kleine Zahl, sofern sie deutlich größer als Null war, auf das Vorhandensein von Krebsgewebe hindeuten. Zwölf Wochen nach der Operation sollte mein PSA-Wert zum ersten Mal überprüft werden, und bis dahin war ich trotz Dr. Walshs Zufriedenheit gewissermaßen nur auf Bewährung entlassen.

Mich selbst belastete diese Ungewißheit nicht, wohl aber Margaret, die das Gefühl hatte, von nun an schwebe ein Damoklesschwert über uns. Ich gab ihr damals recht und tue es auch noch heute. Aber wozu sich darüber Gedanken machen? Nach der Vorstellung der alten Griechen wird die Länge eines jeden Menschenlebens von den Schicksalsgöttinnen gemessen, und sie schneiden den Faden ab, wenn die Zeit gekommen ist.

Am Ende des Treffens zog Dennis das Fazit: Bestehen Sie darauf, daß Ihr Arzt den richtigen PSA-Test verschreibt, und nehmen Sie es nicht hin, wenn er ablehnt.

»Es geht um *Ihr* Leben«, sagte er und schloß schwungvoll seine Aktentasche, »nicht um das Ihres Arztes.« Er machte eine Pause, während wir aufstanden und umherliefen, und fügte dann hinzu: »Vergessen Sie das niemals.«

24

Glücklicherweise war das Ergebnis meines ersten PSA-Tests nach der Operation ein Grund zum Feiern. Der Wert war auf 0,5, also nahezu 0, gesunken. Ich rief Dr. Walsh an, der mit verhaltener Freude zur Kenntnis nahm, daß sich seine Prophezeiung bewahrheitet hatte. Er fragte, ob ich irgendwelche Beschwerden hätte, und lauschte dann geduldig der Schilderung meiner Inkontinenzprobleme. Kein Grund zur Besorgnis, sagte er, so etwas brauche Zeit, in sechs Monaten sehe alles anders aus. Er erkundigte sich, ob ich inzwischen Erektionen gehabt hätte. Ich verneinte. Dr. Walsh war nicht bestürzt. Auch das brauche Zeit, beruhigte er mich. Vielleicht ein Jahr. Vielleicht mehr. Ich müsse mich in Geduld üben. Die Hauptsache sei doch, daß der Krebs entfernt worden sei. In zwei Monaten solle ich mich wieder bei ihm melden.

Ich rief Ned an, um mich nach seinem Befinden zu erkundigen. Er arbeitete bereits wieder, und es ging ihm offenbar gut. Dr. Walsh war auch mit seiner Operation zufrieden gewesen. Auf meine Frage nach Inkontinenzproblemen seufzte Ned. Es sei immer noch schlimm, er brauche jeden Tag ungefähr sechs Depends – etwa soviel wie ich – und es fuchse ihn, daß er keine Aktien des Herstellers gekauft habe. »Und wie steht's mit Sex?« fragte ich. Ein noch längerer Seufzer. Bislang Fehlanzeige. Doch am meisten deprimierte ihn, daß Bob, der nach der Operation kaum Beschwerden gehabt hatte, nach eigenem Bekunden wieder ein »normales« Sexualleben führte. Das stimmte mich auch trübsinnig, doch dann fügte Ned hinzu, daß er Bob kein Wort glaube.

Und wie sich herausstellte, hatte Ned damit recht. Bob hatte wohl einen Witz gemacht, der einen bitteren Beigeschmack hatte, denn von uns dreien, die wir am selben Tag operiert worden waren, war er der zuversichtlichste und selbstbewußteste.

In Wirklichkeit überstehen nur ganz wenige Männer eine radikale Prostatektomie unbeschadet. Die Zahlen lügen nicht. Irgendwann wird die Mehrzahl der Männer ihre Potenz bis zu einem gewissen Grad wiedererlangen (sofern sie vorher potent waren, sofern die Nervenstränge geschont wurden, sofern keine weiteren Komplikationen wie Diabetes auftraten und so weiter). Doch »irgendwann« war unter diesen Umständen ein sehr vager Begriff, aus dem man nicht viel Mut schöpfen konnte.

Im Augenblick freilich machte mir die Angst vor Impotenz weniger zu schaffen als meine Inkontinenzprobleme.

Wie verbreitet Inkontinenz ist, läßt sich an der Zahl der Menschen und an der Vielfalt der Organisationen ablesen, die von sich behaupten, Hilfe leisten zu können. Innerhalb recht kurzer Zeit hatte ich mit einem Ernährungswissenschaftler, einem Yoga-Lehrer und verschiedenen Fachleuten für Biofeedback gesprochen und war einer Organisation beigetreten, die sich HIP (Help for Incontinent People, dt. Hilfe für inkontinente Menschen) nannte. Sie gab auch eine Zeitschrift *(The HIP Report)* heraus, die sich der »Verbesserung der Inkontinenzversorgung« widmete, und unterhielt ein Service-Telefon*. Ganz offensichtlich hatte ich eine Menge Gesellschaft.

Auch wenn mir das Gespräch mit dem Ernährungswissenschaftler nur wenig half, so wird es doch für jeden Prostatakrebs-Patienten bis zu einem gewissen Grad von Nutzen sein, die richtige Mischung von Vitaminen und Mineralstoffen zu sich zu nehmen. Ärzte interessieren sich für dieses Thema in der Regel wenig oder gar nicht. Vor der Operation waren mir Eisentabletten verschrieben worden, um einer

* In Deutschland: Selbsthilfe Inkontinente Menschen (SIM), Service-Telefon 01802/212326; Hilfe für Inkontinente Personen e.V., Wickratherstr. 35, 40547 Düsseldorf; Tel.: 0211/5961216.

Blutarmut vorzubeugen, solange ich Eigenblut spendete. Nach der Operation achtete jedoch niemand mehr darauf, mit dem Ergebnis, daß ich tatsächlich an Blutarmut litt, was bei Patienten, die während der Operation viel Blut verloren haben, keineswegs ungewöhnlich ist. Es war kein ernstes, aber doch vermeidbares Problem, das vermutlich gar nicht entdeckt worden wäre, wenn ich nicht fortwährend über Müdigkeit geklagt hätte. Wahrscheinlich sollte jeder Operierte einen Ernährungswissenschaftler konsultieren, auch wenn dieser keine Sofortkur gegen Inkontinenz anbieten kann.

Mit der Zeit fand ich heraus, daß es viele Yoga-Übungen zur Stärkung der Muskulatur im Beckenbereich gibt. Mit diesen Übungen kann man die Muskeln trainieren, ohne Gewichte zu stemmen oder sich körperlich anzustrengen, was ein Patient nach einer Bauchoperation ohnehin vermeiden sollte, und sie fördern die Erholung des Körpers auf lange Sicht. Überhaupt wirkt sich Ruhe bei Inkontinenzproblemen positiv aus: Bei innerer Ausgeglichenheit vermindert sich der Harndrang, bei Aufregung und Nervosität ist er viel stärker und tritt häufiger auf.

Ich nahm mir vor, auf gesunde Ernährung zu achten und auch meine Yoga-Übungen nicht zu vernachlässigen, und machte beides recht erfolgreich zu einem festen Bestandteil meines Alltags. Das Wort Biofeedback klang da schon vielversprechender, vielleicht weil es eher »westlichen« Vorstellungen entspricht und »wissenschaftlicher« anmutet. Ein Forscher von der Psychologischen Abteilung des Columbia Presbyterian Hospital in New York räumte ein, daß die Biofeedback-Methode bei harninkontinenten Frauen, vor allem nach der Geburt, erfolgreich angewendet worden sei. Seines Wissens seien Software wie Hardware allerdings nicht auf Männer, sondern auf Frauen zugeschnitten (die Apparatur, auf die er sich bezog, hieß denn auch »Vagette« und war für die Elektrostimulation des weiblichen Harntraktes entwickelt worden). Er gab mir jedoch die Namen einiger Ärzte, und einer dieser Ärzte empfahl mir schließlich Dr. Howard

Glazer. Er war *der* Fachmann für Biofeedback bei inkontinenten Männern und war erstaunlich hilfsbereit.

Dr. Glazer erklärte mir, daß die Biofeedback-Methode sich bei inkontinenten Männern gut bewährt habe und daß er bei Patienten, die sich einer radikalen Prostatektomie unterzogen hätten, eine sehr hohe Erfolgsrate verzeichnen könne. Das Verfahren sei einfach, aber nicht billig, und der Erfolg stelle sich nicht von heute auf morgen ein. Der größte Nachteil sei wohl, daß ich mir vor Beginn der Behandlung das notwendige Zubehör anschaffen müsse. Ich bräuchte eine anale EMG-Sonde und einen tragbaren EMG-Trainer für die Übungen zu Hause. Er beschrieb mir das Verfahren folgendermaßen: Die anale Sonde, die über Kabel mit dem EMG-Gerät verbunden ist, wird in den Mastdarm eingeführt. Sie ermöglicht es, die Muskeln, die trainiert werden müssen, exakt zu bestimmen und die entsprechenden Übungen richtig durchzuführen. Mit anderen Worten: Während der Patient bei den Kegel-Übungen nie genau weiß, ob er alles richtig macht, kann er mit Hilfe des Biofeedback sicherstellen, daß er die richtigen Muskeln anspannt. Obendrein kann man den Erfolg sogar wissenschaftlich messen und muß sich nicht auf das trügerische Gefühl verlassen, daß man die Übungen richtig macht, nur weil man ermüdet.

Das war die gute Nachricht. Die schlechte war, daß ich nach Dr. Glazers Ansicht erst einmal abwarten sollte, ob ich von selbst wieder kontinent würde, und zwar mindestens sechs Monate, vielleicht sogar ein Jahr. »Für die Biofeedback-Methode ist es noch zu früh«, sagte er. »Machen Sie die Kegel-Übungen und rufen Sie mich in drei Monaten wieder an.« Er hielt sowohl Dr. Walshs Warnung vor den Übungen als auch die übliche Empfehlung, zwei- oder dreimal am Tag ein halbes Dutzend von ihnen zu machen, für falsch. Er verwies darauf, daß seine Patienten täglich Hunderte von Übungen am Stück machten, und erinnerte mich daran, daß die Entspannung zwischen den Kontraktionen ebenso wichtig sei wie die Kontraktionen selbst. Er bezweifelte zwar, daß die Übungen ohne Biofeedback wirklich hilfreich waren, vertrat aber im Gegensatz zu Dr. Walsh nicht die Ansicht, daß sie Schaden anrichten konnten.

Die Zeitschrift der HIP wurde mir erst nach langer Zeit zugeschickt und war zunächst eine Enttäuschung. Sie war im Grunde genommen ein Werbeprospekt für Inkontinenz-Produkte wie Attends-Einmal-Slips, das Tranquility-Inkontinenz-System mit Vorlage und Fixierhose, Secure-Haltevorrichtungen für Bettbeutel und Nullo-Intim-Deodorant-Tabletten. Natürlich steht es Herstellern solcher Produkte frei, eine Zeitschrift herauszugeben, doch die Kopplung von Information und Werbung machte mich argwöhnisch. Andererseits enthielt das Blatt viel Wissenswertes. So erfuhr ich bei der Lektüre, daß bestimmte Medikamente Inkontinenz verursachen können (und daß es eine rund um die Uhr besetzte Hotline gibt, die einem Auskunft über Nebenwirkungen erteilt) oder daß die Arbeiterinnen der Backwarenfabrik Nabisco an einem Bundesgericht eine Klage wegen Diskriminierung aufgrund des Geschlechts eingereicht hatten, weil die Firma ihnen nicht genug Toilettenpausen zugestand. Ich war offensichtlich nicht der einzige in Amerika, für den der bequeme Zugang zu einer Toilette von großer Bedeutung war.

Die Lektüre des *HIP Report* hatte für mich auch etwas Tröstliches, denn ich erfuhr, daß es zahlreichen Menschen noch (viel) schlechter ging als mir und daß es etliche Organisationen gab, die den Menschen bei der Bewältigung ihrer Probleme helfen wollten. Außerdem enthielt die Zeitschrift eine lange Liste von Buchtips.

Was die Kegel-Übungen angeht, so empfahl HIP Männern, die sich von einer radikalen Prostatektomie erholten, dreimal am Tag zehn Kontraktionen.* Ich bestellte mir auch

* DeLancey, J.O.; Sampselle, C. M. und Punch, M. R. in: *Obstetrics and Gynecology* (82) 1993, S. 658f., zitiert in *The HIP Report*, Bd. 13, Nr. 12.

eine Kassette und eine Broschüre zu den Übungen, die sich beide als hilfreich und leicht verständlich erwiesen und deren Inhalt sowohl Dr. Walshs als auch Dr. Glazers Empfehlungen widersprach.

Zu diesem Zeitpunkt, über zwölf Wochen nach der Operation, war ich wieder soweit, daß ich arbeiten gehen konnte. Am ersten Tag arbeitete ich nur zwei Stunden am Vormittag, ging danach in unsere New Yorker Wohnung, aß eine Kleinigkeit und machte ein Nickerchen.

Anfangs konnte ich genau dieses Pensum meistern. Ich vermied es, mich zum Mittagessen zu verabreden oder an langen Konferenzen teilzunehmen, weil langes Sitzen immer noch eine Qual war. Ich packte zusätzliche Depends in meine Aktentasche und kam zum ersten Mal in die Verlegenheit, sie in einer öffentlichen Toilette wechseln und wegwerfen zu müssen. Schließlich kam ich damit wie jeder andere zurecht. Ich stellte fest, daß Inkontinenz im Vergleich zu anderen Behinderungen eher harmlos ist. Nur man selbst ist sich des Problems bewußt, und man kann wirklich damit leben.

Womit ich seltsamerweise nicht so gut zurechtkam, war die Belastung, die das Leben in der Großstadt mit sich bringt. Auf dem kurzen Weg von der Wohnung zum Büro bekam ich regelrechte Angstzustände. Ich hatte Angst vor den vielen Menschen, dem Verkehr, dem ganzen Drumherum. Außerdem fürchtete ich, die anderen könnten meine Inkontinenz bemerken. Margaret fand diese Furcht merkwürdig, da ich sonst eher zuviel über meine Inkontinenz sprach und andere darauf aufmerksam machte, auch wenn es gar nicht nötig war. Dieses Risiko besteht bei allen Krebsarten: Man muß einfach über die Krankheit reden.

Trotz allem besserte sich manches. Zusammen mit der Angst verschwanden allmählich viele postoperative Symptome. Nachts konnte ich inzwischen die Depends durch Fixierhöschen ersetzen, die wie ganz normale enganliegende Jokkey-Shorts aussahen, nur daß dort, wo sonst der Schlitz ist, ein unscheinbares Plastikbeutelchen angebracht war, in das eine Vorlage paßte. Sie sahen nicht nur wie normale Unterhosen aus, sie fühlten sich auch so an.

Zunächst traute ich ihnen noch nicht, doch bald stellte ich fest, daß sie ihren Zweck erfüllten, und schon bald reichte mir eine Vorlage pro Nacht. Tagsüber konnte ich sie noch nicht tragen, weil ich mich zuviel bewegte und herumging, und mein Vertrauen ging noch nicht so weit, daß ich sie beim Autofahren anzog.

Bald war mein Vertrauen jedoch so groß, daß alles im Haus, was an meine Inkontinenz erinnerte, entfernt werden konnte: die Bettschutzeinlage, die Matten auf dem Boden, die Schutzbezüge auf dem Sofa und auf dem Autositz. Die Urinflaschen behielt ich sicherheitshalber noch, und das erwies sich auch als klug, denn als Margaret mich einmal in die Stadt fuhr, bewahrten sie mich vor einer Katastrophe, weil ich am Straßenrand in die Urinflasche pinkeln konnte.

Unangenehm war immer noch, daß ich oft ganz plötzlich und dringend urinieren mußte. Es war noch schlimmer als vor der Operation. Doch nun sah ich das Problem aus einem anderen Blickwinkel: Es war zwar ein Unglück, eine leichte Behinderung, die demütigende Momente mit sich brachte, aber es war doch wesentlich leichter zu ertragen als Krebs in den Lymphknoten oder Metastasen in den Knochen. Manchmal, aber nicht oft, bekam ich einen Wutanfall, weil ich die elementare Körperfunktion des Urinierens nicht mehr unter Kontrolle hatte, doch im großen und ganzen hatte ich mein Leben im Griff.

Nach kurzer Zeit dauerte mein Arbeitstag nicht mehr nur zwei, sondern vier oder sechs Stunden, und schon bald arbeitete ich wieder ganz normal. Ich verabredete mich zum Mittagessen – aß also wieder wie ein zivilisierter Mensch im Restaurant –, ließ den Mittagschlaf weg und joggte, wenn auch zaghaft, statt spazierenzugehen. Kurz und gut, ich führte wieder ein normales Leben wie vor der Operation.

Manchmal hatte ich gerade deswegen meine Zweifel, und Margaret und ich sprachen oft und ausführlich darüber. In der Erholungsphase hatte ich, wenn ich mit hochgelegten Beinen dalag, immer angenommen, daß das Leben sich nach dieser Tortur ändern müsse. Wie jeder Patient hatte ich vor mich hin geträumt: Ich würde früh in den Ruhestand treten, mit Margaret den Nil hinunterfahren, mehr Zeit auf dem Land verbringen oder vielleicht sogar nur noch dort leben – »Auf dem Totenbett wünscht sich niemand, er habe mehr Zeit im Büro verbracht.«*

Das mag zwar stimmen, doch als ich wieder zu Kräften kam, war die vielleicht wichtigste Entdeckung, daß ich mein Leben liebte und meine Arbeit brauchte. Auf die Wiedererlangung meiner Kontinenz oder Potenz hatte ich keinen Einfluß (ja nicht einmal darauf, ob der Krebs wieder auftrat, eine Möglichkeit, die ich so gut es ging verdrängte), aber ich hatte Einfluß auf meine Arbeit – nur in diesem Bereich konnte ich etwas bewirken, und so mußte er mir zumindest vorläufig als Ausgleich für alles andere dienen.

Natürlich nahm ich in meinem Lebenswandel auch gewisse Änderungen vor, die für einen einundsechzig- und bei der Niederschrift dieser Zeilen fast zweiundsechzigjährigen Mann längst überfällig waren. Ich lernte, eine Pause einzulegen, wenn ich sie brauchte, stand nicht mehr im Morgengrauen auf, um zu arbeiten, bemühte mich heldenhaft, um fünf Uhr Feierabend zu machen, und ersetzte, wie Margaret feststellte, meine Arbeitssucht durch sportlichen Ehrgeiz. Vielleicht zum ersten Mal in meinem Leben fand ich einen gewissen inneren Frieden, der mich, so anfällig er auch sein mochte, vor den alltäglichen Ängsten, Streßsituationen und Problemen am Arbeitsplatz schützte. Und wenn bei der Arbeit auch etwas schiefging – und es passiert immer etwas –,

* Seltsamerweise wird dieses Zitat allgemein Vincent Foster zugeschrieben, dem Rechtsberater des Präsidenten, der im Juli 1993 Selbstmord beging.

so konnte es doch nie so schlimm sein wie die Nachricht, daß man Krebs hatte, oder wie die Behandlung, die man über sich ergehen lassen muß, um ihn zu überwinden und zu überleben. Mehr als alles andere rückt Krebs die alltäglichen Sorgen eines Arbeitstages in die richtige Perspektive.

Gut fünf Monate nach meiner Operation schien ich mich erholt zu haben. Mein Arbeitstag verlief wieder wie früher, ich schrieb an diesem Buch und an einem Artikel für den *New Yorker,* fuhr selbst in die Stadt und zurück und sah nach Auskunft vieler Menschen allmählich wieder aus wie früher (auch wenn ich selbst im Spiegel noch das Gesicht eines Fremden erblickte). *Erholt,* wie sie sagten.

Genesung

25

Erholt haben Sie sich, wenn Ihre Freunde und Ärzte glauben, es gehe Ihnen gut und Sie führten wieder ein normales Leben. Genesen sind Sie, wenn Sie selbst glauben, daß Sie diesen Zustand erreicht haben, körperlich *und* geistig. Das ist ein großer Unterschied.

Legt man diesen Maßstab an, so habe ich heute, neun Monate nach der Operation, da ich diese Zeilen schreibe, noch einen langen Weg vor mir. Dr. Walsh hatte in mancherlei Hinsicht recht: Mein PSA-Wert ist auf 0,1 gesunken, könnte also kaum niedriger sein. Den Krebs habe ich also hinter mich gebracht, und dafür bin ich zutiefst dankbar. Mit allem übrigen werde ich eines Tages auch noch fertig. Ich werde Dr. Walshs Rat beherzigen und niemals den Mut verlieren.

Rückblickend muß ich sagen, daß ich gut weggekommen bin. Nach neun Monaten voller Fehlschläge, Beschwerden und Angst wurde mir bescheinigt, daß ich gesund bin (toi, toi, toi!). Ich habe wirklich Glück gehabt im Vergleich zu Freunden, bei denen in der gleichen Zeit Knochenmark transplantiert oder erst die Lunge entfernt und dann eine Chemotherapie durchgeführt oder ein Magenkrebs diagnostiziert wurde, der zum Gallengang gestreut hatte... Immer wenn ich solche Schreckensnachrichten höre, danke ich meinem guten Stern.

Der Krebs hat etwas Geheimnisvolles an sich, das weit über die medizinischen oder biologischen Merkmale der Krankheit hinausgeht. Ohne ein für mich erkennbares eigenes Verschulden ist in meinem Körper – und nicht nur in meinem Körper, sondern in *mir* – ein tödlicher Organismus gewachsen. Und wenn es auch schwer vorstellbar ist, daß der eigene Körper zum Schlachtfeld oder die DNA zum potentiellen Killer wird, so entspricht es doch den Tatsachen. Bei Krebs wird der Körper zum Feind, der versucht, sich selbst zu zerstören.

Im Unterschied zu anderen Krankheiten führen wir gegen den Krebs einen »totalen Krieg«. Nach der Devise »er oder ich« bieten wir alle uns verfügbaren Mittel auf, um den Feind zu vernichten, bevor er uns vernichtet, und dabei verspüren wir ein gewisses Hochgefühl wie im Krieg, einen kräftigen Adrenalinstoß, der uns über die schlimmsten Situationen hinweghilft.

Nach dem Sieg wird unweigerlich abgerechnet. Welchen Preis mußten wir zahlen, wie hoch waren die Verluste? Gewiß, wir haben gewonnen (Gott sei Dank!), aber was haben wir für den Sieg geopfert, und waren die Opfer wirklich nötig?

Nach jedem siegreich beendeten Krieg stellen Menschen solche Überlegungen an (die Verlierer haben andere Probleme). War es das wirklich wert? Wenn wir noch einmal vor derselben Situation stünden, würden wir alles wieder genauso machen?

Ich werde oft gefragt, ob es angesichts der Auswirkungen auf mein Leben nicht besser gewesen wäre, auf eine radikale Prostatektomie zu verzichten. Ich bemühe mich so gut es geht, diese Frage zu beantworten. Aber im Grunde genommen sehe ich, wie bei ähnlichen Fragen der Historiker an die Vergangenheit, keinen Sinn darin. Selbst wenn ich die Uhr zurückdrehen *könnte,* Krebs bleibt Krebs, und es ist schlicht und ergreifend töricht, untätig zu bleiben und darauf zu setzen, daß Prostatakrebs eine »langsam wachsende« Krebsart ist; einige meiner Bekannten haben es getan und mit dem Leben bezahlt. Eine Strahlentherapie kam für mich wegen meiner vergrößerten Prostata nicht in Frage, eine Hormontherapie schlug mir niemand vor, und die Kryochirurgie wird immer noch mit Fragezeichen versehen, also blieb mir ohnehin nur die Operation.

Ich hatte mich für den besten Chirurgen an einer der renommiertesten Kliniken der Welt entschieden, und so hatte ich weder mir noch irgend einem anderen etwas vorzuwerfen. Natürlich könnte ich es im Nachhinein bedauern, daß ich nicht schon die erste Biopsie im Memorial Sloan-Kettering durchführen ließ. Es ist durchaus möglich – möglich, wohlgemerkt, beileibe nicht sicher –, daß mein Prostatakrebs dann zwölf oder achtzehn Monate früher entdeckt worden wäre, und eventuell hätte das die Operation vereinfacht und mir viele Unannehmlichkeiten erspart.

Würden Männer miteinander über Prostatakrebs reden, hätte ich früher erkannt, wie wichtig der PSA-Wert ist. Ich hätte mir wegen meines erhöhten Werts mehr Sorgen gemacht und wäre nach der ersten Biopsie nicht so leichtfertig zur Tagesordnung übergegangen. Hätte ich schon damals gewußt, was ich heute über Prostatakrebs weiß, hätte ich mehr Fragen gestellt und auf Antworten bestanden …

Doch genau das will dieses Buch vermitteln: Rund 200 000* Amerikaner werden dieses Jahr erfahren, daß sie Prostatakrebs haben, und die meisten werden keine Ahnung haben, was das bedeutet, welche Entscheidungen sie treffen müssen, was sie über die Krankheit wissen oder welche Fragen sie stellen sollten. Und wenn sie es herausgefunden haben, ist es oft schon zu spät.

* In Deutschland sind es derzeit rund 22 000 Neuerkrankungen pro Jahr. Diese Zahl beruht jedoch nur auf einer Schätzung, da es in Deutschland noch kein Krebsregister gibt.

Halten Sie sich an folgende Faustregel: Wenn Ihre Frau mehr über Brustkrebs weiß als Sie über Prostatakrebs, dann können Sie bestimmt etwas von ihr lernen, denn die Statistiken sind fast identisch. In Frauenzeitschriften finden sich viele Artikel über Krebs, und Gesundheitsfragen spielen eine ebenso wichtige Rolle wie Mode und Schönheitstips. In Männermagazinen hingegen ist Krankheit kein Thema. Frauen bekommen beim Lesen zumindest einen Teil der Informationen, die sie brauchen, Männer so gut wie keine.

Schon die einfachsten Hinweise wären hilfreich – beispielsweise könnte man immer wieder daran erinnern, wie wichtig der PSA-Test ist. Natürlich ist es nicht leicht, sich über den neusten Stand der Prostatakrebs-Forschung auf dem laufenden zu halten, nicht einmal für diejenigen, die allen Grund dazu hätten. Zum einen unterliegt die Medizin einem rapiden Wandel. Wie wir gesehen haben, werden die Ärzte mit den neuen und wesentlich genaueren PSA-Tests den Grad der Bösartigkeit eines Tumors und seine vermutliche Wachstumsrate bestimmen können. Vielleicht eröffnet dies die Möglichkeit, bei Männern mit kleinen, langsam wachsenden Tumoren auf eine Operation zu verzichten und es bei »Abwarten und Beobachten« zu belassen. Möglicherweise läßt sich das Wachstum dieser Tumoren durch eine Hormonbehandlung so eindämmen, daß eine weitere Behandlung des Patienten überflüssig wird. Die radikale Prostatektomie, derzeit der »Königsweg«, wird dann der Vergangenheit angehören und nur noch bei schnell wachsenden Tumoren im fortgeschrittenen Stadium vorgenommen werden. Vorläufig jedoch stehen wir noch vor der schwierigen Wahl zwischen einer Behandlung, die einen tiefen Einschnitt in unser Leben darstellt oder es dauerhaft verändert, und einer Krankheit, die es beenden könnte.

Bei der Arbeit an diesem Buch stieß ich in einer Lokalzeitung auf einen Artikel über eine neue Studie, die wie eine wissenschaftliche Sensation vorgestellt wurde. Die Verfasser der Studie vertraten die Ansicht, daß »Abwarten und Beobachten« (genauer gesagt *Nicht-Behandlung*) bei Prostatakrebs-Patienten über fünfundsechzig die beste Behandlungsmethode sei – statistisch gesehen sterben diese Patienten etwa im gleichen Alter wie Männer ohne Prostatakrebs. Wie wir bereits gesehen haben, ist das beileibe keine neue Erkenntnis, sondern in Europa schon der Regelfall. Problematisch dabei ist nur, daß manche Männer über fünfundsechzig vergleichsweise schnell wachsende Tumoren haben, und welcher vernünftige Mann will schon abwarten, um dann (wenn es vermutlich zu spät ist) festzustellen, daß er zu diesen wenigen gehört?

Abwarten und Nichtstun liegt uns Amerikanern nicht, schon gar nicht, wenn es um ein Problem wie Krebs geht. Natürlich wird sich sehr wahrscheinlich einiges ändern, wenn sich die erwähnten moderneren PSA-Tests erst einmal durchgesetzt haben, doch vorläufig sollten alle »guten Nachrichten« zum Thema Prostatakrebs noch mit Vorbehalt aufgenommen werden.

Noch immer sterben an der Krankheit jährlich rund 50 000 Amerikaner*, von denen die meisten nicht so früh und vor allem nicht so qualvoll hätten sterben müssen.

Genesung bedeutet, daß man sich mit dem, was einem widerfahren ist, schließlich abfindet und »alles hinter sich läßt«, wie man so sagt – den Krebs, die Operation und alles übrige. Gewöhnlich kann man sogar genau sagen, wann das geschieht. Bei mir geschah es ungefähr rund neun Monate nach der Operation, am Abend eines schönen Sommertages, den ich auf dem Land verbracht hatte. Ich schlüpfte gerade in mein Bett, da fiel mir auf, daß ich den ganzen Tag weder an meine Operation noch an meinen Krebs gedacht hatte, daß die Krankheit in meinen Plänen oder Gedanken überhaupt nicht mehr vorkam.

* In Deutschland waren es laut Sterberegister 1994 genau 11 719. Zur Relativierung: 5730 davon waren 80 Jahre alt und älter.

Damit will ich nicht sagen, daß die Folgen verschwunden oder vergessen gewesen wären, aber ich hatte mich vorläufig mit ihnen abgefunden und meinen Frieden mit meinem jetzigen Leben geschlossen. Mein Leben war, trotz aller Beeinträchtigungen, allemal besser als der Tod.

Nach neun Monaten habe ich meine Inkontinenzprobleme so weit im Griff, daß ich damit leben kann, wenn man einmal von gelegentlichen Zwischenfällen absieht. Ich bin nicht glücklich darüber, aber auch nicht traurig. Mit Blick auf die Zukunft muß ich einige Entscheidungen treffen: Soll ich ständig mit einer gewissen Inkontinenz leben oder soll ich etwas dagegen unternehmen? Wenn ja, was soll ich tun?

Die Biofeedback-Methode ist nach wie vor eine Möglichkeit, doch darüber kann man erst nach einem Jahr entscheiden. Manchen Patienten helfen angeblich Kollagen-Injektionen, mit denen die Lücke ausgefüllt wird, die durch die Gewebsentnahme bei der Prostatektomie entstanden ist. Allerdings wandert das Kollagen, und der Eingriff ist invasiv. Bisher habe ich noch niemanden ausfindig machen können, der solche Injektionen bekommen hat, aber das gehört zu den Aufgaben, die ich mir gestellt habe. Es geht mir nicht so schlecht, daß ich eine operative Implantation in Erwägung ziehen würde. Gewiß, ich muß eine Vorlage tragen, bei körperlicher Anstrengung geht mir gelegentlich Harn ab, und ich muß immer zusehen, daß ich mich in erreichbarer Nähe einer Toilette aufhalte. Doch ist dies alles für mich kein Grund, eine zweite Operation auch nur in Betracht zu ziehen.

Ich neige mit Dr. Walsh zu der Auffassung, daß es von alleine besser wird und daß ich mich immer noch anders entscheiden kann. In der Zwischenzeit versuche ich, so wenig wie möglich über diese vergleichsweise geringfügige körperliche Behinderung nachzudenken, und meistens gelingt mir das auch.

In puncto Sexualität fällt es mir schwerer, Gleichmut zu bewahren. Nach Dr. Walshs Ansicht liege ich genau im Zeitplan, und vielleicht hat er ja auch recht – er hat mir nie das Blaue vom Himmel versprochen. Mein sexuelles Empfinden ist, wie von ihm vorausgesagt, zurückgekehrt, nur habe ich noch keine nennenswerten Erektionen gehabt. Gleichwohl mache ich mir Hoffnungen, daß Dr. Walsh recht hat, weil mein Glied, obwohl nur noch ein Nervenstrang intakt ist, einmal ansatzweise und zuckend erigierte.

Dr. Walsh meint, daß ich erst zwölf bis achtzehn Monate nach der Operation mehr erwarten dürfe, und macht sich deshalb noch keine Sorgen. Dr. Josephy ist in dieser Hinsicht pessimistischer, aber ich bin nach wie vor wenig darauf erpicht, mir ein Implantat einsetzen zu lassen, sei es wegen erektiler Dysfunktion oder wegen Inkontinenz. (Beides zusammen geht übrigens nicht – man kann nicht unbegrenzt Plastikschläuche im menschlichen Körper verlegen.)

Ich wollte keine Chance, die Entwicklung zu beschleunigen (oder überhaupt erst in Gang zu setzen), ungenutzt lassen, und so stattete ich Dr. J. François Eid in New York einen Besuch ab. Er arbeitet am Cornell Medical Center's Sexual Function Center, der führenden Klinik für Sexualstörungen bei Männern. Wenn man das moderne, schicke und geschmackvoll eingerichtete Gebäude betritt, mag man gar nicht glauben, daß man sich dort mit einer der niederen menschlichen Körperfunktionen beschäftigt.

In Anbetracht der Probleme, unter denen Dr. Eids Patienten litten, erschien es mir zunächst geradezu gefühllos, daß seine Krankenschwestern, ob absichtlich oder zufällig, wie Schönheitsköniginnen aussahen. Doch dann sagte ich mir, daß die Patienten dadurch möglicherweise ermutigt werden sollten, ihre Behandlung fortzusetzen. Wie dem auch sei, der Kontrast zwischen den niedergeschlagenen Männern im Wartezimmer – die meisten gut gekleidet und mittleren Alters – und Dr. Eids Mitarbeiterinnen, die in kurzen weißen Kitteln an ihnen vorüberhuschten, stach mir sofort ins Auge.

Eid selbst war ein gutaussehender Mann, groß, jugendlich und sportlich. Er sprach mit einem kaum merklichen französischen Akzent und verströmte einen unerschütterlichen Optimismus. Er lauschte teilnahmsvoll meinem Bericht. Wir saßen in einem der vielen Untersuchungszimmer des Zentrums, das wie eine »Fabrik für männliche Sexualität« anmutet. An der Wand hingen Hochglanzplakate, die für Autoinjektions-Zubehör im Taschenformat und für Dr. Eids Buch *Making Love Again* warben. Noch bevor ich ihm alles über meine Operation berichtet hatte, reichte er mir einen Kittel und forderte mich auf, mich auszuziehen.

Bei der Untersuchung unterbreitete Dr. Eid mir seine Theorie, die für mich einer Hiobsbotschaft gleichkam: Je länger die erektile Dysfunktion (die Verwendung des Wortes Impotenz duldet er nicht) dauert, um so mehr verkümmert das Muskelgewebe im Penis. Je länger der Patient die Behandlung hinauszögert, um so weniger bewirkt sie, um so schwächer wird die Erektion. Er hält dieses Problem für so schwerwiegend, daß er dazu rät, gleich nach der Operation mit der Behandlung zu beginnen.

Ich war unangenehm überrascht, und das um so mehr, als diese Auffassung im krassen Widerspruch zu Dr. Walshs Optimismus stand (dennoch bekundete Dr. Eid eine gewisse Anerkennung für Dr. Walshs Geschick als Chirurg). Bislang hatte ich angenommen, ich hätte alle Zeit der Welt, um mich zu entscheiden, und nun versuchte Dr. Eid, mich vom Gegenteil zu überzeugen. Er kam jetzt zu seinem Lieblingsthema und erklärte mir, daß es im Grunde genommen drei verschiedene Methoden gebe: Die erste sei eine Vakuumpumpe, die entweder von Hand bedient oder, in der Luxus-Ausführung, elektrisch betrieben werde. Der Patient müsse einen durchsichtigen Zylinder über seinen Penis stülpen und dann die Luft herauspumpen, wodurch ein Vakuum erzeugt werde. Dabei werde Blut in den Penis gesaugt, bis sich eine Erektion einstelle. Vor der Entfernung des Zylinders werde ein elastischer Ring über die Peniswurzel gestreift und so die Erektion aufrechterhalten. Die Erektion halte einige Zeit an, mindestens eine halbe Stunde, beziehungsweise bis zur Entfernung des Rings. Für den Vollzug des Geschlechtsverkehrs sei sie mehr als ausreichend, wenn auch nicht unbedingt so zuverlässig wie eine normale Erektion.

Ich nickte. Die Vakuumpumpe war mir nicht unsympathisch. Sie erforderte keinen invasiven Eingriff und erschien mir wie ein bescheidener Schritt in die richtige Richtung, eine Art Hilfsmittel wie ein Stock oder eine Krücke, auf die man später auch verzichten konnte. Doch Dr. Eid machte meine Hoffnung gleich wieder zunichte. Er war kein unkritischer Anhänger der Vakuumpumpe und glaubte nicht, daß sie bei mir funktionieren würde. Jeder Grad von Inkontinenz, so erläuterte er, werfe Probleme auf, da durch den Pumpvorgang fast unweigerlich Harn in den Apparat fließen würde.

Er persönlich rate mir zur Autoinjektion. Die neuen Medikamente seien glücklicherweise wesentlich wirksamer als Papaverin, das in den siebziger Jahren unter den Sexprotzen in Hollywood so in Mode gewesen sei und das bei falscher Dosierung zu einer krankhaften Dauererektion führen könne, die erst wieder abklinge, wenn dem Mann ein Gegenmittel gespritzt werde (in manchen Fällen habe man sogar akut operieren müssen). Heute, fuhr Dr. Eid fort, werde für jeden Patienten ein »Cocktail« von Medikamenten gemixt, der ganz auf seine Bedürfnisse zugeschnitten sei und genau die erwünschte Erektion herbeiführe, ohne Schmerzen oder Nachwirkungen. Man müsse zwar ein bißchen herumexperimentieren, bis man die richtige Mischung gefunden habe, aber das dauere nicht lange. Ich müsse mir das Mittel nur in den Penis spritzen – genauer gesagt zweimal, auf beiden Seiten –, und kurze Zeit später hätte ich eine Erektion. Nach rund einer Stunde, vielleicht etwas früher, lasse sie nach. So einfach sei das Ganze.

Ich überlegte, wie oft ich in meinem Leben eine Erektion von einstündiger Dauer gehabt hatte. Sehr oft jedenfalls nicht. Dann versuchte ich mir vorzustellen, wie ich mir vor dem Geschlechtsverkehr zweimal in den Penis spritzte. Ich glaubte nicht, daß ich das konnte, und sagte es auch.

Dr. Eid runzelte die Stirn. Das sei überhaupt nicht schlimm. Er deutete auf das Plakat und erklärte, daß ich einen hübschen, kleinen schwarzen Lederbeutel mit meinem Cocktail und einer patentierten, handlichen Spritze bekäme, die bei der Injektion kaum Schmerzen bereite. Seine Patienten seien von der Methode begeistert, und er sei überzeugt, daß ich ihre Begeisterung teilen würde.

»Ich weiß nicht, ob das für mich das Richtige ist«, gestand ich ihm. Dr. Eid lächelte. Das lasse sich leicht feststellen. Er müsse nur zuerst testen, wieweit die Atrophie bei mir fortgeschritten sei. Er bat mich, mich zurückzulegen, damit er mir die Spritze geben könne. Dann würde ich schon merken, wie einfach das sei.

Vielleicht machst du viel Lärm um nichts, sagte ich mir. Vielleicht sind die Injektionen ja wirklich die Lösung. Dr. Eid holte eine Spritze mit einer langen, feinen Nadel und zog sie auf. Ich schloß die Augen. Konnte es wirklich so schmerzhaft sein? Ich hatte doch schon wesentlich Schlimmeres durchgestanden.

Ich spürte einen stechenden Schmerz, als Dr. Eid den Cocktail in die rechte Penisseite spritzte. Ich ballte die Fäuste und schrie auf. »Sie müssen sich entspannen«, sagte er. »Sonst komme ich mit der Nadel nicht tief genug.«

»Entspannen?«

»Es funktioniert nicht, wenn Sie sich nicht entspannen. Bitte öffnen Sie Ihre Fäuste.«

Ich versuchte es, aber sie waren wie mit Leim zugeklebt. Meine Fingernägel gruben sich tief ins Fleisch, und meine Muskeln waren wie erstarrt. Und nicht genug damit, daß ich die Fäuste ballte. Mein ganzer Körper war steif, bis auf meinen Penis – der blieb schlaff.

»Jetzt die andere Seite«, sagte er.

Als Dr. Eid in die linke Penisseite spritzte, stellte ich mich so zimperlich an, daß sogar seine überlegene Gelassenheit erschüttert wurde. Ich versuchte mir vorzustellen, wie ich mir selbst die Injektion gab. Es gelang mir nicht. Er war ja immerhin Arzt. Er konnte mit einer Spritze umgehen. Selbst wenn ich fleißig mit Orangen übte, würde ich es vermutlich niemals über mich bringen, eine Nadel in meinen Penis zu stechen. Und doch machten es viele Männer!

Ich spürte, wie er die Spritze herauszog. »Das wär's«, sagte er. »Habe ich es Ihnen nicht gleich gesagt? Alles halb so schlimm.« Er forderte mich auf, aufzustehen – die Injektion wirke nämlich am besten, wenn der Patient nach der Verabreichung stehe, und manchmal müsse er den Geschlechtsverkehr sogar stehend oder kniend vollziehen. Er zog zwei Ausgaben von *Penthouse* und einen *Playboy* aus einer Schublade und reichte sie mir. Ich sollte die Hefte durchblättern und mich so im Stehen erregen. Er selbst wollte in einer Viertelstunde wiederkommen und das Ergebnis begutachten. Verdrossen trat ich barfüßig von einem Fuß auf den anderen und betrachtete mit schmerzendem Penis die Fotos in den Magazinen. Selten hatte Pornographie eine so geringe Wirkung auf mich ausgeübt, sofern sie das überhaupt je getan hatte. Nicht einmal beim Anblick des Penthouse-Pet des Monats (das Heft war vom Juli des Vorjahres, wie ich mit dem Blick des Lektors bemerkte), das an seiner Vagina spielte und sehnsüchtig in die Kamera lächelte, regte sich irgend etwas anderes in mir als der sehnliche Wunsch, woanders zu sein und ein überwältigendes Gefühl für die Lächerlichkeit meiner Lage. Andererseits, so rief ich mir ins Gedächtnis, war fast alles, was mit Sex zu tun hatte, lächerlich, wenn man nur lange genug darüber nachdachte.

Diesen Gedankengang unterbrach die von Dr. Eid versprochene Erektion. Sie war nicht so, daß Freunde von Hardcorepornos in Verzückung geraten wären, aber sie war eindeutig vorhanden. Und sie tat höllisch weh.

Wie ich so dastand und mir den Playboy anschaute, fiel mir ein, daß fast alle Frauen in meinem Leben gesagt hatten, beim Sex gehe es nicht um Erektionen oder Penetration, sondern um Gefühle, Liebe, Verständigung oder Körperkontakt – Worte, mit denen sie bei mir, wie bei fast allen Männern, auf taube Ohren stießen. Es gab zwar durchaus Momente in meinem Leben, in denen ich verstand, was sie damit meinten (ohne ihnen unbedingt zu glauben), doch ihr Ratschlag hatte nur wenig oder gar keinen Einfluß auf meine Einstellung zur Sexualität oder mein männliches Selbstverständnis. Ich hatte mit Sex vor allem Erektionen und Penetration verbunden, auch wenn ich für andere Liebesspiele durchaus aufgeschlossen war, sofern die Frauen entsprechende Überzeugungsarbeit leisteten. Jetzt plötzlich verstand ich sie. Hier stand ich, mit erigiertem Penis, und empfand keine Spur von sexueller Begierde, egal wie gewissenhaft ich mir das Playmate aus dem *Playboy* vom Mai 1995 auch anschaute.

Gewiß, ich hatte eine Erektion, aber ich war in keinster Weise erregt. Hätte jetzt eine von Dr. Eids attraktiven Krankenschwestern den Raum betreten und ihre Kleider ausgezogen, so hätte ich sie gebeten, sich wieder anzuziehen. Mein Penis pochte vor Schmerz, nicht vor Lust, und ich gewann verspätet die traurige Erkenntnis, daß die Frauen in meinem Leben mehr von Sexualität verstanden hatten als ich.

Schließlich kam Dr. Eid mit einiger Verspätung wieder. Statt mir die nackten Mädchen anzusehen, *las* ich inzwischen in den Männermagazinen wie in der *New York Times*. Zu seiner (und meiner) Überraschung fragte ich ihn als erstes, wann die Erektion endlich abklingen werde.

»Das dauert noch eine halbe Stunde«, erwiderte er leicht beleidigt, vermutlich weil ich wenig Begeisterung zeigte.

»Es tut einfach weh. Ich brauche doch hoffentlich kein Gegenmittel?«

»Wahrscheinlich nicht. Gedulden Sie sich noch etwas.« Dr. Eid zog Handschuhe an und spielte an meinem halbgeschwollenen Organ. »Sie sollten mit der Behandlung nicht mehr allzulange warten«, sagte er.

»Ich bin mir nicht sicher, ob ich das mit den Injektionen

hinkriege«, erwiderte ich. Dr. Eid erinnerte sich offenbar noch so lebhaft an meine Reaktion auf die Spritzen, daß er das Thema vorläufig ausklammerte: Wenn ich mich mit der Vorstellung, mir selbst eine Spritze zu geben, nicht anfreunden könne, dann komme für mich vielleicht ein Implantat in Frage. Die älteren Modelle hätten nicht zufriedenstellend funktioniert, aber die neuen seien wesentlich besser, Medizintechnik in Vollendung – und niemand auf der Welt könne sie besser einsetzen als er, auch wenn das aus seinem Mund etwas anmaßend klinge: Der Patient greift nach unten, drückt auf eine Pumpe, die in seinen Hodensack implantiert worden ist, und – voilà! – schon hat er eine Erektion, die so lange anhält, wie er (oder seine Partnerin) möchte; nach dem Geschlechtsverkehr muß er nur wieder drücken, und der Penis schwillt ab. Der Patient könne weder eine Dauererektion bekommen, noch gebe es irgendwelche schmerzhaften Nebenwirkungen, und mit nächtlichen Besuchen in der Notaufnahme müsse er auch nicht rechnen – die Vorrichtung sei so diskret, wirkungsvoll und zeitgemäß, daß die Partnerin des Patienten nicht einmal davon erfahren müsse.

Dann untersuchte er meinen Penis. »Bei Ihnen ist die Atrophie schon ziemlich weit fortgeschritten«, bemerkte er. »Wir müssen einen weiteren Test machen, mit dem der Blutfluß zum Penis gemessen wird.«

»Bekomme ich da wieder eine Spritze?«

Dr. Eid verdrehte die Augen. »Ja«, antwortete er bestimmt. Offensichtlich wollte er diesmal nichts mehr beschönigen. »Aber wir müssen den Test machen. Lassen Sie sich bitte von meiner Sprechstundenhilfe einen Termin geben.«

Er wandte sich zum Gehen, doch ich rief ihn zurück. »Sind Sie ganz sicher, daß sie aufhören wird?« fragte ich und kam mir dabei irgendwie undankbar vor – schließlich hatte der Mann mir eine Erektion versprochen, und jetzt, wo ich sie hatte, wollte ich sie nur wieder loswerden. Aber ich hatte Schmerzen, und solange mein Glied erigiert war, konnte ich mich nicht anziehen.

»In fünfzehn Minuten oder einer halben Stunde. Wenn nicht, sagen Sie es der Schwester, wenn sie nach Ihnen schaut.«

Nach rund zwanzig Minuten ließ die Erektion nach.

Die Schwester kam und führte mich, nachdem ich mich angezogen hatte, in ein kleines Sprechzimmer mit einem Fernseher. Dort konnte ich mir ein halbstündiges Video über sexuelle Hilfsmittel anschauen: Gepflegte Männer und Frauen mit Fönfrisuren, die meisten in reiferem Alter, äußerten ihre Zufriedenheit über das eine oder andere Gerät, über das ich mit Dr. Eid gesprochen hatte.

Merkwürdigerweise war ich erleichtert und gutgelaunt, als ich in die Fifth Avenue ging und dort ein Café betrat. An der Wand war ein Regal mit Zeitschriften. Ich wandte den Blick diskret von den *Playboy-* und *Penthouse*-Heften ab und kaufte mir die *New York Times* – ein wahres Anaphrodisiakum. Während ich Kaffee trank und einen Bagel aß, dachte ich über mein Erlebnis nach. Ich war nicht niedergeschlagen – ganz im Gegenteil, ich bewunderte Dr. Eid sogar. Er hatte mir die Angst genommen, ich könnte für immer impotent bleiben. Es gab durchaus Mittel, die mir zu einer Erektion verhelfen konnten, ich mußte mich nur dafür entscheiden. Dr. Eid hatte, wenn auch etwas widerwillig, eingeräumt, daß es nicht schaden konnte, wenn ich die Vakuumpumpe einmal ausprobierte, und sei es nur, um das Voranschreiten der Atrophie zu verhindern. Wenn das Problem sich auf diese Weise nicht lösen ließ, konnte ich mich immer noch für eine seiner dauerhafteren Lösungen entscheiden. Es lag ganz an mir.

Am wichtigsten war, daß ich die Informationen bekommen hatte, die ich brauchte. Der Druck, der auf mir lastete, war geringer geworden, und mit ihm auch die Angst, nie wieder Geschlechtsverkehr haben zu können. »Lassen Sie sich nicht entmutigen!« hatte mir Dr. Walsh geraten, und ich hatte seinen Rat beherzigt. Wenn er recht hatte, mußte ich mich so lange gedulden, bis die Erektionsfähigkeit irgendwann von alleine wiederkam. Wenn er sich täuschte – oder ich die Geduld verlor –, dann konnte mir Dr. Eid auf unterschiedliche Weise helfen.

Wichtig war im Augenblick nur, daß ich am Leben war. Alles andere, davon war ich überzeugt, würde sich zu gegebener Zeit von alleine finden. Wenn nicht, dann mußte ich eben einen Schritt weitergehen und mir überlegen, womit ich leben konnte und womit nicht. Vielleicht würde ich mich ja sogar an die Injektionen gewöhnen, oder ich konnte auf die Vakuumpumpe zurückgreifen, wenn ich eines Tages meine Inkontinenzprobleme besser unter Kontrolle hatte. Und wenn alles schiefging, konnte ich mich immer noch für das Implantat entscheiden. Außerdem machte die Medizintechnik nach Dr. Eids Worten rasante Fortschritte. Angeblich war man schon dabei, Pflaster (wie die zur Raucherentwöhnung) zu entwickeln, die die Injektionen ersetzen sollten, und sogar Tropfen, von denen man nur eine bestimmte Anzahl in den Penis tröpfeln mußte.

Was auch immer ich tun würde, ich würde wissen, wann der richtige Zeitpunkt dafür gekommen war und wie weit ich gehen wollte. Und ich würde keine Entscheidung treffen, ohne genau zu wissen, was Margaret darüber dachte.

Seit damals habe ich jeden Tag kleine Erfolgserlebnisse in puncto Sexualität. Ganz langsam und allmählich ist die Fähigkeit, einen Orgasmus zu haben, zurückgekehrt, und obwohl ich bis auf ein paar hoffnungsvolle Zuckungen noch keine nennenswerte Erektion hatte, bin ich seit meinem Besuch bei Dr. Eid in dieser Hinsicht viel gelassener, als ich es jemals erwartet hätte. Vermutlich hat er recht, was die Atrophie betrifft, aber vielleicht ist dieser Punkt gar nicht so wichtig, wie er glaubt. Wichtiger ist für mich die Gewißheit, daß ich jederzeit Hilfe bekommen kann, wenn ich das Gefühl habe, daß ich Hilfe brauche. So kann ich ruhig in die Zukunft blicken und abwarten, bis meine Potenz von selbst zurückkehrt, so wie auch meine Kontinenz zurückgekehrt ist. Mein Yoga-Lehrer betont immer wieder, daß der Körper einfach eine gewisse Zeit braucht, um sich zu erholen, und daß man diesen Prozeß nicht beschleunigen kann.

Über all das mache ich mir keine Sorgen mehr. Anscheinend hat der Krebs mich gegen die kleinen Ängste immun gemacht. Ich habe gelernt, wie ein Flakschütze im Jetzt zu leben, ohne daran zu denken, was der nächste Tag bringen mag – und das war keine leichte Lektion.

In diesem Sinne bin ich heute, über neun Monate nach der Operation, »genesen« – aber ich bin nicht mehr der Mensch, der ich war, bevor Kathys Anruf aus Dr. Russos Praxis mein Leben veränderte. Ich glaube nicht, daß ich jemals wieder dieser Mensch sein werde, und vielleicht liegt mir auch gar nichts mehr daran. Ich bin mir nicht sicher, ob ich diesen Menschen auch nur annähernd so mochte, wie ich mich jetzt mag, oder ob mein damaliges Leben wirklich so gut war, wie es mir schien. Genesen ist man letztlich dann, wenn man allmählich begreift, daß der Krebs nur eine *Episode* im Leben war, weder das Ende des Lebens noch, und das ist viel wichtiger, das ganze Leben.

John Wayne bezeichnete es einmal als seine größte Leistung, daß er »den Krebs besiegt« habe. Natürlich irrte er sich. Der Krebs kehrte zurück und besiegte am Ende ihn. Tatsächlich ist niemand dem Krebs gewachsen, auch nicht der große John Wayne. Ich rühme mich nicht, den Krebs besiegt zu haben. Ich habe nur einen Kampf gegen ihn gewonnen, mehr nicht. Wenn ich Glück habe, wird er keine Revanche fordern, falls doch, werde ich keine Angst haben. Wir alle müssen irgendwann aus irgendeinem Grund sterben. Niemand verläßt diese Welt lebend.

Letztlich bin ich aus meiner Erfahrung mit Prostatakrebs zuversichtlich und optimistisch hervorgegangen, nicht so sehr, weil es mir allem Anschein nach wieder gut geht – obwohl das natürlich erfreulich ist –, sondern weil ich gelernt habe, daß man mit Krebs, zumindest mit dieser Art, fertigwerden kann, daß er kein furchtbares Unglück sein muß, das wie aus heiterem Himmel über einen hereinbricht, wie es bei mir der Fall gewesen war. Es gibt Unmengen von Informationen, an die jeder herankommen kann. Täglich werden neue Entdekkungen gemacht, da ist überhaupt nichts Geheimnisvolles dabei. Am wichtigsten ist, daß man soviel wie möglich über die Krankheit in Erfahrung bringt. Auch ich halte mich stets auf dem laufenden, wobei ich mich vor allem auf meine Selbsthilfegruppe stütze, aber auch auf Freunde, die mir Zeitungsartikel über die neuesten Erkenntnisse und Fortschritte schicken. Nichts hätte den Ausbruch der Krankheit verhindern können – schließlich weiß niemand, wodurch sie letztlich ausgelöst wurde –, aber mir wäre manches erspart geblieben, wenn ich damals so viel über das Thema gewußt hätte wie heute. Ich wurde krank, und ich war vollkommen unvorbereitet und unwissend.

Auch Sie können betroffen sein. Wenn ich heute einen Mann treffe, frage ich ihn meistens nach seinem PSA-Wert. Wenn er ihn nicht weiß, beschwöre ich ihn, einen Test machen zu lassen. Ich bin immer wieder überrascht – oder entsetzt –, wie viele Männer ihren Wert nicht kennen, ihn vergessen haben oder ihren Arzt nicht danach fragen.

Es muß nicht sein, daß 50 000 Amerikaner pro Jahr sterben – aus bloßer Unwissenheit oder weil sie eine Krankheit, die so früh diagnostiziert werden kann, bewußt ignorieren. Das beste Mittel gegen Prostatakrebs ist, soviel wie möglich über ihn in Erfahrung zu bringen, *bevor* man ihn bekommt.

Den mühevollen Weg zu gehen und sich erst kundig zu machen, wenn der Arzt ihn bereits diagnostiziert hat, ist vielleicht der größte Fehler, den Sie machen können.

26

Es gibt einfache Regeln, die helfen, Prostatakrebs zu überleben.

1. *Lassen Sie jedes Jahr Ihren PSA-Wert ermitteln und merken Sie sich ihn.*
2. *Wenn er im »Risikobereich« liegt oder ständig ansteigt, lassen Sie in der besten Klinik, die es in Ihrer Gegend gibt, vorzugsweise einem Krankenhaus mit einer erstklassigen urologischen Abteilung, eine Biopsie machen. Sprechen Sie mit Ihrem Arzt offen darüber. Sie haben ein Recht auf die bestmögliche Biopsie, denn Ihr Leben könnte von ihr abhängen. Bestehen Sie auf jeden Fall darauf, daß man Ihnen die Ergebnisse zeigt und erklärt, bis Sie alles verstanden haben. Scheuen Sie sich nicht, vermeintlich dumme Fragen zu stellen. Haben Sie keine Angst davor, daß Ihr Arzt Sie für eine Nervensäge halten könnte. Ihr Leben ist wichtiger als das, was Ihr Arzt von Ihnen denkt, und es gehört zu seinen Aufgaben, Ihnen den Sachverhalt so zu erklären, daß Sie genau verstehen, was Ihre Ergebnisse bedeuten.*
3. *Wenn bei Ihnen Prostatakrebs diagnostiziert wurde, konsultieren Sie auf jeden Fall mehrere andere Ärzte, die nicht mit Ihrem in Verbindung stehen. Entscheiden Sie sich niemals für eine Behandlungsmethode, ohne eine zweite Meinung gehört zu haben. Fragen Sie ruhig nach dem besten Urologen in Ihrer Gegend oder ziehen Sie ein Buch wie* Die Tausend besten Ärzte *zu Rate.* Am wichtigsten ist jedoch, daß sie sich informieren. Lesen Sie soviel wie möglich, gehen Sie zu einer Krebshilfe-Organisation und finden Sie heraus, ob es in Ihrer Nähe eine Selbsthilfegruppe gibt, nehmen Sie an ein paar Treffen teil, sprechen Sie mit den Männern dort, vor allem mit denen, die Prostatakrebs gehabt haben. Sie kennen die meisten Behandlungsmethoden, die Ihr Arzt vorschlagen wird, und sind mit ihren Folgen vermutlich besser vertraut als er. Wahrscheinlich*

* Focus Ratgeber Medizin. 2. Aufl., München 1994.

haben Sie sich auch eine Meinung über bestimmte Urologen oder Krankenhäuser gebildet. Hören Sie ihnen zu. Sie waren schon dort. Und vergessen Sie niemals, daß Ihr Leben und Wohlbefinden von den Entscheidungen abhängen, die Sie treffen. Ihr Arzt kann Ihnen nur – hoffentlich objektiv und für einen Laien verständlich – verschiedene Möglichkeiten vorschlagen, aber er kann Ihnen die Entscheidung nicht abnehmen, und das sollten Sie auch nicht von ihm erwarten.

4. *Geraten Sie vor allem nicht in Panik. Je mehr Sie wissen, um so besser stehen Ihre Chancen, auf kurze wie auf lange Sicht. Die Kenntnis der Krankheit und Ihres eigenen Falles ist für Sie ebenso wichtig wie Ihr Überlebenswille.*
5. *Wenn Sie sich für die Operation entscheiden, wählen Sie den Chirurgen erst aus, wenn Sie seine Referenzen und Zahlen (die sie mit denen anderer Ärzte vergleichen sollten) gesehen und mit ihm offen über Ihre Ängste und Fragen gesprochen haben. Wenn er Ihnen unsympathisch ist oder nicht über seine Zahlen sprechen will, gehen Sie zu einem anderen. Sie müssen nicht unbedingt höflich bleiben oder dem Bild entsprechen, das Ihr Arzt von einem wohlerzogenen Patienten hat. Sie müssen Ihrem Chirurgen in persönlicher Hinsicht vertrauen und sich vergewissern, daß er qualifiziert ist und bereits viele Operationen dieser Art (erfolgreich) durchgeführt hat. Lassen Sie sich nicht einschüchtern. Chirurg ist ein Beruf wie jeder andere, und es ist Sache des Arztes, Sie davon zu überzeugen, daß er der richtige Mann für Sie ist.*
6. *Haben Sie Geduld! Vor Ihnen liegt ein langer Weg mit vielen Höhen und Tiefen. Sie brauchen viel Kraft und jede nur erdenkliche Unterstützung von Ihren Angehörigen und Freunden. Innere Ruhe spielt eine große Rolle. Nehmen Sie sich also Zeit und bringen Sie vor Beginn der Behandlung ihr Leben in Ordnung.*
7. *Wenn Sie sich für eine radikale Prostatektomie entscheiden, planen Sie eine lange Erholungsphase ein und treffen Sie die notwendigen Vorbereitungen.*

8. *Denken Sie daran: Die meisten Prostatakrebs-Patienten, die früh genug mit der Behandlung beginnen, leben, statistisch gesehen, genauso lange wie gesunde Männer. Die Zahlen sind auf Ihrer Seite.*
9. *Bleiben Sie in Ihrem Leid nicht allein. Suchen Sie sich jemanden, der die gleichen Probleme hat, und sprechen Sie mit ihm. Das wird Ihnen beiden guttun.*
10. *Geben Sie vor allem niemals die Hoffnung auf.*